美学散步丛书

王国维 著

艾英 编

唤大地清华

王国维 著

艾英 编

北京大学出版社
PEKING UNIVERSITY PRESS

图书在版编目(CIP)数据

唤大地清华/王国维著; 艾英编. —北京:北京大学出版社,2012.3
(美学散步丛书)
ISBN 978-7-301-20518-1

Ⅰ.①唤… Ⅱ.①王…②艾… Ⅲ.①王国维(1877—1927)—文集
Ⅳ.①C52

中国版本图书馆 CIP 数据核字(2012)第 064385 号

书　　名　唤大地清华
著作责任者　王国维　著　艾　英　编
责任编辑　温　暖
标准书号　ISBN 978-7-301-20518-1
出版发行　北京大学出版社
地　　址　北京市海淀区成府路 205 号　100871
网　　址　http://www.pup.cn　新浪微博:@北京大学出版社
电子信箱　pkuwsz@126.com
电　　话　邮购部 62752015　发行部 62750672　编辑部 62756467
印 刷 者　北京大学印刷厂
经 销 者　新华书店
730 毫米 × 1020 毫米　16 开本　17.25 印张　308 千字
2012 年 3 月第 1 版　2015 年 5 月第 2 次印刷
定　　价　33.00 元

美学的散步（代总序）

宗白华

散步是自由自在、无拘无束的行动，它的弱点是没有计划，没有系统。看重逻辑统一性的人会轻视它，讨厌它，但是西方建立逻辑学的大师亚里士多德的学派却唤做“散步学派”，可见散步和逻辑并不是绝对不相容的。中国古代一位影响不小的哲学家——庄子，他好像整天是在山野里散步，观看着鹏鸟、小虫、蝴蝶、游鱼，又在人间世里凝视一些奇形怪状的人：驼背、跛脚、四肢不全、心灵不正常的人，很像意大利文艺复兴时大天才达·芬奇在米兰街头散步时速写下来的一些“戏画”，现在竟成为“画院的奇葩”。庄子文章里所写的那些奇特人物大概就是后来唐、宋画家画罗汉时心目中的范本。

散步的时候可以偶尔在路旁折到一枝鲜花，也可以在路上拾起别人弃之不顾而自己感到兴趣的燕石。

无论鲜花或燕石，不必珍视，也不必丢掉，放在桌上可以做散步后的回念。

目录

Contents

目录

Contents

目录

Contents

目录

Contents

第一编　品文

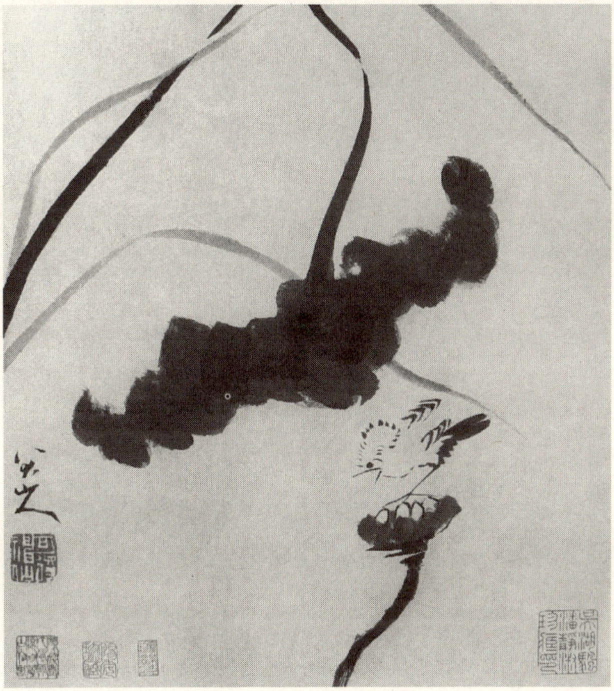

文学小言（十七则）

一

昔司马迁推本汉武时学术之盛，以为利禄之途使然。余谓一切学问皆能以利禄劝，独哲学与文学不然。何则？科学之事业皆直接间接以厚生利用为旨，故未有与政治及社会上之兴味相刺谬者也。至一新世界观与一新人生观出，则往往与政治及社会上之兴味不能相容。若哲学家而以政治及社会之兴味为兴味，而不顾真理之如何，则又决然非真正之哲学。此欧洲中世哲学之以辩护宗教为务者，所以蒙极大之耻辱，而叔本华所以痛斥德意志大学之哲学者也。文学亦然；铺馁的文学，决非文学也。

二

文学者，游戏的事业也。人之势力，用于生存竞争而有余，于是发而为游戏。婉娈之儿，有父母以衣食之，以卵翼之，无所谓争存之事也。其势力无所发泄，于是作种种之游戏。逮争存之事亟，而游戏之道息矣。惟精神上之势力独优，而又不必以生事为急者，然后终身得保其游戏之性质。而成人以后，又不能以小儿之游戏为满足，于是对其自己之情感及所观察之事物而摹写之，咏叹之，以发泄所储蓄之势力。故民族文化之发达，非达一定之程度，则不能有文学；而个人之汲汲于争存者，决无文学家之资格也。

三

人亦有言，名者利之宾也。故文绣的文学之不足为真文学也，与铺馁的文学同。古代文学之所以有不朽之价值者，岂不以无名之见者存乎？至文学之名起，于是有因之以为名者，而真正文学乃复托于不重于世之文体以自见。逮此体流行之后，则又为虚玄矣。故模仿之文学，是文绣的文学与餔餟的文学之记号也。

四

文学中有二原质焉：曰景，曰情。前者以描写自然及人生之事实为主，后者则吾人对此种事实之精神的态度也。故前者客观的，后者主观的也；前者知识的，后者感情的也。自一方面言之，则必吾人之胸中洞然无物，而后其观物也深，而其体物也切；即客观的知识，实与主观的情感为反比例。自他方面言之，则激烈之情感，亦得为直观之对象、文学之材料；而观物与其描写之也，亦有无限之快乐伴之。要之，文学者，不外知识与感情交代之结果而已。苟无锐敏之知识与深邃之感情者，不足与于文学之事。此其所以但为天才游戏之事业，而不能以他道劝者也。

五

古今之成大事业大学问者，不可不历三种之阶级："昨夜西风凋碧树。独上高楼，望尽天涯路。"（晏同叔《蝶恋花》）此第一阶级也。"衣带渐宽终不悔，为伊消得人憔悴。"（欧阳永叔《蝶恋花》）此第二阶级也。"众里寻他千百度，回头蓦见，那人正在灯火阑珊处。"（辛幼安《青玉案》）此第三阶级也。未有未阅第一第二阶级，而能遽跻第三阶级者。文学亦然。此有文学上之天才者，所以又需莫大之修养也。

六

三代以下之诗人，无过于屈子、渊明、子美、子瞻者。此四子者若无文学之天才，其人格亦自足千古。故无高尚伟大之人格，而有高尚伟大文章者，殆未之有也。

七

天才者，或数十年而一出，或数百年而一出，而又须济之以学问，助之以德性，始能产真正之大文学。此屈子、渊明、子美、子瞻等所以旷世而不一遇也。

[南宋]马和之　豳风图

八

“燕燕于飞，差池其羽。”“燕燕于飞，颉之颃之。”

“睍睆黄鸟，载好其音。”“昔我往矣，杨柳依依。”

诗人体物之妙，侔于造化，然皆出于离人孽子征夫之口，故知感情真者，其观物亦真。

九

“驾彼四牡，四牡项领。我瞻四方，蹙蹙靡所骋。”以《离骚》、《远游》数千言言之而不足者，独十七字尽之，岂不诡哉！然以讥屈子之文胜，则亦非知言者也。

十

屈子感自己之感，言自己之言者也。宋玉、景差感屈子之所感，而言其所言；然亲见屈子之境遇，与屈子之人格，故其所言亦殆与自己之言无异。贾谊、刘向其遇略与屈子同，而才则逊矣。王叔师以下，但袭其貌而无其情以济之。此后人之所以不复为楚人之词者也。

十一

屈子之后，文学上之雄者，渊明其尤也。韦、柳之视渊明，其如刘、贾之视屈子乎！彼感他人之所感，而言他人之所言，宜其不如李、杜也。

十二

宋以后之能感自己之感，言自己之言者，其惟东坡乎！山谷可谓能言其言矣，未可谓能感所感也。遗山以下亦然。若国朝之新城，岂徒言一人之言而已哉？所谓“莺偷百鸟声”者也。

十三

诗至唐中叶以后，殆为羔雁之具矣。故五季、北宋之诗，（除一二大家外。）无可观者，而词则独为其全盛时代。其诗词兼擅如永叔、少游者，皆诗不如词远甚。以其写之于诗者，不若写之于词者之真也。至南宋以后，词亦为羔雁之具，而词亦替矣。（除稼轩一人外。）观此足以知文学盛衰之故矣。

十四

上之所论，皆就抒情的文学言之（《离骚》诗词皆是）。至叙事的文学（谓叙事诗、史诗、戏曲等，非谓散文也），则我国尚在幼稚之时代。元人杂剧，辞则美矣，然不知描写人格为何事。至国朝之《桃花扇》，则有人格矣，然他戏曲则殊不称是。要之，不过稍有系统之词，而并失词之性质者也。以东方古文学之国，无一足以与西欧匹者，此则后此文学家之责矣。

十五

抒情之诗，不待专门之诗人而后能之也。若夫叙事，则其所需之时日长，而其所取之材料富，非天才而又有暇日者不能。此诗家之数之所以不可更仆数，而叙事文学家殆不能及百分之一也。

十六

《三国演义》无纯文学之资格，然其叙关壮缪之释曹操，则非大文学家不办。《水浒传》之写鲁智深，《桃花扇》之写柳敬亭、苏昆生，彼其所为，固毫无意义。然以其不顾一己之利害，故犹使吾人生无限之兴味，发无限之尊敬，况于观壮缪之矫矫者乎？若此者，岂真如汗德所云，实践理性为宇宙人生之根本欤？抑与现在利己之世界相比较，而益使吾人兴无涯之感也？则选择戏曲小说之题目者，亦可以知所去取矣。

十七

吾人谓戏曲小说家为专门之诗人，非谓其以文学为职业也。以文学为职业，铺餟的文学也。职业的文学家，以文学为生活；专门之文学家，为文学而生活。今铺餟的文学之途，盖已开矣。吾宁闻征夫思妇之声，而不屑使此等文学嚣然污吾耳也。

（刊于1906年《教育世界》总139号，收入《静庵文集续编》）

屈子文学之精神

我国春秋以前，道德政治上之思想、可分之为二派：一帝王派，一非帝王派。前者称道尧、舜、禹、汤、文、武，后者则称其学出于上古之隐君子，（如庄周所称广成子之类。）或托之于上古之帝王。前者近古学派，后者远古学派也。前者贵族派，后者平民派也。前者入世派，后者遁世派（非真遁世派，知其主义之终不能行于世，而遁焉者也。）也。前者热性派，后者冷性派也。前者国家派，后者个人派也。前者大成于孔子、墨子，而后者大成于老子。（老子，楚人，在孔子后，与孔子问礼之老聃系二人。说见汪容甫《述学·老子考》。）故前者北方派，后者南方派。此二派者，其主义常相反对，而不能相调和。初孔子与接舆、长沮、桀溺、荷蓧丈人之关系，可知之矣。战国后之诸学派，无不直接出于此二派，或出于混合此二派。故虽谓吾国固有之思想，不外此二者，可也。

夫然故吾国之文学，亦不外发表二种之思想。然南方学派则仅有散文的文学，如老子、庄、列是已。至诗歌的文学，则为北方学派之所专有。《诗》三百篇大抵表北方学派之思想者也。虽其中如《考槃》、《衡门》等篇，略近南方之思想。然北方学者所谓“用之则行，舍之则藏”，“有道则见，无道则隐”者，亦岂有异于是哉？故此等谓之南北公共之思想则可，必非南方思想之特质也。然则诗歌的文学，所以独出于北方之学派中者，又何故乎？

诗歌者，描写人生者也。（用德国大诗人希尔列尔之定义。）此定义未免太狭，今更广之曰“描写自然及人生”，可乎？然人类之兴味，实先人生，而后自然，故纯粹之模山范水，流连光景之作，自建安以前，殆未之见。而诗歌之题目，皆以描写自己之感情为主。其写景物也，亦必以自己深邃之感情为之素地，而始得于特别之境遇中，用特别之眼观之。故古代之诗，所描写者，特人生之主观的方面；而对人生之客观的方面，及纯处于客观界之自然，断不能以全力注之也。故对古代之诗，前之定义，宁苦其广，而不苦其隘也。

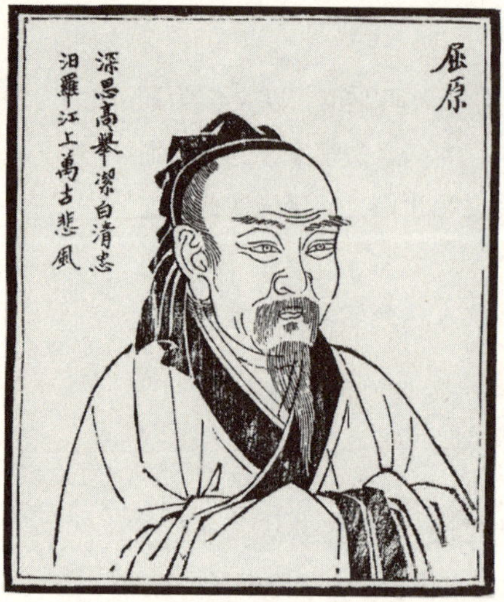

屈原像

诗之为道，既以描写人生为事，而人生者，非孤立之生活，而在家族、国家及社会中之生活也。北方派之理想，置于当日之社会中，南方派之理想，则树于当日之社会外。易言以明之，北方派之理想，在改作旧社会；南方派之理想，在创造新社会；然改作与创造，皆当日社会之所不许也。南方之人，以长于思辩，而短放实行，故知实践之不可能，而即于其理想中求其安慰之地，故有遁世无闷，嚣然自得以没齿者矣。若北方之人，则往往以坚忍之志，强毅之气，持其改作之理想，以与当日之社会争；而社会之仇视之也，亦与其仇视南方学者无异，或有甚焉。故彼之视社会也，一时以为寇，一时以为亲，如此循环，而遂生欧穆亚（Humour）之人生观。《小雅》中之杰作，皆此种竞争之产物也。且北方之人，不为离世绝俗之举，而日周旋于君臣父子夫妇之间，此等在在界以诗歌之题目，与以作诗之动机。此诗歌的文学，所以独产于北方学派中，而无与于南方学派者也。

然南方文学中，又非无诗歌的原质也。南人想象力之伟大丰富，胜放北人远甚。彼等巧于比类，而善于滑稽：故言大则有若北溟之鱼，语小则有若蜗角之国；语久则大椿冥灵，语短则蟪蛄朝菌；至放襄城之野、七圣皆迷；汾水之阳，四子独往：此种想象决不能于北方文学中发见之，故庄、列书中之某部分，即谓之散文诗，无不可也。夫儿童想象力之活泼，此人人公认之事实也。国民文化发达之初期亦然，古代印度及希腊之壮丽之神话，皆此等想象之产物。以中国论，则南方之文化发达较后于北方，则南人之富于想象，亦自然之势也。此南方文学中之诗歌的特质之优于北方文学者也。

由此观之，北方人之感情，诗歌的也，以不得想象之助，故其所作遂止于小篇。南方人之想象，亦诗歌的也，以无深邃之感情之后援，故其想象亦散漫而无所丽，是以无纯粹之诗歌。而大诗歌之出，必须俟北方人之感情，与南方人之想象合而为一，即必通南北之驿骑而后可，斯即屈子其人也。

屈子南人而学北方之学者也，南方学派之思想，本与当时封建贵族之制度不能相容。故虽南方之贵族，亦常奉北方之思想焉，观屈子之文，可以徵之。其所称之圣王，则有若高辛、尧、舜、汤、少康、武丁、文、武，贤人则有若皋陶、挚说、彭、咸（谓彭祖、巫咸，商之贤臣也，与“巫咸将夕降兮”之巫咸，自是二人，《列子》所谓“郑有神巫，名季咸”者也）、比干、伯夷、吕望、宁戚、百里、介推、子胥，暴君则有若夏□、羿、浞、桀、纣，皆北方学者之所常称道，而于南方学者所称黄帝、广成等不一及焉。虽《远游》一篇，似专述南方之思想，然此实屈子愤激之词，如孔子之居夷浮海，非其志也。《离骚》之卒章，其旨亦与《远游》同。然卒曰："陟升皇之赫戏兮，忽临睨夫旧乡。仆夫悲余马怀兮，蜷局顾而不行。"《九章》中之《怀沙》，乃其绝笔，然犹称重华、汤、禹，足知屈子固彻头彻尾抱北方之思想，虽欲为南方之学者，而终有所不慊者也。

屈子之自赞曰："廉贞"。余谓屈子之性格，此二字尽之矣。其廉固南方学者之所优为，其贞则其所不屑为，亦不能为者也。女媭之詈，巫咸之占，渔父之歌，皆代表南方学者之思想，然皆不足以动屈子。而知屈子者，唯詹尹一人。盖屈子之于楚，亲则肺腑，尊则大夫，又尝管内政外交上之大事矣，其于国家既同累世之休戚，其于怀王又有一日之知遇，一疏再放，而终不能易其志，于是其性格与境遇相得，而使之成一种之欧穆亚。《离骚》以下诸作，实此欧穆亚所发表者也。使南方之学者处此，则贾谊（《吊屈原文》）扬雄（《反离骚》）是，而屈子非矣。此屈子之文学，所负于北方学派者也。

然就屈子文学之形式言之，则所负于南方学派者，抑又不少。彼之丰富之想象力，实与庄、列为近。《天问》、《远游》凿空之谈，求女谬悠之语，庄语之不足，而继之以谐，于是思想之游戏，更为自由矣。变《三百篇》之体，而为长句，变短什而为长篇，于是感情之发表，更为宛转矣。此皆古代北方文学之所未有，而其端自屈子开之，然所以驱使想象而成此大文学者，实由其北方之肫挚的性格。此庄周等之所以仅为哲学家，而周、秦间之大诗人，不能不独数屈子也。

要之诗歌者，感情的产物也。虽其中之想象的原质，（即知力的原质。）亦须有肫挚之感情，为之素地，而后此原质乃显。故诗歌者实北方文学之产物，而非儇薄冷淡之夫所能托也。观后世之诗人，若渊明，若子美，无非受北方学派之影响者。岂独一屈子然哉！岂独一屈子然哉！

（刊于1906年《教育世界》总140号，收入《静庵文集续编》）

人间词话（定稿六十四则）

一

词以境界为最上。有境界则自成高格，自有名句。五代、北宋之词所以独

[明]陈洪绶
痛饮读骚图

绝者在此。

二

有造境，有写境，此理想与写实二派之所由分。然二者颇难分别。因大诗人所造之境，必合乎自然，所写之境，亦必邻于理想故也。

三

有有我之境，有无我之境。“泪眼问花花不语，乱红飞过秋千去。”“可堪孤馆闭春寒，杜鹃声里斜阳暮。”有我之境也。“采菊东篱下，悠然见南山。”“寒波澹澹起，白鸟悠悠下。”无我之境也。有我之境，以我观物，故物我皆著我之色彩。无我之境，以物观物，故不知何者为我，何者为物。古人为词，写有我之境者为多，然未始不能写无我之境，此在豪杰之士能自树立耳。

[清] 石涛
陶潜诗意图

四

无我之境，人惟于静中得之。有我之境，于由动之静时得之。故一优美，一宏壮也。

五

自然中之物，互相关系，互相限制。然其写之于文学及美术中也，必遗其关系限制之处。故虽写实家，亦理想家也。又虽如何虚构之境，其材料必求之于自然，而其构造，亦必从自然之法则。故虽理想家，亦写实家也。

六

境非独谓景物也。喜怒哀乐，亦人心中之一境界。故能写真景物，真感情者，谓之有境界。否则谓之无境界。

七

“红杏枝头春意闹”，著一“闹”字，而境界全出。“云破月来花弄影”，著一“弄”字，而境界全出矣。

八

境界有大小，不以是而分优劣。“细雨鱼儿出，微风燕子斜”何遽不若“落日照大旗，马鸣风萧萧”。“宝帘闲挂小银钩”何遽不若“雾失楼台，月迷津渡”也。

九

严沧浪《诗话》谓：“盛唐诸人，唯在兴趣。羚羊挂角，无迹可求。故其妙处，透彻玲珑，不可凑泊。如空中之音、相中之色、水中之月、镜中之象，言有尽而意无穷。”余谓：北宋以前之词，亦复如是。然沧浪所谓兴趣，阮亭所谓神韵，犹不过道其面目，不若鄙人拈出“境界”二字，为探其本也。

十

太白纯以气象胜。“西风残照，汉家陵阙。”寥寥八字，遂关千古登临之口。后世唯范文正之渔家傲，夏英公之喜迁莺，差足继武，然气象已不逮矣。

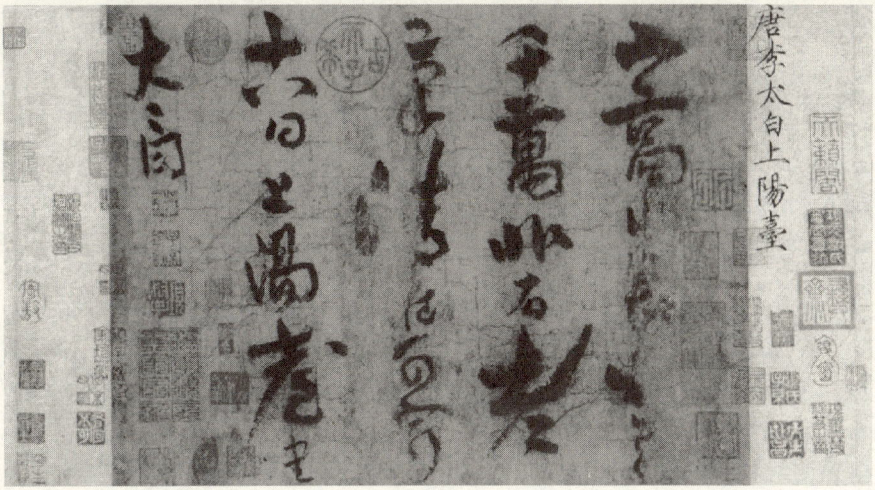

[唐]李白　上阳台帖

十一

张皋文谓：“飞卿之词，深美闳约。”余谓：此四字唯冯正中足以当之。刘融齐谓：“飞卿精妙绝人。”差近之耳。

十二

“画屏金鹧鸪”，飞卿语也，其词品似之。“弦上黄莺语”，端己语也，其词品亦似之。正中词品，若欲于其词句中求之，则“和泪试严妆”，殆近之欤？

十三

南唐中主词：“菡萏香销翠叶残，西风愁起绿波闲。”大有众芳芜秽，美人迟暮之感。乃古今独赏其“细雨梦回鸡塞远，小楼吹彻玉笙寒。”故知解人正不易得。

十四

温飞卿之词，句秀也。韦端己之词，骨秀也。李重光之词，神秀也。

十五

词至李后主而眼界始大，感慨遂深，遂变伶工之词而为士大夫之词。周介存置诸温韦之下，可为颠倒黑白矣。“自是人生长恨水长东”、“流水落花春去也，天上人间”，《金荃》《浣花》，能有此气象耶？

十六

词人者，不失其赤子之心者也。故生于深宫之中，长于妇人之手，是后主为人君所短处，亦即为词人所长处。

十七

客观之诗人，不可不多阅世。阅世愈深，则材料愈丰富，愈变化，《水浒传》、《红楼梦》之作者是也。主观之诗人，不必多阅世。阅世愈浅，则性情愈真，李后主是也。

十八

尼采谓：“一切文学，余爱以血书者。”后主之词，真所谓以血书者也。宋道君皇帝《燕山亭》词亦略似之。然道君不过自道身世之戚，后主则俨有释迦、基督担荷人类罪恶之意，其大小固不同矣。

十九

冯正中词虽不失五代风格，而堂庑特大，开北宋一代风气。与中后二主词皆在《花间》范围之外，宜《花间集》中不登其只字也。

二十

正中词除《鹊踏枝》《菩萨蛮》十数阕最煊赫外，如《醉花间》之“高树鹊衔巢，斜月明寒草”，余谓韦苏州之“流萤渡高阁”、孟襄阳之“疏雨滴梧桐”不能过也。

二一

欧九《浣溪沙》词：“绿杨楼外出秋千。”晁补之谓：只一“出”字，便后人所不能道。余谓：此本于正中《上行杯》词“柳外秋千出画墙”，但欧语尤工耳。

二二

梅圣俞《苏幕遮》词：“落尽梨花春又了。满地残阳，翠色和烟老。”刘融斋谓：少游一生似专学此种。余谓：冯正中《玉楼春》词："芳菲次第长相续，自是情多无处足。尊前百计得春归，莫为伤春眉黛促。"永叔一生似专学此种。

二三

人知和靖《点绛唇》、圣俞《苏幕遮》、永叔《少年游》三阕为咏春草绝调。不知先有正中"细雨湿流光"五字，皆能摄春草之魂者也。

二四

《诗·蒹葭》一篇，最得风人深致。晏同叔之"昨夜西风凋碧树。独上高楼，望尽天涯路。"意颇近之。但一洒落，一悲壮耳。

二五

"我瞻四方，蹙蹙靡所骋。"诗人之忧生也。"昨夜西风凋碧树。独上高楼，望尽天涯路"似之。"终日驰车走，不见所问津。"诗人之忧世也。"百草千花寒食路，香车系在谁家树"似之。

二六

古今之成大事业、大学问者，必经过三种之境界："昨夜西风凋碧树。独上高楼，望尽天涯路。"此第一境也。"衣带渐宽终不悔，为伊消得人憔悴。"此第二境也。"众里寻他千百度，蓦然回首，那人却在，灯火阑珊处。"此第三境也。此等语皆非大词人不能道。然遽以此意解释诸词，恐为晏欧诸公所不许也。

二七

永叔"人生自是有情痴，此恨不关风与月。""直须看尽洛城花，始共春风容易别。"于豪放之中有沈著之致，所以尤高。

二八

冯梦华《宋六十一家词选序例》谓："淮海小山，古之伤心人也。其淡语皆有味，浅语皆有致。"余谓此唯淮海足以当之。小山矜贵有余，但方可驾子野、方回，未足抗衡淮海也。

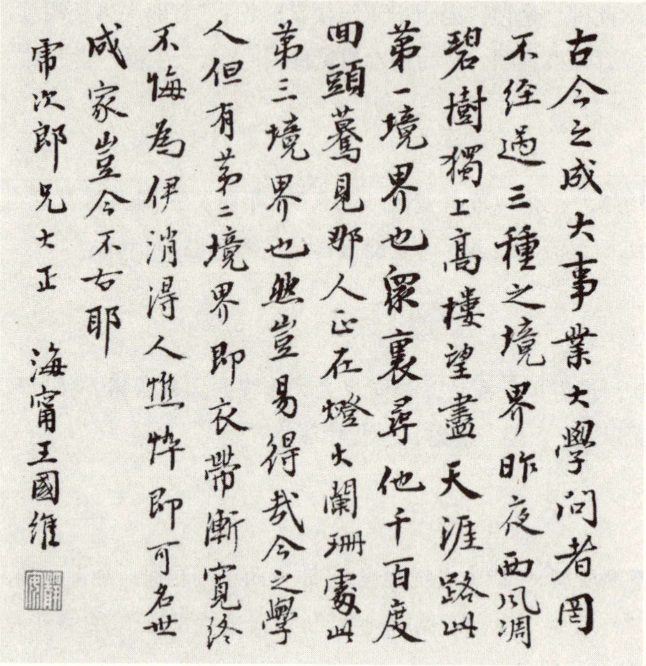

王国维书法

二九

少游词境最为凄婉。至“可堪孤馆闭春寒，杜鹃声里斜阳暮。”则变而凄厉矣。东坡赏其后二语，犹为皮相。

三十

“风雨如晦，鸡犬不已”、“山峻高以蔽日兮，下幽晦以多雨；霰雪纷其无垠兮，云霏霏而承宇”、“树树皆秋色，山山唯落晖”、“可堪孤馆闭春寒，杜鹃声里斜阳暮”气象皆相似。

三一

昭明太子称：陶渊明诗“跌宕昭彰，独超众类。抑扬爽朗，莫之与京。”王无功称：薛收赋“韵趣高奇，词义晦远。嵯峨萧瑟，真不可言。”词中惜少此二种气象，前者唯东坡，后者唯白石，略得一二耳。

三二

词之雅郑，在神不在貌。永叔、少游虽作艳语，终有品格。方之美成，便有淑女与倡伎之别。

三三

美成深远之致不及欧秦。唯言情体物，穷极工巧，故不失为第一流之作者。但恨创调之才多，创意之才少耳。

三四

词忌用替代字。美成《解语花》之“桂华流瓦”，境界极妙。惜以“桂华”二字代“月”耳。梦窗以下，则用代字更多。其所以然者，非意不足，则语不妙也。盖意足则不暇代，语妙则不必代。此少游之“小楼连苑”、“绣毂雕鞍”，所以为东坡所讥也。

三五

沈伯时《乐府指迷》云：“说桃不可直说破桃，须用‘红雨’‘刘郎’等字。咏柳不可直说破柳，须用‘章台’‘灞岸’等字。”若惟恐人不用代字者。果以是为工，则古今类书具在，又安用词为耶？宜其为《提要》所讥也。

三六

美成《苏幕遮》词：“叶上初阳干宿雨。水面清圆，一一风荷举。”此真能得荷之神理者。觉白石《念奴娇》《惜红衣》二词，犹有隔雾看花之恨。

三七

东坡《水龙吟》咏杨花，和均而似元唱。章质夫词，原唱而似和均。才之不可强也如是！

三八

咏物之词，自以东坡《水龙吟》最工，邦卿《双双燕》次之。白石《暗香》、《疏影》，格调虽高，然无一语道著，视古人“江边一树垂垂发”等句何如耶？

三九

白石写景之作，如“二十四桥仍在，波心荡、冷月无声”、“数峰清苦，商略黄昏雨”、“高树晚蝉，说西风消息”虽格韵高绝，然如雾里看花，终隔一层。梅溪、梦窗诸家写景之病，皆在一“隔”字。北宋风流，渡江遂绝。抑真有运会存乎其间耶？

四十

问“隔”与“不隔”之别，曰：陶谢之诗不隔，延年则稍隔已。东坡之诗不隔，山谷则稍隔矣。“池塘生春草”、“空梁落燕泥”等二句，妙处唯在不隔，词亦如是。即以一人一词论，如欧阳公《少年游》咏春草上半阕云：“阑干十二独凭春，晴碧远连云。二月三月，千里万里，行色苦愁人。”语语都在目前，便是不隔。至云“谢家池上，江淹浦畔”则隔矣。白石《翠楼吟》：“此地。宜有词仙，拥素云黄鹤，与君游戏。玉梯凝望久，叹芳草、萋萋千里。”便是不隔。至“酒祓清愁，花消英气”则隔矣。然南宋词虽不隔处，比之前人，自有浅深厚薄之别。

四一

“生年不满百，常怀千岁忧。昼短苦夜长，何不秉烛游？”“服食求神仙，多为药所误。不如饮美酒，被服纨与素。”写情如此，方为不隔。“采菊东篱下，悠然见南山。山气日夕佳，飞鸟相与还。”“天似穹庐，笼盖四野。天苍苍，野茫茫，风吹草低见牛羊。”写景如此，方为不隔。

四二

古今词人格调之高，无如白石。惜不于意境上用力，故觉无言外之味，弦外之响。终不能与于第一流之作者也。

四三

南宋词人，白石有格而无情，剑南有气而乏韵。其堪与北宋人颉颃者，唯一幼安耳。近人祖南宋而祧北宋，以南宋之词可学，北宋不可学也。学南宋者，不祖白石，则祖梦窗，以白石、梦窗可学，幼安不可学也。学幼安者率祖其粗犷、滑稽，以其粗犷、滑稽处可学，佳处不可学也。幼安之佳处，在有性情，有境界。即以气象论，亦有“横素波、干青云”之概，宁后世龌龊小生所可拟耶？

四四

东坡之词旷，稼轩之词豪。无二人之胸襟而学其词，犹东施之效捧心也。

[北宋]苏轼　枯木竹石图

四五

读东坡、稼轩词，须观其雅量高致，有伯夷、柳下惠之风。白石虽似蝉脱尘埃，然终不免局促辕下。

四六

苏辛，词中之狂。白石犹不失为狷。若梦窗、梅溪、玉固、草窗、西麓辈，面目不同，同归于乡愿而已。

四七

稼轩“中秋饮酒达旦，用天问体作木兰花慢以送月”，曰：“可怜今夕月，向何处、去悠悠？是别有人间，那边才见，光景东头。”词人想象，直悟月轮绕地之理，与科学家密合，可谓神悟。

四八

周介存谓：“梅溪词中，喜用‘偷’字，足以定出其品格。”刘融斋谓：“周旨荡而史意贪。”此二语令人解颐。

四九

介存谓：梦窗词之佳者，如“水光云影，摇荡绿波，抚玩无极，追寻已远。”余览《梦窗甲乙丙丁稿》中，实无足当此者。有之，其“隔江人在雨声中，晚风菰叶生愁怨”二语乎？

五十

梦窗之词，吾得取其词中一语以评之，曰：“映梦窗，零乱碧。”玉田之词，余得取其词中之一语以评之，曰：“玉老田荒。”

五一

“明月照积雪”、“大江流日夜”、“中天悬明月”、“长河落日圆”，此种境界，可谓千古壮观。求之于词，唯纳兰容若塞上之作，如《长相思》之“夜深千帐灯”，《如梦令》之“万帐穹庐人醉，星影摇摇欲坠”差近之。

五二

纳兰容若以自然之眼观物，以自然之舌言情。此初入中原，未染汉人风气，故能真切如此。北宋以来，一人而已。

五三

陆放翁跋《花间集》，谓“唐季五代，诗愈卑，而倚声者辄简古可爱。能此不能彼，未易以理推也。”《提要》驳之，谓：“犹能举七十斤者，举百斤则蹶，举五十斤则运掉自如。”其言甚辨。然谓词必易于诗，余未敢信。善乎陈卧子之言曰：“宋人不知诗而强作诗，故终宋之世无诗。然其欢愉愁怨之致，动于中而不能抑者，类发于诗余，故其所造独工。”五代词之所以独胜，亦以此也。

五四

四言敝而有楚辞，楚辞敝而有五言，五言敝而有七言，古诗敝而有律绝，律绝敝而有词。盖文体通行既久，染指遂多，自成习套。豪杰之士，亦难于其中自出新意，故遁而作他体，以自解脱。一切文体所以始盛终衰者，皆由于此。故谓文学后不如前，余未敢信。但就一体论，则此说固无以易也。

五五

诗之《三百篇》、《十九首》，词之五代北宋，皆无题也。非无题也，诗词中之意，不能以题尽之也。自《花庵》、《草堂》每调立题，并古人无题之词亦

傅抱石　楚辞图（之一）

为之作题。如观一幅佳山水，而即曰此某山某河，可乎？诗有题而诗亡，词有题而词亡，然中材之士，鲜能知此而自振拔者也。

五六

大家之作，其言情也必沁人心脾，其写景也必豁人耳目。其辞脱口而出，无矫揉妆束之态。以其所见者真，所知者深也。诗词皆然。持此以衡古今之作者，可无大误也。

五七

人能于诗词中不为美刺投赠之篇，不使隶事之句，不用粉饰之字，则于此道已过半矣。

五八

以《长恨歌》之壮采，而所隶之事，只“小玉双成”四字，才有余也。梅村歌行，则非隶事不办。白吴优劣，即于此见。不独作诗为然，填词家亦不可不知也。

五九

近体诗体制，以五七言绝句为最尊，律诗次之，排律最下。盖此体于寄兴言情，两无所当，殆有均之骈体文耳。词中小令如绝句，长调似律诗，若长调之百字令、沁园春等，则近于排律矣。

六十

诗人对宇宙人生，须入乎其内，又须出乎其外。入乎其内，故能写之。出乎其外，故能观之。入乎其内，故有生气。出乎其外，故有高致。美成能入而不出。白石以降，于此二事皆未梦见。

六一

诗人必有轻视外物之意，故能以奴仆命风月。又必有重视外物之意，故能与花鸟共忧乐。

六二

“昔为倡家女，今为荡子妇。荡子行不归，空床难独守。”“何不策高足，先据要路津？无为守穷贱，轗轲长苦辛。”可为淫鄙之尤。然无视为淫词、鄙词者，以其真也。五代北宋之大词人亦然。非无淫词，读之但觉其亲切动人。非无鄙词，但觉其精力弥满。可知淫词与鄙词之病，非淫与鄙之病，而游词之病也。“岂不尔思，室是远而。”而子曰：“未之思也，夫何远之有？”恶其游也。

六三

“枯藤老树昏鸦。小桥流水平沙。古道西风瘦马。夕阳西下。断肠人在天涯。”此元人马东篱《天净沙》小令也。寥寥数语，深得唐人绝句妙境。有元一代词家，皆不能办此也。

六四

白仁甫《秋夜梧桐雨》剧，沈雄悲壮，为元曲冠冕。然所作《天籁词》，粗浅之甚，不足为稼轩奴隶。岂创者易工，而因者难巧欤？抑人各有能与不能也？读者观欧秦之诗远不如词，足透此中消息。

（自1908年三期连载于《国粹学报》；

此据1960年人民文学出版社《蕙风词话·人间词话》）

《人间词话》（删稿四十九则）

一

白石之词，余所最爱者，亦仅二语，曰："淮南皓月冷千山，冥冥归去无人管。"

二

双声、叠韵之论，盛于六朝，唐人犹多用之。至宋以后，则渐不讲，并不知二者为何物。乾嘉间，吾乡周公霱先生著《杜诗双声叠韵谱括略》，正千余年之误，可谓有功文苑者矣。其言曰："两字同母谓之双声，两字同韵谓之叠韵。"余按用今日各国文法通用之语表之，则两字同一子音者谓之双声。如《南史·羊元保传》之"官家恨狭，更广八分"，"官家更广"四字，皆从k得声。《洛阳伽蓝记》之"狞奴慢骂"，"狞奴"两字，皆从n得声。"慢骂"两字，皆从m得声也。两字同一母音者，谓之叠韵。如梁武帝"后牖有朽柳"，"后牖有"三字，双声而兼叠韵。"有朽柳"三字，其母音皆为u。刘孝绰之"梁王长康强"，"梁长强"三字，其母音皆为ian也。自李淑《诗苑》伪造沈

［南宋］无款　青山白云图

约之说，以双声叠韵为诗中八病之二，后是诗家多废而不讲，亦不复用之于词。余谓苟于词之荡漾处多用叠韵，促结处用双声，则其铿锵可诵，必有过于前人者。惜世之专讲音律者，尚未悟此也。

三

世人但知双声之不拘四声，不知叠韵亦不拘平、上、去三声。凡字之同母者，虽平仄有殊，皆叠韵也。

四

诗之唐中叶以后，殆为羔雁之具矣。故五代北宋之诗，佳者绝少，而词则为其极盛时代。即诗词兼擅如永叔少游者，词胜于诗远甚。以其写之于诗者，不若写之于词者之真也。至南宋以后，词亦为羔雁之具，而词亦替矣。此亦文学升降之一关键也。

五

曾纯甫中秋应制，作《壶中天慢》词，自注云："是夜，西兴亦闻天乐。"谓宫中乐声，闻于隔岸也。毛子晋谓："天神亦不以人废言。"近冯梦华复辨其诬。不解"天乐"两字文义，殊笑人也。

六

北宋名家以方回为最次。其词如历下、新城之诗，非不华瞻，惜少真味。

七

散文易学而难工，韵文难学而易工。近体诗易学而难工，古体诗难学而易工。小令易学而难工，长调难学而易工。

八

古诗云："谁能思不歌？谁能饥不食？"诗词者，物之不得其平而鸣者也。故欢愉之辞难工，愁苦之言易巧。

九

社会上之习惯，杀许多之善人。文学上之习惯，杀许多之天才。

十

昔人论诗词，有景语、情语之别。不知一切景语，皆情语也。

十一

词家多以景寓情。其专作情语而绝妙者，如牛峤之“甘作一生拼，尽君今日欢。”顾夐之“换我心为你心，始知相忆深。”欧阳修之“衣带渐宽终不悔，为伊消得人憔悴。”美成之“许多烦恼，只为当时，一晌留情。”此等词求之古今人词中，曾不多见。

十二

词之为体，要眇宜修。能言诗之所不能言，而不能尽言诗之所能言。诗之境阔，词之言长。

十三

言气质，言神韵，不如言境界。有境界，本也。气质、神韵，末也。有境界而二者随之矣。

十四

“西风吹渭水，落日满长安。”美成以之入词，白仁甫以之入曲，此借古人之境界为我之境界者也。然非自有境界，古人亦不为我用。

十五

长调自以周、柳、苏、辛为最工。美成《浪淘沙慢》二词，精壮顿挫，已开北曲之先声。若屯田之《八声甘州》，东坡之《水调歌头》，则伫兴之作，格高千古，不能以常调论也。

十六

稼轩《贺新郎》词“送茂嘉十二弟”，章法绝妙。且语语有境界，此能品而几于神者。然非有意为之，故后人不能学也。

十七

稼轩《贺新郎》词：“柳暗凌波路。送春归猛风暴雨，一番新绿。”又《定风波》词："从此酒酣明月夜。耳热。""绿""热"二字，皆作上去用。与韩玉《东浦词》《贺新郎》以"玉""曲"叶"注""女"，《卜算子》以"夜""谢"叶"食""月"，已开北曲四声通押之祖。

十八

谭复堂《箧中词选》谓："蒋鹿潭《水云楼词》与成容若、项莲生，二百年间，分鼎三足。"然《水云楼词》小令颇有境界，长调惟存气格。《忆云词》精实有余，超逸不足，皆不足与容若比。然视皋文、止庵辈，则倜乎远矣。

十九

词家时代之说，盛于国初。竹垞谓：词至北宋而大，至南宋而深。后此词人，群奉其说。然其中亦非无具眼者。周保绪曰："南宋下不犯北宋拙率之病，高不到北宋浑涵之诣。"又曰："北宋词多就景叙情，故珠圆玉润，四照玲珑。至稼轩、白石，一变而为即事叙景，故深者反浅，曲者反直。"潘四农曰："词滥觞于唐，畅于五代，而意格之闳深曲挚，则莫盛于北宋。词之有北宋，犹诗之有盛唐。至南宋则稍衰矣。"刘融斋曰："北宋词用密亦疏、用隐亦亮、用沈亦快、用细亦阔、用精亦浑。南宋只是掉转过来。"可知此事自有公论。虽止庵词颇浅薄，潘刘尤甚。然其推尊北宋，则与明季云间诸公，同一卓识也。

二十

唐五代北宋词，可谓生香真色。若云间诸公，则彩花耳。湘真且然，况其次也者乎？

二一

《衍波词》之佳者，颇似贺方回。虽不及容若，要在浙中诸子之上。

二二

近人词如《复堂词》之深婉，《彊村词》之隐秀，皆在半塘老人上。彊村学梦窗而情味较梦窗反胜。盖有临川庐陵之高华，而济以白石之疏越者。学人之词，斯为极则。然古人自然神妙处，尚未见及。

[清] 龚贤　山居清歌图

二三

宋直方《蝶恋花》："新样罗衣浑弃却，犹寻旧日春衫著。"谭复堂《蝶恋花》："连理枝头侬与汝，千花百草从渠许。"可谓寄兴深微。

二四

《半唐丁稿》中和冯正中《鹊踏枝》十阕，乃《鹜翁词》之最精者。"望远愁多休纵目"等阕，郁伊惝恍，令人不能为怀。《定稿》只存六阕，殊为未允也。

二五

固哉皋文之为词也！飞卿《菩萨蛮》、永叔《蝶恋花》、子瞻《卜算子》，皆兴到之作，有何命意？皆被皋文深文罗织。阮亭《花草蒙拾》谓："坡公命宫磨蝎，生前为王珪、舒亶辈所苦，身后又硬受此差排。"由今观之，受差排者，独一坡公已耶？

二六

贺黄公谓："姜论史词，不称其'软语商量'，而赏其'柳暗花暝'，固知不免项羽学兵法之恨。"然"柳暗花暝"自是欧秦辈句法，前后有画工化工之殊。吾从白石，不能附和黄公矣。

二七

"池塘春草谢家春，万古千秋五字新。传语闭门陈正字，可怜无补费精神。"此遗山《论诗绝句》也。梦窗、玉田辈，当不乐闻此语。

二八

朱子《清邃阁论诗》谓："古人诗中有句，今人诗更无句，只是一直说将去。这般诗一日作百首也得。"余谓北宋之词有句，南宋以后便无句。玉田、草窗之词，所谓"一日作百首也得"者也。

二九

朱子谓："梅圣俞诗，不是平淡，乃是枯槁。"余谓草窗、玉田之词亦然。

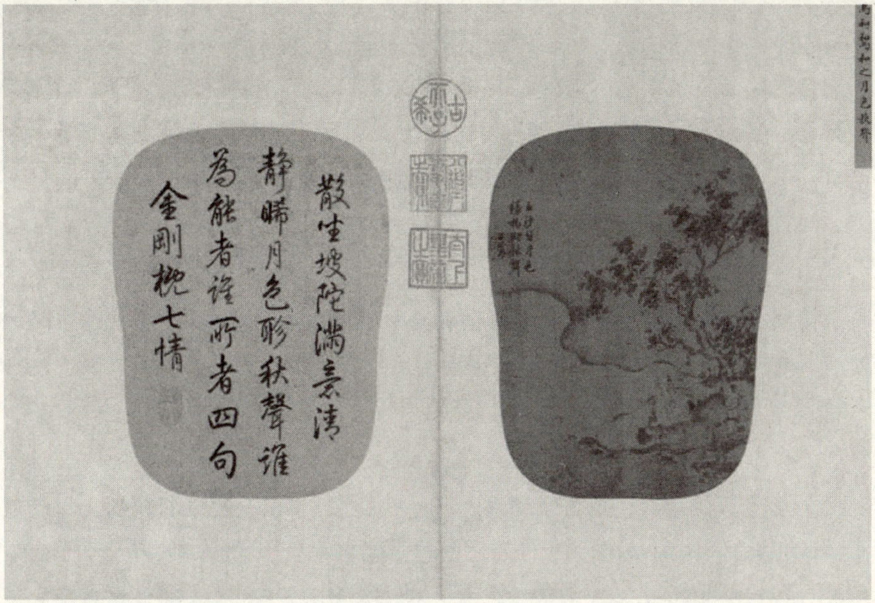

[南宋]马和之　月色秋声图

三十

“自怜诗酒瘦，难应接，许多春色。”“能几番游，看花又是明年。”此等语亦算警句耶？乃值如许笔力！

三一

文文山词，风骨甚高，亦有境界，远在圣与、叔夏、公谨诸公之上。亦如明初诚意伯词，非季迪、孟载诸人所敢望也。

三二

和凝《长命女》词：“天欲晓。宫漏穿花声缭绕，窗里星光少。冷霞寒侵帐额，残月光沈树杪。梦断锦闱空悄悄。强起愁眉小。”此词前半，不减夏英公《喜迁莺》也。

三三

宋李希声《诗话》云：“唐人作诗，正以风调高古为主。虽意远语疏，皆为佳作。后人有切近的当、气格凡下者，终使人可憎。”余谓北宋词亦不妨疏远。若梅溪以下，正所谓切近的当、气格凡下者也。

三四

自竹垞痛贬《草堂诗馀》而推《绝妙好词》，后人群附和之。不知《草堂》虽有亵诨之作，然佳词恒得十之六七。《绝妙好词》则除张范辛刘诸家外，十之八九，皆极无聊赖之词。古人云：小好小惭，大好大惭，洵非虚语。

三五

梅溪、梦窗、玉田、草窗、西麓诸家，词虽不同，然同失之肤浅。虽时代使然，亦其才分有限也。近人弃周鼎而宝康瓠，实难索解。

三六

余友沈昕伯纮自巴黎寄余《蝶恋花》一阕云："帘外东风随燕到。春色东来，循我来时道。一霎围场生绿草，归迟却怨春来早。锦绣一城春水绕。庭院笙歌，行乐多年少。著意来开孤客抱，不知名字闲花鸟。"此词当在晏氏父子间，南宋人不能道也。

三七

"君王枉把平陈业，换得雷塘数亩田。"政治家之言也。"长陵亦是闲丘陇，异日谁知与仲多？"诗人之言也。政治家之眼，域于一人一事。诗人之眼，则通古今而观之。词人观物，须用诗人之眼，不可用政治家之眼。故感事、怀古等作，当与寿词同为词家所禁也。

三八

宋人小说，多不足信。如《雪舟脞语》谓：台州知府唐仲友眷官妓严蕊奴。朱晦庵系治之。及晦庵移去，提刑岳霖行部至台，蕊乞自便。岳问曰：去将安归？蕊赋《卜算子》词云："住也如何住"云云。案此词系仲友戚高宣教作，使蕊歌以侑觞者，见朱子《纠唐仲友奏牍》。则《齐东野语》所纪朱唐公案，恐亦未可信也。

三九

《沧浪》《凤兮》二歌，已开《楚辞》体格。然《楚辞》之最工者，推屈原、宋玉，而后此之王褒、刘向之词不与焉。五古之最工者，实推阮嗣宗、左太冲、郭景纯、陶渊明，而前此曹刘，后此陈子昂、李太白不与焉。词之最工者，实推后主、正中、永叔、少游、美成，而后此南宋诸公不与焉。

四十

唐五代之词，有句而无篇。南宋名家之词，有篇而无句。有篇有句，唯李后主降宋后诸作，及永叔、子瞻、少游、美成、稼轩数人而已。

四一

唐五代北宋之词家，倡优也。南宋后之词家，俗子也。二者其失相等。但词人之词，宁失之倡优，不失之俗子。以俗子之可厌，较倡优为甚故也。

四二

《蝶恋花》“独倚危楼”一阕，是《六一词》，亦见《乐章集》。余谓：屯田轻薄子，只能道“奶奶兰心蕙性”耳。

[清] 恽南田　夜雨初霁图

四三

读《会真记》者，恶张生之薄幸，而恕其奸非。读《水浒传》者，恕宋江之横暴，而责其深险。此人人之所同也。故艳词可作，唯万不可作儇薄语。龚定庵诗云："偶赋凌云偶倦飞，偶然闲慕遂初衣。偶逢锦瑟佳人问，便说寻春为汝归。"其人之凉薄无行，跃然纸墨间。余辈读耆卿、伯可词，亦有此感。视永叔、希文小词何如耶？

四四

词人之忠实，不独对人事宜然。即对一草一木，亦须有忠实之意，否则所谓游词也。

四五

读《花间》《尊前》集，令人回想徐陵《玉台新咏》。读《草堂诗馀》，令人回想韦縠《才调集》。读朱竹垞《词综》，张皋文、董子远《词选》，令人回想沈德潜《三朝诗别裁集》。

四六

明季国初诸老之论词，大似袁简斋之论诗，其失也，纤小而轻薄。竹垞以降之论词者，大似沈归愚，其失也，枯槁而庸陋。

四七

东坡之旷在神，白石之旷在貌。白石如王衍口不言阿堵物，而暗中为营三窟之计，此其所以可鄙也。

四八

"纷吾既有此内美兮，又重之以修能。"文学之事，于此二者，不能缺一。然词乃抒情之作，故尤重内美。无内美而但有修能，则白石耳。

四九

诗人视一切外物，皆游戏之材料也。然其游戏，则以热心为之，故诙谐与严重二性质，亦不可缺一也。

（据1960年人民文学出版社《蕙风词话·人间词话》）

[明] 陆治　扇面

《人间词话》（附录二十九则）

一

蕙风词小令似叔原，长调亦在清真、梅溪间，而沈痛过之。彊村虽富丽精工，犹逊其真挚也。天以百凶成就一词人，果何为哉！

二

蕙风《洞仙歌·秋日游某氏园》及《苏武慢·寒夜闻角》二阕，境似清真，集中他作，不能过之。

三

彊村词，余最赏其《浣溪沙》“独鸟冲波去意闲”二阕，笔力峭拔，非他词可能过之。

四

蕙风《听歌》诸作，自以《满路花》为最佳。至《题香南雅集图》诸词，殊觉泛泛，无一言道著。

[明]陈栝　芭蕉紫薇扇面

五

（皇甫松）词，黄叔旸称其《摘得新》二首为有达观之见。余谓不若《忆江南》二阕，情味深长，在乐天、梦得上也。

六

端己词情深语秀，虽规模不及后主、正中，要在飞卿之上。观昔人颜、谢优劣论可知矣。

七

（毛文锡）词比牛、薛诸人，殊为不及。叶梦得谓："文锡词以质直为情致，殊不知流于率露。诸人评庸陋词者，必曰：此仿毛文锡之《赞成功》而不及者。"其言是也。

八

（魏承班）词，逊于薛昭蕴、牛峤，而高于毛文锡，然皆不如王衍。五代词以帝王为最工，岂不以无意于求工欤。

九

（顾）夐词在牛给事、毛司徒间。《浣溪沙》"春色迷人"一阕，亦见《阳春录》。与《河传》、《诉衷情》数阕，当为夐最佳之作矣。

十

周密《齐东野语》称其（毛熙震）词新警而不为儇薄。余尤爱其《后庭花》，不独意胜，即以调论，亦有俊上清越之致，视文锡蔑如也。

十一

（阎选）词唯《临江仙》第二首有轩翥之意，余尚未足与于作者也。

十二

昔沈文悫深赏（张）泌"绿杨花扑一溪烟"为晚唐名句。然其词如"露浓香泛小庭花"，较前语似更幽艳。

十三

昔黄玉林赏其（孙光宪）"一庭花（当作'疏'）雨湿春愁"为古今佳句。余以为不若"片帆烟际闪孤光"，尤有境界也。

十四

（周清真）先生于诗文无所不工，然尚未尽脱古人蹊径。平生著述，自以乐府为第一。词人甲乙，宋人早有定论。惟张叔夏病其意趣不高远。然北宋人如欧、苏、秦、黄，高则高矣，至精工博大，殊不逮先生。故以宋词比唐诗，则东坡似太白，欧、秦似摩诘，耆卿似乐天，方回、叔原则大历十子之流。南宋唯一稼轩可比昌黎。而词中老杜，则非先生不可。昔人以耆卿比少陵，犹为未当也。

十五

（清真）先生之词，陈直斋谓其多用唐人诗句檃栝入律，浑然天成。张玉田谓其善于融化诗句，然此不过一端。不如强焕云："模写物态，曲尽其妙。"为知言也。

十六

山谷云："天下清景，不择贤愚而与之，然吾特疑端为我辈设。"诚哉是言！抑岂独清景而已，一切境界，无不为诗人设。世无诗人，即无此种境界。夫境界之呈于吾心而见于外物者，皆须臾之物。惟诗人能以此须臾之物，镌诸不朽之文字，使读者自得之，遂觉诗人之言，字字为我心中所欲言，而又非我之所能自言，此大诗人之秘妙也。境界有二：有诗人之境界，有常人之境界。诗人之境界，惟诗人能感之而能写之，故读其诗者，亦高举远慕，有遗世之意。而亦有得有不得，且得之者亦各有深浅焉。若夫悲欢离合、羁旅行役之感，常人皆能感之，而惟诗人能写之。故其入于人者至深，而行于世也尤广。（清真）先生之词，属于第二种为多。故宋时别本之多，他无与匹。又和者三家，注者二家（强焕本亦有注，见毛跋）。自士大夫以至妇人女子，莫不知有清真，而种种无稽之言，亦由此以起。然非入人之深，乌能如是耶？

十七

楼忠简谓（清真）先生妙解音律，惟王晦叔《碧鸡漫志》谓："江南某氏者，解音律，时时度曲。周美成与有瓜葛。每得一解，即为制词。故周集中多新声。"则集中新曲，非尽自度。然顾曲名堂，不能自已，固非不知音者。故先生之词，文字之外，须兼味其音律，惟词中所注宫调，不出教坊十八调之外。则其音非大晟乐府之新声，而为隋唐以来之燕乐，固可知也。今其声虽亡，读其词者，犹觉拗怒之中，自饶和婉。曼声促节，繁会相宣；清浊抑扬，辘轳交往。两宋之间，一人而已。

十八

（《云谣集杂曲子》）《天仙子》词，特深峭隐秀，堪与飞卿、端己抗行。

十九

（王）以凝词句法精壮，如和虞彦恭寄钱逊升（当作"叔"）《蓦山溪》一阕、重午登霞楼《满庭芳》一阕、舣舟洪江步下《浣溪沙》一阕，绝无南宋浮艳虚薄之习。其他作亦多类是也。〔按：此则乃观堂所录阮元《四库未收书目·王周士词提要》，实非观堂论词之语。〕

二十

有明一代，乐府道衰。《写情》、《扣舷》，尚有宋元遗响，仁宣以后，兹事几绝。独文愍（夏言）以魁硕之才，起而振之。豪壮典丽，与于湖、剑南为近。

二十一

《人间词》甲稿序

山阴樊志厚

王君静安将刊其所为《人间词》，诒书告余曰："知我词者莫如子，叙之亦莫如子宜。"余与君处十年矣，比年以来，君颇以词自娱。余虽不能词，然喜读词。每夜漏始下，一灯荧然，玩古人之作，未尝不与君共。君成一阕，易一字，未尝不以讯余。既而暌离，苟有所作，未尝不邮以示余也。然则余于君之词，又乌可以无言乎？夫自南宋以后，斯道之不振久矣！元、明及国初诸老，非无警句也。然不免乎局促者，气困于雕琢也。嘉、道以后之词，非不谐美也，然无救于浅薄者，意竭于摹拟也。君之于词，于五代喜李后主、冯正中，于北宋喜永叔、子瞻、少游、美成，于南宋除稼轩、白石外，所嗜盖鲜矣。尤痛诋梦窗、玉田。谓梦窗砌字，玉田垒句，一雕琢，一敷衍，其病不同，而同归于浅薄。六百年来词之不振，实自此始。其持论如此。及读君自所为词，则诚往复幽咽，动摇人心。快而沈，直而能曲。不屑屑于言词之末，而名句间出，殆往往度越前人。至其言近而指远，意决而辞婉，自永叔以后，殆未有工如君者也。君始为词时，亦不自意其至此，而卒至此者，天也，非人之所能为也。若夫观物之微，托兴之深，则又君诗词之特色。求之古代作者，罕有伦比。呜呼！不胜古人，不足以与古人并，君其知之矣。世有疑余言者乎，则何不取古人之词，与君词比类而观之也？　　光绪丙午三月，山阴樊志厚叙。

二十二

《人间词》乙稿序

山阴樊志厚

去岁夏，王君静安集其所为词，得六十余阕，名曰：《人间词甲稿》，余既叙而行之矣。今冬，复汇所作词为《乙稿》，丐余为之叙。余其敢辞。乃称曰：文学之事，其内足以摅己，而外足以感人者，意与境二者而已。上焉者意与境浑，其次或以境胜，或以意胜。苟缺其一，不足以言文学。原夫文学之所以有意境者，以其能观也。出于观我者，意余于境。而出于观物者，境多于意。然非物无以见我，而观我之时，又自有我在。故二者常互相错综，能有所偏重，而不能有所偏废也。文学之工不工，亦视其意境之有无与其深浅而已。自夫人不能观古人之所观，而徒学古人之所作，于是始有伪文学。学者便之，相尚以辞，相习以模拟，遂不复知意境之为何物，岂不悲哉！苟持此以观古今

［南宋］佚名　梅竹雀图

人之词，则其得失，可得而言焉。温、韦之精艳，所以不如正中者，意境有深浅也。《珠玉》所以逊《六一》，《小山》所以愧《淮海》者，意境异也。美成晚出，始以辞采擅长，然终不失为北宋人之词者，有意境也。南宋词人之有意境者，唯一稼轩，然亦若不欲以意境胜。白石之词，气体雅健耳，至于意境，则去北宋人远甚。及梦窗、玉田出，并不求诸气体，而惟文字之是务，于是词之道熄矣。自元迄明，益以不振。至于国朝，而纳兰侍卫以天赋之才，崛起于方兴之族。其所为词，悲凉顽艳，独有得于意境之深，可谓豪杰之士，奋乎百世之下者矣。同时朱、陈，既非劲敌；后世项、蒋，尤难鼎足。至乾嘉以降，审乎体格韵律之间者愈微，而意味之溢于字句之表者愈浅。岂非拘泥文字，而不求诸意境之失欤？抑观我观物之事自有天在，固难期诸流俗欤？余与静安，均夙持此论。静安之为词，真能以意境胜。夫古今人词之以意胜者，莫若欧阳公。以境胜者，莫若秦少游。至意境两浑，则惟太白、后主、正中数人足以当之。静安之词，大抵意深于欧，而境次于秦。至其合作，如《甲稿·浣溪沙》之“天末同云”、《蝶恋花》之“昨夜梦中”、《乙稿·蝶恋花》之“百尺朱楼”等阕，皆意境两忘，物我一体。高蹈乎八荒之表，而抗心乎千秋之间。骎骎乎两汉之疆域，广于三代，贞观之政治，隆于武德矣。方之侍卫，岂徒伯仲。此固君所得于天者独深，抑岂非致力于意境之效也。至君词之体裁，亦与五代、

[南宋]佚名　芙蓉图

北宋为近。然君词之所以为五代、北宋之词者，以其有意境在。若以其体裁故，而至遽指为五代、北宋，此又君之不任受。固当与梦窗、玉田之徒，专事摹拟者，同类而笑之也。　　光绪三十三年十月，山阴樊志厚叙。

〔按：此二序虽为观堂手笔，而命意实出自樊氏。观堂废稿中曾引樊氏之语，而樊氏所赏诸词，《观堂集林》亦不尽入选，可证也。〕

二十三

欧公《蝶恋花》"面旋落花"云云，字字沈响，殊不可及。

二十四

《片玉词》"良夜灯光簇如豆"一首，乃改山谷《忆帝京》词为之者，似屯田最下之作，非美成所宜有也。

二十五

温飞卿《菩萨蛮》："雨后却斜阳，杏花零落香。"少游之"雨余芳草斜阳。杏花零落（当作"乱"）燕泥香。"虽自此脱胎，而实有出蓝之妙。

二十六

白石尚有骨，玉田则一乞人耳。

二十七

美成词多作态，故不是大家气象。若同叔、永叔虽不作态，而一笑百媚生矣。此天才与人力之别也。

二十八

周介存谓白石以诗法入词，门径浅狭，如孙过庭书，但便后人模仿。予谓近人所以崇拜玉田，亦由于此。

二十九

予于词，五代喜李后主、冯正中而不喜《花间》，宋喜同叔、永叔、子瞻、少游而不喜美成，南宋只爱稼轩一人，而最恶梦窗、玉田。介存《词辨》所选词，颇多不当人意。而其论词则多独到之语。始知天下固有具眼人，非予一人之私见也。

（据1960年人民文学出版社《蕙风词话·人间词话》）

《人间词话》（拾遗十三则）

一

余填词不喜作长调，尤不喜用人韵。偶尔游戏，作《水龙吟》咏杨花用质夫、东坡倡和韵，作《齐天乐》咏蟋蟀用白石韵，皆有与晋代兴之意。余之所长殊不在是，世之君子宁以他词称我。

二

樊抗夫谓余词如《浣溪沙》之"天末同云"、《蝶恋花》之"昨夜梦中"、"百尺朱楼"、"春到临春"等阕，凿空而道，开词家未有之境。余自谓才不若古人，但于力争第一义处，古人亦不如我用意耳。

三

叔本华曰："抒情诗，少年之作也；叙事诗及戏曲，壮年之作也。"余谓：

抒情诗，国民幼稚时代之作；叙事诗，国民盛壮时代之作也。故曲则古不如今(元曲诚多天籁，然其思想之陋劣，布置之粗笨，千篇一律，令人喷饭。至本朝之《桃花扇》《长生殿》诸传奇，则进矣)，词则今不如古。盖一则以布局为主，一则须伫兴而成故也。

四

“岂不尔思，室是远而。”孔子讥之。故知孔门而用词，则牛峤之“甘作一生拚，尽君今日欢”等作，必不在见删之数。〔按：此条原已删去。〕

五

“暮雨潇潇郎不归”，当是古词，未必即白傅所作。故白诗云“吴娘夜雨潇潇曲，自别苏州更不闻”也。〔按：此条原已删去。〕

六

贺黄公裳《皱水轩词筌》云：“张玉田《乐府指迷》其调叶宫商，铺张藻绘抑亦可矣，至于风流蕴藉之事，真属茫茫。如啖官厨饭者，不知牲牢之外别有甘鲜也。”此语解颐。

七

周保绪济《词辨》云：“玉田，近人所最尊奉，才情诣力亦不后诸人，终觉积谷作米、把缆放船，无开阔手段。”又云：“叔夏所以不及前人处，只在字句上著功夫，不肯换意。”“近人喜学玉田，亦为修饰字句易，换意难。”

八

毛西河《词话》谓：赵德麟令畤作《商调鼓子词》谱西厢传奇，为杂剧之祖。然《乐府雅词》卷首所载秦少游、晁补之、郑彦能（名仅）《调笑转踏》，首有致语，末有放队，每调之前有口号诗，甚似曲本体例。无名氏《九张机》亦然。至董颖《道宫薄媚》大曲咏西子事，凡十支曲，皆平仄通押，则竟是套曲。此可与《弦索西厢》同为曲家之荜路。曾氏置诸《雅词》卷首，所以别之于词也。颖字仲达，绍兴初人，从汪彦章、徐师川游，彦章为作《字说》。见《书录解题》。〔按：此条原已删去。〕

《女才子集》插图

九

宋人遇令节、朝贺、宴会、落成等事，有“致语”一种。宋子京、欧阳永叔、苏子瞻、陈后山、文宋瑞集中皆有之。《啸余谱》列之于词曲之间。其式：先“教坊致语”（四六文），次“口号”（诗），次“勾合曲”（四六文），次“勾小儿队”（四六文），次“队名”（诗二句），次“问小儿”、“小儿致语”，次“勾杂剧”（皆四六文），次“放队”（或诗或四六文）。若有女弟子队，则勾女弟子队如前。其所歌之词曲与所演之剧，则自伶人定之。少游、补之之《调笑》乃并为之作词。元人杂剧乃以曲代之，曲中楔子、科白、上下场诗犹是致语、口号、勾队、放队之遗也。此程明善《啸余谱》所以列“致语”于词曲之间者也。〔按：此条原已删去。〕

十

明顾梧芳刻《尊前集》二卷，自为之引。并云：明嘉禾顾梧芳编次。毛子晋刻《词苑英华》疑为梧芳所辑。朱竹垞跋称：吴下得吴宽手钞本，取顾本勘之，靡有不同，固定为宋初人编辑。《提要》两存其说。按《古今词话》云："赵崇祚《花间集》载温飞卿《菩萨蛮》甚多，合之吕鹏《尊前集》不下二十阕。"今考顾刻所载飞卿《菩萨蛮》五首，除《咏泪》一首外，皆《花间》所有，知顾刻虽非自编，亦非复吕鹏所编之旧矣。《提要》又云："张炎《乐府指迷》虽云唐人有《尊前》《花间集》，然《乐府指迷》真出张炎与否，盖未可定。陈直斋《书录解题》'歌词类'以《花间集》为首，注曰：此近世倚声填词之祖，而无《尊前集》之名。不应张炎见之而陈振孙不见。"然《书录解题》"阳春集"条下引高邮崔公度语曰："《尊前》《花间》往往谬其姓氏。"公度元（按：原误作"公"）祐间人，《宋史》有传。北宋固有，则此书不过直斋未见耳。

又案：黄升《花庵词选》李白《清平乐》下注云："翰林应制。"又云："案唐吕鹏《遏云集》载，应制词四首，以后二首无清逸气韵，疑非太白所作"云云。今《尊前集》所载太白《清平乐》有五首，岂《尊前集》一名《遏云集》，而四首五首之不同，乃花庵所见之本略异欤？又，欧阳炯《花间集序》谓："明皇朝有李太白应制《清平乐》四首。"则唐末时只有四首，岂末一首为梧芳所羼入，非吕鹏之旧欤？〔按：此条原已删去。〕

十一

《提要》载："《古今词语》六卷，国朝沈雄纂。雄字偶僧，吴江人。是编所述上起于唐，下迄康熙中年。"然维见明嘉靖前白口本《笺注草堂诗馀》林外《洞仙歌》下引《古今词话》云："此词乃近时林外题于吴江垂虹亭。"（明刻《类编草堂诗馀》亦同）案：升庵《词品》云："林外字岂尘，有《洞仙歌》书于垂虹亭畔。作道装，不告姓名，饮醉而去。人疑为吕洞宾。传入宫中。孝宗笑曰：'"云崖洞天无锁"，"锁"与"老"叶韵，则"锁"音"扫"，乃闽音也。'侦问之，果闽人林外也。"（《齐东野语》所载亦略同。）则《古今词话》宋时固有此书。岂雄窃此书而复益以近代事欤？又，《季沧苇书目》载《古今词话》十卷，而沈雄所纂只六卷，益证其非一书矣。

十二

楚辞之体，非屈子所创也。《沧浪》《凤兮》之歌已与三百篇异，然至屈子而最工。五七律始于齐、梁而盛于唐。词源于唐而大成于北宋。故最工之文学，非徒善创，亦且善因。〔按：此条原已删去。〕

十三

金朗甫作《词选后序》，分词为“淫词”“鄙词”“游词”三种。词之弊尽是矣。五代、北宋之词，其失也淫。辛、刘之词，其失也鄙。姜、张之词，其失也游。

（据1997年中国文史出版社《王国维文集》第一卷）

宋元戏曲考（节选）

序

凡一代有一代之文学：楚之骚、汉之赋、六代之骈语、唐之诗、宋之词、元之曲，皆所谓一代之文学，而后世莫能继焉者也。独元人之曲，为时既近，托体稍卑，故两朝史志与《四库》集部，均不著于录；后世儒硕，皆鄙弃不复道。而为此学者，大率不学之徒。即有一二学子，以余力及此，亦未有能观其会通，窥其奥窔者。遂使一代文献，郁堙沈晦者且数百年，愚甚惑焉。往者读元人杂剧而善之，以为能道人情，状物态，词采俊拔，而出乎自然，盖古所未有而后人所不能仿佛也。辄思究其渊源，明其变化之迹，以为非求诸唐宋辽金之文学，弗能得也。乃成《曲录》六卷、《戏曲考原》一卷、《宋大曲考》一卷、《优语录》二卷、《古剧脚色考》一卷、《曲调源流表》一卷。从事既久，续有所得，颇觉昔人之说，与自己之书，罅漏日多，而手所疏记，与心所领会者，亦日有增益。壬子岁莫，旅居多暇，乃以三月之力，写为此书。凡诸材料，皆余所搜集；其所说明，亦大抵余之所创获也。世之为此学者自余始，其所贡于此学者亦以此书为多，非吾辈才力过于古人，实以古人未尝为此学故也。写定有日，辄记其缘起，其有匡正补益，则俟诸异日云。海宁王国维序。

一、上古至五代之戏剧

歌舞之兴，其始于古之巫乎？巫之兴也，盖在上古之世。《楚语》：“古者民神不杂，民之精爽不携贰者，而又能齐肃衷正。（中略）如此，则明神降之。在男曰觋，在女曰巫。（中略）及少皞之衰，九黎乱德，民神杂糅，不可方物。夫人作享，家为巫史。”然则巫觋之兴，在少皞之前，盖此事与文化俱古矣。巫之事神，必用歌舞，《说文解字》（五）：“巫，祝也。女能事无形以舞降神者也。象人两褎舞形，与工同意。”故《商书》言：“恒舞于宫，酣歌于室，时谓巫风。”《汉书·地理志》言：“陈太姬妇人尊贵，好祭祀，用史巫，故其俗巫鬼。《陈诗》曰：‘坎其击鼓，宛邱之下，无冬无夏，治其鹭羽。’又曰：‘东门之枌，宛邱之栩，子仲之子，婆娑其下。’此其风也。”郑氏《诗谱》亦云：“是古代之巫，实以歌舞为职，以乐神人者也。”商人好鬼，故伊尹独有巫风之戒。及周公制礼，礼秩百神，而定其祀典。官有常职，礼有常数，乐有常节，古之巫风稍杀。然其余习，犹有存者：方相氏之驱疫也，大蜡之索万物也，皆是物也。故子贡观于蜡，而曰一国之人皆若狂，孔子告以张而不弛，文武不能。后人以八蜡为三代之戏礼（《东坡志林》），非过言也。

周礼既废，巫风大兴。楚越之间，其风尤盛。王逸《楚辞章句》谓：“楚国南部之邑，沅湘之间，其俗信鬼而好祠，其祠必作歌乐鼓舞、以乐诸神。屈原见俗人祭祀之礼，歌舞之乐，其词鄙俚，因为作《九歌》之曲。”古之所谓巫，楚人谓之曰灵。《东皇太一》曰：“灵偃蹇兮姣服，芳菲菲兮满堂。”《云中君》曰：“灵连蜷兮既留，烂昭昭兮未央。”此二者，王逸皆训为巫，而他灵字则训为神。案《说文》（一）：“灵，巫也。”古虽言巫而不言灵，观于屈巫之字子灵，则楚人谓巫为灵，不自战国始矣。

古之祭也必有尸。宗庙之尸，以子弟为之。至天地百神之祀，用尸与否，虽不可考，然《晋语》载“晋祀夏郊，以董伯为尸”，则非宗庙之祀，固亦用之。《楚辞》之灵，殆以巫而兼尸之用者也。其词谓巫曰灵，谓神亦曰灵，盖群巫之中，必有象神之衣服形貌动作者，而视为神之所冯依，故谓之曰灵，或谓之灵保。《东君》曰：“思灵保兮贤姱。”王逸《章句》训灵为神，训保为安。余疑《楚辞》之灵保与《诗》之神保，皆尸之异名。《诗·楚茨》云：“神保是飨。”又云：“神保是格。”又云：“鼓钟送尸，神保聿归。”《毛传》云：“保，

［明］张渥　九歌图（之一）

[明] 张渥　九歌图（之二）

安也。”《郑笺》亦云：“神安而飨其祭祀。”又云：“神安归者，归于天也。”然如毛、郑之说，则谓神安是飨、神安是格、神安聿归者，于辞为不文。《楚茨》一诗，郑、孔二君皆以为述绎祭宾尸之事，其礼亦与古礼《有司彻》一篇相合，则所谓神保，殆谓尸也。其曰“鼓钟送尸，神保聿归”，盖参互言之，以避复耳。知《诗》之神保为尸，则《楚辞》之灵保可知矣。至于浴兰沐芳，华衣若英，衣服之丽也；缓节安歌，竽瑟浩倡，歌舞之盛也；乘风载云之词，生别新知之语，荒淫之意也。是则灵之为职，或偃蹇以象神，或婆娑以乐神，盖后世戏剧之萌芽，已有存焉者矣。

巫觋之兴，虽在上皇之世，然俳优则远在其后。《列女传》云：“夏桀既弃礼义，求倡优侏儒狎徒，为奇伟之戏。”此汉人所纪，或不足信。其可信者，则晋之优施，楚之优孟，皆在春秋之世。案《说文》（八）：“优，饶也；一曰倡也，又曰倡乐也。”古代之优，本以乐为职，故优施假歌舞以说里克。《史记》称优孟，亦云楚之乐人。又优之为言戏也，《左传》：“宋华弱与乐辔少相狎，长相优。”杜注：“优，调戏也。”故优人之言，无不以调戏为主。优施鸟乌之歌，优孟爱马之对，皆以微词托意，甚有谑而为虐者。《谷梁传》：“颊谷之会，齐人使优施舞于鲁君之幕下。孔子曰：‘笑君者罪当死’，使司马行法焉。”厥后秦之优旃，汉之幸倡郭舍人，其言无不以调戏为事。要之，巫与优之别：巫以乐神，而优以乐人；巫以歌舞为主，而优以调谑为主，巫以女为之，而优以男为之。至若优孟之为孙叔敖衣冠，而楚王欲以为相；优施一舞，而孔子谓其笑君，则于言语之外，其调戏亦以动作行之，与后世之优，颇复相类。后世戏剧，当自巫、优二者出。而此二者，固未可以后世戏剧视之也。

附考：古之优人，其始皆以侏儒为之，《乐记》称优侏儒。颊谷之会，孔子所诛者，《谷梁传》谓之优，而《孔子家语》、何休《公羊解诂》，均谓之侏儒。《史记·李斯列传》："侏儒倡优之好，不列于前。"《滑稽列传》亦云："优旃者，秦倡侏儒也。"故其自言曰："我虽短也，幸休居。"此实以侏儒为优之一确证也。《晋语》"侏儒扶卢。"韦昭注："扶，缘也；卢，矛戟之柲，缘之以为戏。"此即汉寻橦之戏所由起。而优人于歌舞调戏外，且兼以竞技为事矣。

汉之俳优，亦用以乐人，而非以乐神。《盐铁论·散不足》篇虽云："富者祈名岳，望山川，椎牛击鼓，戏倡舞像"，然《汉书·礼乐志》载郊祭乐人员，初无优人，惟朝贺置酒陈前殿房中，有常从倡三十人，常从象人（孟康曰：象人，若今戏鱼虾狮子者也。韦昭曰：着假面者也）四人，诏随常从倡十六人，秦倡员二十九人，秦倡象人员三人，诏随秦倡一人，此外尚有黄门倡。此种倡人，以郭舍人例之，亦当以歌舞调谑为事。以倡而兼象人，则又兼以竞技为事，盖自汉初已有之，《贾子新书·匈奴篇》所陈者是也。至武帝元封三年，而角抵戏始兴。《史记·大宛传》："安息以黎轩善眩人献于汉。是时上方巡狩海上，乃悉从外国客，大觳抵，出奇戏诸怪物，及加其眩者之工。而觳抵奇戏岁增变甚盛，益兴，自此始。"按角抵者，应劭曰："角者，角技也，抵者，相抵触也。"文颖曰："名此乐为角抵者，两两相当，角力角技艺射御，故名角抵，盖杂技乐也。"是角抵以角技为义，故所包颇广，后世所谓百戏者是也。角抵之地，汉时在平乐观。观张衡《西京赋》所赋平乐事，殆兼诸技而有之。"乌获扛鼎，都卢寻橦，冲狭燕濯，胸突铦锋，跳丸剑之挥霍，走索上而相逢。"则角力角技之本事也。"巨兽之为曼延，舍利之化仙车，吞刀吐火，云雾杳冥"，所谓加眩者之工而增变者也。"总会仙倡，戏豹舞罴，白虎鼓瑟，苍龙吹篪"，则假面之戏也。"女娲坐而长歌，声清畅而委蛇，洪厓立而指挥，被毛羽之纖襹，度曲未终，云起雪飞"，则歌舞之人，又作古人之形象矣。"东海黄公，赤刀粤祝，冀厌百虎，卒不能救"，则且敷衍故事矣。至李尤《平乐观赋》（《艺文类聚》六十三）亦云："有仙驾雀，其形蚴虬，骑驴驰射，狐兔惊走，侏儒巨人，戏谑为偶。"则明明有俳优在其间矣。

东汉击鼓说唱俑

及元帝初元五年，始罢角抵，然其支流之流传于后世者尚多，故张衡、李尤在后汉时，犹得取而赋之也。

至魏明帝时，复修汉平乐故事。《魏略》（《魏志·明帝纪》裴注所引）：“帝引谷水过九龙殿前，水转百戏。岁首，建巨兽，鱼龙曼延，弄马倒骑，备如汉西京之制。”故魏时优人，乃复著闻。《魏志·齐王纪》注引《世语》及《魏氏春秋》云：“司马文王镇许昌，征还击姜维，至京师，帝于平乐观，以临军过中领军许允，与左右小臣谋，因文王辞，杀之，勒其众以退大将军，已书诏于前。文王入，帝方食粟，优人云午等唱曰‘青头鸡，青头鸡。’青头鸡者，鸭也，（谓押诏书）帝惧，不敢发。”又《魏书》（裴注引）载：司马师等《废帝奏》亦云：“使小优郭怀、袁信于广望观下作辽东妖妇，嬉亵过度，道路行人掩目。”太后废帝令亦云：“日延倡优，恣其丑谑。”则此时倡优亦以歌舞戏谑为事；其作辽东妖妇，或演故事，盖犹汉世角抵之余风也。

晋时优戏，殊无可考。惟《赵书》（《太平御览》卷五百六十九引）云：

敦煌壁画：反弹琵琶

"石勒参军周延为馆陶令，断官绢数万匹，下狱，以八议宥之。后每大会，使俳优着介帻，黄绢，单衣。优问：'汝何官，在我辈中？'曰：'我本为馆陶令。'斗数单衣，曰：'正坐取是，入汝辈中。'以为笑。"唐段安节《乐府杂录》，亦载此事云："参军始自后汉馆陶令石耽。"然后汉之世，尚无参军之官，则《赵书》之说殆是。此事虽非演故事而演时事，又专以调谑为主，然唐宋以后，脚色中有名之参军，实出于此。自此以后迄南朝，亦有俗乐。梁时设乐，有曲、有舞、有技；然六朝之季，恩幸虽盛，而俳优罕闻，盖视魏晋之优，殆未有以大异也。

由是观之，则古之俳优，但以歌舞及戏谑为事。自汉以后，则间演故事；而合歌舞以演一事者，实始于北齐。顾其事至简，与其谓之戏，不若谓之舞之为当也。然后世戏剧之源，实自此始。《旧唐书·音乐志》云："代面出于北齐。北齐兰陵王长恭，才武而面美，常着假面以对敌。尝击周师金墉城下，勇冠三军，齐人壮之，为此舞以效其指挥击刺之容，谓之《兰陵王入阵曲》。"《乐府杂录》与崔令钦《教坊记》所载略同。又《教坊记》云："《踏摇娘》：北齐有人姓苏，鲍鼻，实不仕，而自号为郎中。嗜饮酗酒，每醉，辄殴其妻。妻衔悲诉于邻里。时人弄之：丈夫着妇人衣，徐步入场，行歌。每一叠，旁人齐声和之云：'踏摇和来，踏摇娘苦，和来。'以其且步且歌，故谓之踏摇；以其称冤，故言苦；及其夫至，则作殴斗之状，以为笑乐。"此事《旧唐书·音乐志》及《乐府杂录》亦纪之。但一以苏为隋末河内人，一以为后周士人。齐周隋相距，历年无几，而《教坊记》所纪独详，以为齐人，或当不谬。此二者皆有歌有舞，以演一事。而前此虽有歌舞，未用之以演故事；虽演故事，未尝合以歌舞，不可谓非优戏之创例也。盖魏齐周三朝，皆以外族入主中国，其与西域诸国，交通频繁，龟兹、天竺、康国、安国等乐，皆于此时入中国。而龟兹乐则自隋唐以来，相承用之，以迄于今。此时外国戏剧，当与之俱入中国。如《旧唐书·音乐志》所载《拨头》一戏，其最著之例也。案《兰陵王》、《踏摇娘》二舞，《旧志》列之歌舞戏中，其间尚有《拨头》一戏。《志》云："《拨头》者，出西域。胡人为猛兽所噬，其子求兽杀之，为此舞以象之也。"《乐府杂录》谓之"钵头"，此语之为外国语之译音，固不待言；且于国名、地名、人名三者中，必居其一焉。其入中国，不审在何时。按《北史·西域传》有拔豆国去代五万一千里（按五万一千里，必有误字，《北史·西域传》诸国，虽大秦之远，亦仅去代三万九千四百里，拔豆上之南天竺国去代三万一千五百里，叠伏罗国去代三万一千里，此五万一千里，疑亦三万一千里之误也），隋唐二《志》，即无此国，盖于后魏之初一通中国，后或亡或隔绝，已不可知。

如使“拨头”与“拔豆”为同音异译，而此戏出于拔豆国，或由龟兹等国而入中国，则其时自不应在隋唐以后，或北齐时已有此戏。而《兰陵王》、《踏摇娘》等戏，皆模仿而为之者欤。

此种歌舞戏，当时尚未盛行，实不过为百戏之一种。盖汉魏以来之角抵奇戏，尚行于南北朝，而北朝尤盛。《魏书·乐志》言：“太宗增修百戏，撰合大曲。”《隋书·音乐志》亦云：“齐武平中，有鱼龙烂漫，俳优侏儒，（中略）奇怪异端，百有余物，名为百戏。周明帝武成间，朔旦会群臣，亦用百戏。及宣帝时，征齐散乐人并会京师为之。至隋炀帝大业二年，突厥染干来朝，炀帝欲夸之，总追四方散乐，大集东都。自是每岁正月，万国来朝，留至十五日，于端门外建国门内，绵亘八里，列为戏场。百官起棚夹路，从昏至旦，以纵观，至晦而罢。伎人皆衣绵绣缯彩，其歌舞者多为妇人服，鸣环珮，饰以花毦者，殆三万人。”故柳彧上书谓：“鸣鼓聒天，燎炬照地，人戴兽面，男为女服，倡优杂技，诡状异形”（《隋书·柳彧传》），薛道衡《和许给事〈善心戏场转韵诗〉》（《初学记》卷十五），所咏亦略同。虽侈靡跨于汉代，然视张衡之赋西京，李尤之赋平乐观，其言固未有大异也。

至唐而所谓歌舞戏者，始多概见。有本于前代者，有出新撰者，今备举之。

一、《代面》《大面》

《旧唐书·音乐志》一则（见前）。

《乐府杂录》鼓架部条：“有代面，始自北齐。神武弟，有胆勇，善战斗，以其颜貌无威，每入阵即着面具，后乃百战百胜。戏者，衣紫腰金执鞭也。”

《教坊记》：“大面，出北齐。兰陵王长恭，性胆勇，而貌妇人，自嫌不足以威敌，乃刻为假面，临阵着之，因为此戏，亦入歌曲。”

二、《拨头》《钵头》

《旧唐书·音乐志》一则（见前）。

《乐府杂录》鼓架部条：“钵头：昔有人父为虎所伤，遂上山寻其父尸。山有八折，故曲八叠。戏者被发素衣，面作啼，盖遭丧之状也。”

三、《踏摇娘》《苏中郎》《苏郎中》

《旧书·音乐志》：“踏摇娘生于隋末河内。河内有人，貌恶而嗜酒，常自号郎中。醉归，必殴其妻。其妻美色善歌，为怨苦之辞。河朔演其声而被之弦管，因写其夫之容。妻悲诉，每摇顿其身，故号‘踏摇娘’。近代优人改其制度，非旧旨也。”

唐代舞俑

《乐府杂录》鼓架部条："《苏中郎》：后周士人苏葩，嗜酒落魄，自号中郎。每有歌场，辄入独舞。今为戏者，着绯、带帽，面正赤，盖状其醉也。即有踏摇娘。"

《教坊记》一则（见前）。

四、参军戏

《乐府杂录》俳优条："开元中，黄幡绰、张野狐弄参军。始自汉馆陶令石耽。耽有赃犯，和帝惜其才，免罪。每宴乐，即令衣白夹衫，命俳优弄辱之，经年乃放。后为参军，误也。开元中，有李仙鹤善此戏，明皇特授韶州同正参军，以食其禄。是以陆鸿渐撰词，言韶州参军，盖由此也。"

赵璘《因话录》（卷一）："肃宗宴于宫中，女优有弄假官戏，其绿衣秉简者，谓之参军桩。"

范摅《云溪友议》（卷九）：元稹廉问浙东，"有俳优周季南、季崇，及妻刘采春，自淮甸而来，善弄《陆参军》，歌声彻云。"

（附）《五代史·吴世家》："徐氏之专政也，杨隆演幼懦，不能自持；而知训尤凌侮之。尝饮酒楼上，命优人高贵卿侍酒，知训为参军，隆演鹑衣髽髻为苍鹘。"

（附）姚宽《西溪丛语》（下）引《吴史》："徐知训怙威骄淫，调谑王，无敬长之心。尝登楼狎戏，荷衣木简，自称参军，令王髽髻鹑衣，为苍头以从。”

五、《樊哙排君难》戏《樊哙排闼》剧

《唐会要》（卷三十三）：“光化四年正月，宴于保宁殿，上制曲，名曰《赞成功》。时盐州雄毅军使孙德昭等，杀刘季述反正，帝乃制曲以褒之，仍作《樊哙排君难》戏以乐焉。”

宋敏求《长安志》（卷六）：“昭宗宴李继昭等将于保宁殿，亲制《赞成功》曲以褒之，仍命伶官作《樊哙排君难》戏以乐之。”

陈旸《乐书》（卷一百八十六）：“昭宗光化中，孙德昭之徒刃刘季述，始作《樊哙排闼》剧。”

此五剧中其出于后赵者一（参军），出于北齐或周隋者二（《大面》、《踏摇娘》），出于西域者一（《拨头》），惟《樊哙排君难》戏乃唐代所自制，且其布置甚简，而动作有节，固与《破阵乐》、《庆善乐》诸舞，相去不远。其所异者，在演故事一事耳。顾唐代歌舞戏之发达，虽止于此，而滑稽戏则殊进步。此种戏剧，优人恒随时地而自由为之；虽不必有故事，而恒托为故事之形；惟不容合以歌舞，故与前者稍异耳。其见于载籍者，兹复汇举之，其可资比较之助者，颇不少也。

《资治通鉴》（卷二百十二）：“侍中宋璟，疾负罪而妄诉不已者，悉付御史台治之。谓中丞李谨度曰：‘服不更诉者，出之；尚诉未已者，且系。’由是人多怨者。会天旱，优人作魃状，戏于上前。问：‘魃何为出？’对曰：‘奉相公处分。’又问：‘何故？’对曰：‘负罪者三百余人，相公悉以系狱抑之，故魃不得不出。’上心以为然。”

《旧唐书·文宗纪》：“太和六年二月己丑寒食节，上宴群臣于麟德殿。是日，杂戏人弄孔子。帝曰：‘孔子古今之师，安得侮黩。’亟命驱出。”

高彦休《唐阙史》（卷下）：“咸通中，优人李可及者，滑稽谐戏，独出辈流。虽不能托讽匡正，然智巧敏捷，亦不可多得。尝因延庆节，缁黄讲论毕，次及倡优为戏，可及乃儒服险巾，褒衣博带，摄齐以升讲座，自称‘三教论衡’。其隅坐者问曰：‘即言博通三教，释迦如来是何人？’对曰：‘是妇人。’问者惊曰：‘何也？’对曰：‘《金刚经》云：敷座而坐。或非妇人，何烦夫坐，然后儿坐也。’上为之启齿。又问曰：‘太上老君何人也？’对曰：‘亦妇人也。’问者益所不喻。乃曰：‘《道德经》云：吾有大患，是吾有身，及吾无身，吾复何患。倘非妇人，何患乎有娠乎？’上大悦。又问：‘文宣王何人也？’对曰：‘妇人也。’问者曰：“何以知之？’对曰：‘《论语》云：沽之哉！沽之哉！吾待贾者也。向非妇人，待嫁奚为？’上意极欢，宠锡甚厚。翌日，授环卫之员外职。”

唐无名氏《玉泉子真录》(《说郛》卷四十六)：“崔公铉之在淮南，尝俾乐工集其家僮，教以诸戏。一日，其乐工告以成就，且请试焉。铉命阅于堂下，与妻李坐观之。僮以李氏妒忌，即以数僮衣妇人衣，曰妻曰妾，列于旁侧。一僮则执简束带，旋辟唯诺其间。张乐，命酒，不能无属意者，李氏未之悟也。久之，戏愈甚，悉类李氏平昔所尝为。李氏虽少悟，以其戏偶合，私谓不敢而然，且观之。僮志在发悟，愈益戏之。李果怒，骂之曰：‘奴敢无礼，吾何尝如此。’僮指之，且出，曰：‘咄咄！赤眼而作白眼，讳乎？’铉大笑，几至绝倒。”

孙光宪《北梦琐言》(卷六)：“光化中，朱朴自《毛诗》博士登庸，恃其口辩，可以立致太平。由藩邸引导，闻于昭宗，遂有此拜。对扬之日，面陈时事数条，每言‘臣为陛下致之。’洎操大柄，无以施展，自是恩泽日衰，中外腾沸。内宴日，俳优穆刀陵作念经行者，至御前曰：‘若是朱相，即是非相。’翌日出官。”

附：五代

《北梦琐言》(卷十四)：刘仁恭之军，为汴帅败于内黄。“尔后汴帅攻燕，亦败于唐河。他日命使聘汴，汴帅开宴，俳优戏医病人以讥之。且问：‘病状内黄，以何药可瘥？’其聘使谓汴帅曰：‘内黄，可以唐河水浸之，必愈。’宾主大笑。”

钱易《南部新书》(卷癸)：“王延彬独据建州，称伪号，一旦大设，伶官作戏，辞云：‘只闻有泗州和尚，不见有五县天子。’”

郑文宝《江南余载》(卷上)：“徐知训在宣州，聚敛苛暴，百姓苦之。入觐侍宴，令人戏，作绿衣大面若鬼神者。旁一人问：‘谁？’对曰：‘我宣州土地神也，吾主人入觐，和地皮掘来，故得至此。’”

又 (卷上)：“张崇帅庐州，人苦其不法。因其入觐，相谓曰：‘渠伊必不来矣。’崇闻之，计口征渠伊钱。明年又入觐，人不敢交语，唯道路相目，捋须为庆而已。崇归，又征捋须钱。其在建康，伶人戏为死而获谴者，曰：‘焦湖百里，一任作獭。’”

观上文之所汇集，知此各滑稽戏，始于开元，而盛于晚唐。以此与歌舞戏相比较，则一以歌舞为主，一以言语为主；一则演故事，一则讽时事；一为应节之舞蹈，一为随意之动作；一可永久演之，一则除一时一地外，不容施于他处；此其相异者也。而此二者之关纽，实在《参军》一戏。《参军》之戏，本演石耽或周延故事。又《云溪友议》谓“周季南等弄《陆参军》，歌声彻云”，则似为歌舞剧。然至唐中叶以后，所谓参军者，不必演石耽或周延。凡一切假官，皆谓之参军。《因话录》所谓“女优有弄假官戏，其绿衣秉简者，谓之参军桩”是也。由是参军一色，遂为脚色之主。其与之相对者，谓之苍鹘。李义山《骄儿诗》：“忽复学参军，按声唤苍鹘。”《五代史·吴世家》所纪，足以证之。上所载滑稽剧中，无在不可见此二色之对立。如李可及之儒服险巾，褒衣博带；崔铉家童之执简束带，旋辟唯诺；南唐伶人之绿衣大面，作宣州土地神，皆所谓参军者为之，而与之对待者，则为苍鹘。此说观下章所载宋代戏剧，自可了然，此非想象之说也。要之：唐五代戏剧，或以歌舞为主，而失其自由；或演一事，而不能被以歌舞。其视南宋、金、元之戏剧，尚未可同日而语也。

……

十二、元剧之文章

元杂剧之为一代之绝作，元人未之知也。明之文人始激赏之，至有以关汉卿比司马子长者（韩文靖邦奇）。三百年来，学者文人，大抵屏元剧不观。其见元剧者，无不加以倾倒。如焦理堂《易余籥录》之说，可谓具眼矣。焦氏谓一代有一代之所胜，欲自楚骚以下，撰为一集，汉则专取其赋，魏晋六朝至隋，则专录其五言诗，唐则专录其律诗，宋专录其词，元专录其曲。余谓律诗与词，固莫盛于唐宋，然此二者果为二代文学中最佳之作否，尚属疑问。若元之文学，则固未有尚于其曲者也。元曲之佳处何在？一言以蔽之，曰：自然而已矣。古今之大文学，无不以自然胜，而莫著于元曲。盖元剧之作者，其人均非有名位学问也。其作剧也，非有藏之名山，传之其人之意也。彼以意兴之所至为之，以自娱娱人。关目之拙劣，所不问也；思想之卑陋，所不讳也；人物之矛盾，所不顾也。彼但摹写其胸中之感想与时代之情状，而真挚之理与秀杰之气，时流露于其间。故谓元曲为中国最自然之文学，无不可也。若其文字之自然，则又为其必然之结果，抑其次也。

明以后，传奇无非喜剧，而元则有悲剧在其中。就其存者言之：如《汉宫秋》、《梧桐雨》、《西蜀梦》、《火烧介子推》、《张千替杀妻》等，初无所谓先离后合，始困终亨之事也。其最有悲剧之性质者，则如关汉卿之《窦娥冤》、纪君祥之《赵氏孤儿》。剧中虽有恶人交构其间，而其蹈汤赴火者，仍出于其主人翁之意志，即列之于世界大悲剧中，亦无愧色也。

关汉卿像

元剧关目之拙，固不待言。此由当日未尝重视此事，故往往互相蹈袭，或草草为之。然如武汉臣之《老生儿》，关汉卿之《救风尘》，其布置结构，亦极意匠惨淡之致，宁较后世之传奇，有优无劣也。

然元剧最佳之处，不在其思想结构，而在其文章。其文章之妙，亦一言以蔽之，曰：有意境而已矣。何以谓之有意境？曰：写情则沁人心脾，写景则在人耳目，述事则如其口出是也。古诗词之佳者，无不如是。元曲亦然。明以后，其思想结构尽有胜于前人者，唯意境则为元人所独擅。兹举数例以证之。其言情述事之佳者，如关汉卿《谢天香》第三折：

〔正宫·端正好〕我往常在风尘，为歌妓，不过多见了几个筵席，回家来仍作个自由鬼。今日倒落在无底磨牢笼内！

马致远《任风子》第二折：

〔正宫·端正好〕添酒力晚风凉，助杀气秋云暮，尚兀自脚趔趄醉眼模糊。他化的我一方之地都食素，单则俺杀生的无缘度。

语语明白如画，而言外有无穷之意。又如《窦娥冤》第二折：

〔斗虾蟆〕空悲戚，没理会，人生死，是轮回。感着这般病疾，值着这般时势，可是风寒暑湿，或是饥饱劳役，各人证候自知。人命关天关地，别人怎生替得？寿数非干一世，相守三朝五夕。说甚一家一计，又无羊酒缎匹，又无花红财礼，把手为活过日，撒手如同休弃。不是窦娥忤逆，生怕旁人论议。不如听咱劝你，认个自家悔气，割舍的一具棺材停置，几件布帛收拾，出了咱家门里，送入他家坟地。这不是你那从小儿年纪，指脚的夫妻，我其实不关亲，无半点凄怆泪。休得要心如醉，意似

《窦娥冤》插图

痴，便这等嗟嗟怨怨，哭哭啼啼。

此一曲直是宾白，令人忘其为曲。元初所谓当行家，大率如此；至中叶以后，已罕觏矣。其写男女离别之情者，如郑光祖《倩女离魂》第三折：

〔醉春风〕空服遍瞑眩药不能痊，知他这腌臜病何日起。要好时直等的见他时，也只为这症候因他上得。得，一会家缥渺呵，忘了魂灵。一会家精细呵，使着躯壳。一会家混沌呵，不知天地。

〔迎仙客〕日长也愁更长，红稀也信尤稀，春归也奄然人未归。我则道相别也数十年，我则道相隔着数万里。为数归期，则那竹院里刻遍琅玕翠。

此种词如弹丸脱手，后人无能为役。唯南曲中《拜月》、《琵琶》差能近之。至写景之工者，则马致远之《汉宫秋》第三折：

〔梅花酒〕呀！对着这迥野凄凉，草色已添黄，兔起早迎霜，犬褪得毛苍，人搠起缨枪，马负着行装，车运着餱粮，打猎起围场。他他他伤心辞汉主，我我我携手上河梁。他部从，入穷荒；我銮舆，返咸阳。返咸阳，过宫墙；过宫墙，绕回廊；绕回廊，近椒房；近椒房，月昏黄；月昏黄，夜生凉；夜生凉，泣寒蛩；泣寒蛩，绿纱窗；绿纱窗，不思量。

〔收江南〕呀！不思量，便是铁心肠，铁心肠也愁泪滴千行；美人图今夜挂昭阳，我那里供养，便是我高烧银烛照红妆。

（尚书云）陛下回銮罢，娘娘去远了也。（驾唱）

〔鸳鸯煞〕我煞大臣行，说一个推辞谎，又则怕笔尖儿那火编修讲。不见那花朵儿精神，怎趁那草地里风光。唱道伫立多时，徘徊半晌，猛听的塞雁南翔，呀呀的声嘹亮，却原来满目牛羊，是兀那载离恨的毡车半坡里响。

以上数曲，真所谓写情则沁人心脾，写景则在人耳目，述事则如其口出者。第一期之元剧，虽浅深大小不同，而莫不有此意境也。

古代文学之形容事物也，率用古语，其用俗语者绝无。又所用之字数亦不甚多。独元曲以许用衬字故，故辄以许多俗语或以自然之声音形容之。此自古文学上所未有也。兹举其例，如《西厢记》第四剧第四折：

〔雁儿落〕绿依依墙高柳半遮，静悄悄门掩清秋夜，疏剌剌林梢落叶风，昏惨惨云际穿窗月。

〔得胜令〕惊觉我的是颤巍巍竹影走龙蛇，虚飘飘庄周梦蝴蝶，絮叨叨促织儿无休歇，韵悠悠砧声儿不断绝，痛煞煞伤别，急煎煎好梦儿应难舍，冷清清的咨嗟，娇滴滴玉人儿何处也？

此犹仅用三字也。其用四字者，如马致远《黄粱梦》第四折：

〔叨叨令〕我这里稳丕丕土炕上迷飐没腾的坐，那婆婆将粗剌剌陈米喜收希和的播，那蹇驴儿柳阴下舒着足乞留恶滥的卧，那汉子去脖项上婆娑没索的摸。你则早醒来了也么哥，你则早醒来了也么哥，可正是窗前弹指时光过。

其更奇绝者，则如郑光祖《倩女离魂》第四折：

〔古水仙子〕全不想这姻亲是旧盟，则待教祆庙火刮刮匝匝烈焰生。将水面上鸳鸯忒楞楞腾分开交颈，疏剌剌沙鞲雕鞍撒了锁鞓，厮琅琅汤偷香处喝号提铃，支楞楞争弦断了不续碧玉筝，吉丁丁珰精砖上摔破菱花镜，扑通通东井底坠银瓶。

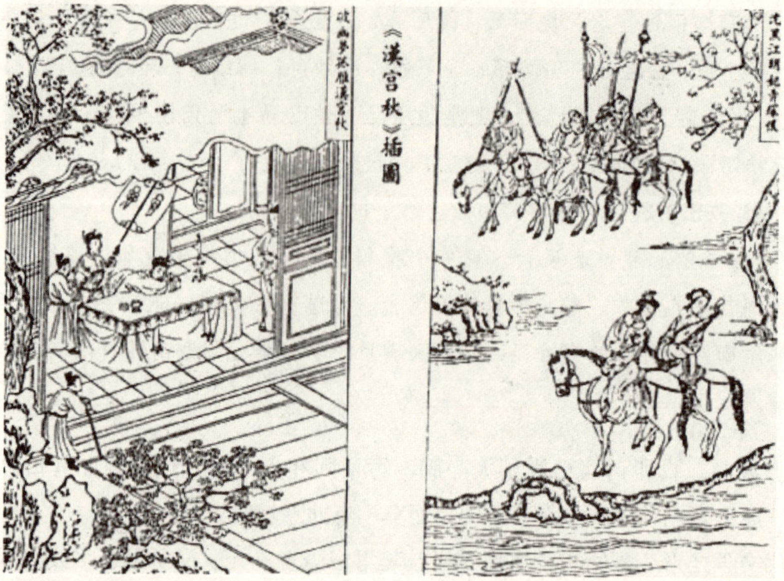

《汉宫秋》插图

又无名氏《货郎旦》剧第三折，则用叠字，其数更多。

〔货郎儿六转〕我则见黯黯惨惨天涯云布，万万点点潇湘夜雨；正值着窄窄狭狭沟沟堑堑路崎岖，黑黑黯黯彤云布，赤留赤律潇潇洒洒断断续续，出出律律忽忽鲁鲁阴云开处，霍霍闪闪电光星注；正值着飕飕摔摔风，淋淋渌渌雨，高高下下凹凹答答一水模糊，扑扑簌簌湿湿渌渌疏林人物，却便似一幅惨惨昏昏潇湘水墨图。

由是观之，则元剧实于新文体中自由使用新言语。在我国文学中，于《楚辞》、《内典》外，得此而三。然其源远在宋金二代，不过至元而大成。其写景抒情述事之美，所负于此者，实不少也。

元曲分三种，杂剧之外，尚有小令、套数。小令只用一曲，与宋词略同。套数则合一宫调中诸曲为一套，与杂剧之一折略同。但杂剧以代言为事，而套数则以自叙为事，此其所以异也。元人小令套数之佳，亦不让其杂剧。兹各录其最佳者一篇，以示其例，略可以见元人之能事也。

小令

〔**天净沙**〕（无名氏。此词《庶斋老学丛谈》及元刊《乐府新声》，均不著名氏，《尧山堂外纪》以为马致远撰，朱竹垞《词综》仍之，不知何据。）

枯藤老树昏鸦，小桥流水人家，古道西风瘦马，夕阳西下，断肠人在天涯。

套数

《秋思》（马致远。见元刊《中原音韵》、《乐府新声》。）

〔双调·夜行船〕百岁光阴如梦蝶，重回首往事堪嗟！昨日春来，今朝花谢，急罚盏夜阑灯灭。

〔乔木查〕秦宫汉阙，做衰草牛羊野，不恁渔樵无话说。纵荒坟横断碑，不辨龙蛇。

〔庆宣和〕投至狐踪与兔穴，多少豪杰，鼎足三分半腰折，魏耶？晋耶？

〔落梅风〕天教富，不待奢，无多时好天良夜，看钱奴硬将心似铁，空辜负锦堂风月。

〔风入松〕眼前红日又西斜，疾似下坡车，晚来清镜添白雪，上床与鞋履相别。莫笑鸠巢计拙，葫芦提一就装呆。

〔拨不断〕利名竭，是非绝，红尘不向门前惹，绿树偏宜屋角遮，青山正补墙东缺，竹篱茅舍。

〔离亭宴煞〕蛩吟罢一枕才宁贴，鸡鸣后万事无休歇，算名利何年是彻！密匝匝蚁排兵，乱纷纷蜂酿蜜，闹穰穰蝇争血。裴公绿野堂，陶令白莲社，爱秋来那些？和露滴黄花，带霜烹紫蟹，煮酒烧红叶。人生有限杯，几个登高节？嘱咐与顽童记者，便北海探吾来，道东篱醉了也。

〔天净沙〕小令，纯是天籁，仿佛唐人绝句。马东篱《秋思》一套，周德清评之以为万中无一，明王元美等亦推为套数中第一，诚定论也。此二体虽与元杂剧无涉，可知元人之于曲，天实纵之，非后世所能望其项背也。

元代曲家，自明以来，称关、马、郑、白。然以其年代及造诣论之，宁称关、白、马、郑为妥也。关汉卿一空倚傍，自铸伟词，而其言曲尽人情，字字本色，故当为元人第一。白仁甫、马东篱，高华雄浑，情深文明；郑德辉清丽芊绵，自成馨逸，均不失为第一流。其余曲家，均在四家范围内。唯宫大用瘦硬通神，独树一帜。以唐诗喻之，则汉卿似白乐天，仁甫似刘梦得，东篱似李义山，德辉似温飞卿，而大用则似韩昌黎。以宋词喻之，则汉卿似柳耆卿，仁甫似苏东坡，东篱似欧阳永叔，德辉似秦少游，大用似张子野。虽地位不必同，而品格则略相似也。明宁献王曲品，跻马致远于第一，而抑汉卿于第十。盖元中叶以后，曲家多祖马、郑而祧汉卿，故宁王之评如是。其实非笃论也。

元剧自文章上言之，优足以当一代之文学。又以其自然故，故能写当时政治及社会之情状，足以供史家论世之资者不少。又曲中多用俗语，故宋金元三朝遗语，所存甚多。辑而存之，理而董之，自足为一专书。此又言语学上之事，而非此书之所有事也。

（据 1997 年中国文史出版社《王国维文集》第一卷）

《红楼梦》评论

第一章 人生及美术之概观

《老子》曰："人之大患在我有身。"《庄子》曰："大块载我以形，劳我以生。"忧患与劳苦之与生相对待也久矣。夫生者人人之所欲，忧患与劳苦者，人人之所恶也。然则讵不人人欲其所恶而恶其所欲欤？将其所恶者固不能不欲，而其所欲者终非可欲之物欤？人有生矣，则思所以奉其生。饥而欲食，渴而欲饮，寒而欲衣，露处而欲宫室，此皆所以维持一人之生活者也。然一人之生少则数十年，多则百年而止耳，而吾人欲生之心，必以是为不足，于是于数十年百年之生活外，更进而图永远之生活：时则有牝牡之欲，家室之累。进而育子女矣，则有保抱扶持饮食教诲之责，婚嫁之务。百年之间，早作而夕思，穷老而不知所终。问有出于此保存自己及种姓之生活之外者乎？无有也。百年之后，观吾人之成绩，其有逾于此保存自己及种姓之生活之外者乎？无有也。又人人知侵害自己及种姓之生活者之非一端也，于是相集而成一群，相约束而立一国，择其贤且智者以为之君，为之立法律以治之，建学校以教之，为之警察以防内奸，为之陆海军以御外患，使人人各遂其生活之欲而不相侵害。凡此皆欲生之心之所为也。夫人之于生活也，欲之如此其切也，用力如此其勤也，设计如此其周且至也，固亦有其真可欲者存欤？吾人之忧患劳苦，固亦有所以偿之者欤？则吾人不得不就生活之本质熟思而审考之也。

生活之本质何？欲而已矣。欲之为性无厌，而其原生于不足。不足之状态，苦痛是也。既偿一欲，则此欲以终。然欲之被偿者一，而不偿者什伯，一欲既终，他欲随之，故究竟之慰藉，终不可得也。即使吾人之欲悉偿，而更无所欲之对象，倦厌之情即起而乘之，于是吾人自己之生活，若负之而不胜其重。故人生者如钟表之摆，实往复于苦痛与倦厌之间者也。夫倦厌固可视为苦痛之一种，有能除去此二者，吾人谓之曰快乐。然当其求快乐也，吾人于固有之苦痛外，又不得不加以努力，而努力亦苦痛之一也。且快乐之后，其感苦痛也弥深，故苦痛而无回复之快乐者有之矣，未有快乐而不先之或继之以苦痛者也，又此苦痛与世界之文化俱增，而不由之而减。何则？文化愈进，其知识弥广，其所欲弥多，又其感苦痛亦弥甚故也。然则人生之所欲既无以逾于生活，而生活之性质又不外乎苦痛，故欲与生活与苦痛，三者一而已矣。

吾人生活之性质既如斯矣，故吾人之知识遂无往而不与生活之欲相关系，即与吾人之利害相关系。就其实而言之，则知识者固生于此欲，而示此欲以我与外界之关系，使之趋利而避害者也。常人之知识，止知我与物之关系，易言以明之。止知物之与我相关系者，而于此物中又不过知其与我相关系之部份而已。及人知渐进，于是始知欲，知此物与我之关系，不可不研究此物与彼物之关系。知愈大者，其研究逾远焉。自是而生各种之科学，如欲知空间之一部之

[清] 卓秉勋 空谷幽兰

与我相关系者，不可不知空间全体之关系，于是几何学兴焉（按西洋几何学Geometry之本义系量地之意，可知古代视为应用之科学，而不视为纯粹之科学也。）欲知力之一部之与我相关系者，不可不知力之全体之关系，于是力学兴焉。吾人既知一物之全体之关系，又知此物与彼物之全体之关系，而立一法则焉，以应用之于是物之现于吾前者，其与我之关系及其与他物之关系，粲然陈于目前而无所遁，夫然后吾人得以利用此物，有其利而无其害，以使吾人生活之欲增进于无穷。此科学之功效也。故科学上之成功，虽若层楼杰观，高严巨丽，然其基址则筑乎生活之欲之上，与政治上之系统立于生活之欲之上无以异。然则吾人理论与实际之二方面，皆此生活之欲之结果也。

由是观之，吾人之知识与实践之二方面，无往而不与生活之欲相关系，即与苦痛相关系。兹有一物焉，使吾人超然于利害之外而忘物与我之关系，此时也，吾人之心无希望，无恐怖，非复欲之我，而但知之我也。此犹积阴弥月而旭日杲

杲也，犹覆舟大海之中浮沉上下而飘着于故乡之海岸也，犹阵云惨淡而插翅之天使赍平和之福音而来者也，犹鱼之脱于罾网，鸟之自樊笼出而游于山林江海也。然物之能使吾人超然于利害之外者，必其物之于吾人无利害之关系而后可。易言以明之，必其物非实物而后可。然则非美术何足以当之乎！夫自然界之物，无不与吾人有利害之关系，纵非直接，亦必间接相关系者也，苟吾人而能忘物与我之关系而观物，则大自然界之山明水媚，鸟飞花落，固无往而非华胥之国、极乐之土也。岂独自然界而已，人类之言语动作，悲欢啼笑，孰非美之对象乎？然此物既与吾人有利害之关系，而吾人欲强离其关系而观之，自非天才，岂易及此！于是天才者出，以其所观于自然人生中者复现之于美术中，而使中智以下之人，亦因其物之与己无关系而超然于利害之外。是故观物无方，因人而变。濠上之鱼，庄惠之所乐也，而渔父袭之以网罟；舞雩之木，孔曾之所憩也，而樵者继之以斤斧。若物非有形，心无所住，则虽殉财之夫、贵私之子，宁有对曹霸、韩干之马而计驰骋之乐，见毕宏、韦偃之松而观思栋梁之用，求好逑于雅典之偶，思税驾于金字之塔者哉！故美术之为物，欲者不观，观者不欲。而艺术之美所以优于自然之美者，全存于使人易忘物我之关系也。

而美之为物有二种：一曰优美，一曰壮美。苟一物焉，与吾人无利害之关系，而吾人之观之也，不观其关系，而但观其物，或吾人之心中无丝毫生活之欲存，而其观物也，不视为与我有关系之物，而但视为外物，则今之所观者，非昔之所观者也。此时吾心宁静之状态，名之曰优美之情，而谓此物曰优美。若此物大不利于吾人，而吾人生活之意志为之破裂，因之意志遁去，而知力得为独立之作用，以深观其物，吾人谓此物曰壮美，而谓其感情曰壮美之情。普通之美，皆属前种。至于地狱变相之图，决斗垂死之像，庐江小吏之诗，雁门尚书之曲，其人故氓庶之所共怜，其遇虽戾夫为之流涕，讵有子颓乐祸之心，宁无尼父反袂之戚，而吾人观之，不厌千复。格代（今译歌德——编者注）之诗曰：

> What in life doth only grieve us.
> That in art we gladly see.
> 凡人生中足以使人悲者，于美术中则吾人乐而观之。

此之谓也。此即所谓壮美之情，而其快乐存于使人忘物我之关系，则固与优美无以异也。

至美术中之与二者相反者，名之曰眩惑。夫优美与壮美，皆使吾人离生活之欲而入于纯粹之知识者。若美术中而有眩惑之原质乎，则又使吾人自纯粹之

《牡丹亭》剧照

知识出而复归于生活之欲。如粔籹蜜饵，《招魂》《启》《发》之所陈；玉体横陈，周昉、仇英之所绘；《西厢记》之《酬柬》，《牡丹亭》之《惊梦》；伶元之传飞燕，杨慎之赝《秘辛》：徒讽一而劝百，欲止沸而益薪。所以子云有靡靡之诮，法秀有绮语之诃。虽则梦幻泡影可作如是观，而拔舌地狱专为斯人设者矣。故眩惑之于美，如甘之于辛，火之于水，不相并立者也。吾人欲以眩惑之快乐医人世之苦痛，是犹欲航断港而至海，入幽谷而求明，岂徒无益，而又增之。则岂不以其不能使人忘生活之欲及此欲与物之关系，而反鼓舞之也哉！眩惑之与优美及壮美相反对，其故实存于此。

今既述人生与美术之概略如左，吾人且持此标准以观我国之美术，而美术中以诗歌戏曲小说为其顶点，以其目的在描写人生，故吾人于是得一绝大著作曰《红楼梦》。

第二章 《红楼梦》之精神

哀伽尔之诗曰：

Ye wise men，highly，deeply learned，
Who think it out and know，

How, when and where do all things pair?
Why do they kiss and love?
Ye men of lofty wisdom, say
What happened to me then,
Search out and tell me where, how, when,
And why it happened thus.

> 嗟汝哲人，靡所不知，靡所不学，既深且跻。粲粲生物，罔不匹俦。各啮阙齿，而相阙攸。匪汝哲人，孰知其故。自何时始，来自何处？嗟汝哲人，渊渊其知。相彼百昌，奚而熙熙？愿言哲人，诏余其故。自何时始，来自何处？（译文）

哀伽尔之问题，人人所有之问题，而人人未解决之大问题也。人有恒言曰：饮食男女，人之大欲存焉。然人七日不食即死，一日不再食则饥。若男女之欲，则于一人之生活上宁有害无利者也，而吾人之欲之也如此何哉？吾人自少壮以后，其过半之光阴，过半之事业，所计划所勤动者为何事？汉之成哀，曷为而丧其生？殷辛周幽，曷为而亡其国？励精如唐玄宗，英武如后唐庄宗，曷为而不善其终？且人生苟为数十年之生活计，则其维持此生活亦易易耳，曷为而其忧劳之度，倍蓰而未有已？《记》曰："人不婚宦，情欲失半。"人苟能解此问题，则于人生之知识思过半矣。而蚩蚩者乃日用而不知，岂不可哀也欤！其自哲学上解此问题者，则二千年间仅有叔本华之《男女之爱之形而上学》耳。诗歌小说之描写此事者，通古今东西，殆不能悉数，然能解决之者鲜矣。《红楼梦》一书非徒提出此问题，又解决之者也。彼于开卷即下男女之爱之神话的解释。其叙此书之主人公贾宝玉之来历曰：

> 却说女娲氏炼石补天之时，于大荒山无稽崖炼成高十二丈见方二十四丈大的顽石三万六千五百零一块。那娲皇只用了三万六千五百块，单单剩下一块未用，弃在青埂峰下。谁知此石自经锻炼之后，灵性已通，自去自来，可大可小。因见众石俱得补天，独自己无材，不得入选，遂自怨自艾，日夜悲哀。(第一回)

此可知生活之欲之先人生而存在，而人生不过此欲之发现也。此可知吾人之堕落由吾人之所欲而意志自由之罪恶也。夫顽钝者既不幸而为此石矣，又幸而不见用，则何不游于广莫之野，无何有之乡，以自适其适，而必欲入此忧患劳苦之世界？不可谓非此石之大误也。由此一念之误，而遂造出十九年之历史与

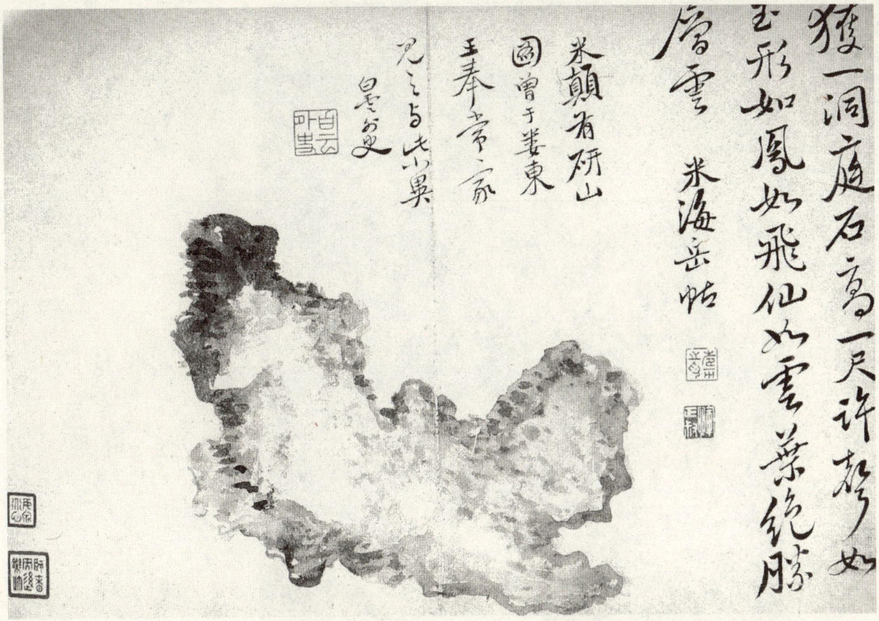

[清] 恽南田　研山石图

百二十回之事实，与茫茫大士渺渺真人何与。又于第百十七回中述宝玉与和尚之谈论曰：

> “弟子请问师父可是从太虚幻境而来？”那和尚道：“什么幻境，不过是来处来，去处去罢了。我是送还你的玉来的。我且问你那玉是从那里来的？”宝玉一时对答不来。那和尚笑道：“你的来路还不知，便来问我。”宝玉本来颖悟，又经点化，早把红尘看破，只是自己的底里未知，一闻那僧问起玉来，好像当头一棒，便说：“你也不用银子了，我把那玉还你罢。”那僧笑道：“早该还我了。”

所谓自己的底里未知者，未知其生活乃自己之一念之误，而此念之所自造也。及一闻和尚之言，始知此不幸之生活由自己之所欲，而其拒绝之也亦不得由自己，是以有还玉之言。所谓玉者，不过生活之欲之代表而已矣。故携入红尘者非彼二人之所为，顽石自己而已；引登彼岸者亦非二人之力，顽石自己而已。此岂独宝玉一人然哉？人类之堕落与解脱，亦视其意志而已。而此生活之意志其于永远之生活，比个人之生活为尤切。易言以明之，则男女之欲尤强于饮食之欲。何则？前者无尽的，后者有限的也；前者形而上的，后者形而下的也。又如上章所说生活之于痛苦，二者一而非二，而苦痛之度与主张生活之欲之度

［南宋］无款 布袋和尚图

为比例，是故前者之苦痛尤倍蓰于后者之苦痛。而《红楼梦》一书，实示此生活此苦痛之由于自造，又示其解脱之道不可不由自己求之者也。

而解脱之道存于出世，而不存于自杀。出世者拒绝一切生活之欲者也。彼知生活之无所逃于苦痛，而求入于无生之域。当其终也，垣干虽存，固已形如槁木而心如死灰矣。若生活之欲如故，但不满于现在之生活而求主张之于异日，则死于此者固不得不复生于彼，而苦海之流又将与生活之欲而无穷。故金钏之堕井也，司棋之触墙也，尤三姐、潘又安之自刎也，非解脱也，求偿其欲而不得者也。彼等之所不欲者其特别之生活，而对生活之为物则固欲之而不疑也。故此书中真正解脱仅贾宝玉、惜春、紫鹃三人耳。而柳湘莲之入道，有似潘又安，芳官之出家，略同于金钏。故苟有生活之欲存乎，则虽出世而无与于解脱；苟无此欲，则自杀亦未始非解脱之一者也。如鸳鸯之死，彼故有不得已之境遇在，不然则惜春、紫鹃之事，固亦其所优为者也。

而解脱之中，又自有二种之别：一存于观他人之苦痛，一存于觉自己之苦痛。然前者之解脱，唯非常之人为能，其高百倍于后者，而其难亦百倍，但由其成功观之，则二者一也。通常之人，其解脱由于苦痛之阅历，而不由于苦痛之知识。唯非常之人，由非常之知力而洞观宇宙人生之本质，始知生活与苦痛之不能相离，由是求绝其生活之欲而得解脱之道。然于解脱之途中，彼之生活之欲犹时时起而与之相抗，而生种种之幻影，所谓恶魔者，不过此等幻影之人物化而已矣。故通常之解脱，存于自己之苦痛，彼之生活之欲因不得其满足而愈烈，又因愈烈而愈不得其满足，如此循环而陷于失望之境遇，遂悟宇宙人生之真相，遽而求其息肩之所。彼全变其气质而超出乎苦乐之外，举昔之所执著者一旦而舍之。彼以生活为炉，苦痛为炭，而铸其解脱之鼎。彼以疲于生活之欲故，故其生活之欲不能复起而为之幻影。此通常之人解脱之状态也。前者之解脱，如惜春、紫鹃，后者之解脱如宝玉。前者之解脱，超自然的也，神明的也；后者之解脱，自然的也，人类的也；前者之解脱宗教的，后者美术的也；前者平和的也，后者悲感的也，壮美的也，故文学的也，诗歌的也，小说的也。此《红楼梦》之主人公所以非惜春、紫鹃而为贾宝玉者也。

呜呼！宇宙一生活之欲而已，而此生活之欲之罪过，即以生活之苦痛罚之，此即宇宙之永远的正义也。自犯罪自加罚，自忏悔自解脱。美术之务在描写人生之苦痛于其解脱之道，而使吾侪冯生之徒于此桎梏之世界中，离此生活之欲之争斗，而得其暂时之平和。此一切美术之目的也。夫欧洲近世之文学中，所以推格代之《法斯德》为第一者，以其描写博士法斯德之苦痛及其解脱之途径最为精切故也。若《红楼梦》之写宝玉，又岂有以异于彼乎！彼于缠陷最深之中，而已伏解脱之种子，故听《寄生草》之曲而悟立足之境，读《胠箧》之篇而作焚花散麝之想。所以未能者，则以黛玉尚在耳。至黛玉死而其志渐决。然尚屡失于宝钗，几败于五儿，屡蹶屡振，而终获最后之胜利。读者观自九十八回以至百二十回之事实，其解脱之行程，精进之历史，明了精切何如哉！且法斯德之苦痛，天才之苦痛；宝玉之苦痛，人人所有之苦痛也。其存于人之根柢者为独深，而其希救济也为尤切。作者一一掇拾而发挥之，我辈之读此书者，宜如何表满足感谢之意哉！而吾人于作者之姓名，尚有未确实之知识，岂徒吾侪寡学之羞，亦足以见二百余年来，吾人之祖先对此宇宙之大著述，如何冷淡遇之也。谁使此大著述之作者不敢自署其名？此可知此书之精神，大背于吾国人之性质，及吾人之沉溺于生活之欲，而乏美术之知识有如此也。然则予之为此论，亦自知有罪也矣。

第三章 《红楼梦》之美学上之精神

如上章之说，吾国人之精神，世间的也，乐天的也，故代表其精神之戏曲小说，无往而不着此乐天之色彩。始于悲者终于欢，始于离者终于合，始于困者终于亨，非是而欲餍阅者之心难矣。若《牡丹亭》之返魂，《长生殿》之重圆，其最著之一例也。《西厢记》之以惊梦终也，未成之作也，此书若成，吾乌知其不为《续西厢》之浅陋也？有《水浒传》矣，曷为而又有《荡寇志》？有《桃花扇》矣，曷为而又有《南桃花扇》？有《红楼梦》矣，彼《红楼复梦》《补红楼梦》《续红楼梦》者曷为而作也？又曷为而有反对《红楼梦》之《儿女英雄传》？故吾国之文学中，其具厌世解脱之精神者仅有《桃花扇》与《红楼梦》耳。而《桃花扇》之解脱，非真解脱也。沧桑之变，目击之而身历之，不能自悟而悟于张道士之一言，且以历数千里冒不测之险投缧绁之中所索女子才得一面，而以道士之言一朝而舍之，自非三尺童子，其谁信之哉？故《桃花扇》之解脱，他律的也；而《红楼梦》之解脱，自律的也。且《桃花扇》之作者，但借侯李之事以写故国之戚，而非以描写人生为事，故《桃花扇》，政治的也，国民的也，历史的也；《红楼梦》，哲学的也，宇宙的也，文学的也。此《红楼梦》之所以大背于吾国人之精神，而其价值亦即存乎此。彼《南桃花扇》《红楼复梦》等，正代表吾国人乐天之精神者也。

《红楼梦》一书，与一切喜剧相反，彻头彻尾之悲剧也。其大宗旨如上章所述，读者既知之矣。除主人公不计外，凡此书中之人，有与生活之欲相关系者，无不与苦痛相终始。以视宝琴、岫烟、李纹、李绮等，若藐姑射神人，敻乎不可及矣，夫此数人者，曷尝无生活之欲，曷尝无苦痛，而书中既不及写其生活之欲，则其苦痛自不得而写之，足以见二者如骖之靳，而永远的正义无往不逞其权力也。又吾国之文学，以挟乐天的精神故，故往往说诗歌的正义，善人必令其终，而恶人必离其罚，此亦吾国戏剧小说之特质也。《红楼梦》则不然。赵姨、凤姊之死，非鬼神之罚彼良心，自己之苦痛也。若李纨之受封，彼于《红楼梦》十四曲中固已明说之曰：

> 〔晚韶华〕镜里恩情，更那堪梦里功名！那美韶华去之何迅，再休提绣帐鸳衾。只这戴珠冠，披凤袄，也抵不了无常性命。虽说是人生莫受老来贫，也须要阴骘积儿孙。气昂昂头戴簪缨，光灿灿胸悬金印，威赫赫爵禄高登，昏惨惨黄泉路近。问古来将相可还存？也只是虚名儿与后人钦敬。（第五回）

此足以知其非诗歌的正义，而既有世界人生以上，无非永远的正义之所统辖也，故曰《红搂梦》一书，彻头彻尾的悲剧也。

由叔本华之说，悲剧之中又有三种之别：第一种之悲剧，由极恶之人极其所有之能力以交构之者。第二种由于盲目的运命者。第三种之悲剧，由于剧中之人物之位置及关系而不得不然者，非必有蛇蝎之性质与意外之变故也，但由普通之人物、普通之境遇逼之，不得不如是。彼等明知其害，交施之而交受

《红楼梦》插图：海棠诗社

之，各加以力而各不任其咎。此种悲剧，其感人贤于前二者远甚。何则？彼示人生最大之不幸非例外之事，而人生之所固有故也。若前二种之悲剧，吾人对蛇蝎之人物与盲目之命运，未尝不悚然战慄然，以其罕见之故，犹幸吾生之可以免，而不必求息肩之地也。但在第三种，则见此非常之势力足以破坏人生之福祉者，无时而不可坠于吾前。且此等惨酷之行，不但时时可受诸己，而或可以加诸人，躬丁其酷，而无不平之可鸣，此可谓天下之至惨也。若《红楼梦》，则正第三种之悲剧也。兹就宝玉、黛玉之事言之，贾母爱宝钗之婉嫕而惩黛玉之孤僻，又信金玉之邪说而思压宝玉之病。王夫人固亲于薛氏，凤姐以持家之故，忌黛玉之才而虞其不便于己也。袭人惩尤二姐、香菱之事，闻黛玉“不是东风压西风，就是西风压东风”之语（第八十一回），惧祸之及而自同于凤姐，亦自然之势也。宝玉之于黛玉信誓旦旦，而不能言之于最爱之之祖母，则普通之道德使然，况黛玉一女子哉！由此种种原因，而金玉以之合，木石以之离，又岂有蛇蝎之人物、非常之变故行于其间哉？不过通常之道德、通常之人情、通常之境遇为之而已。由此观之，《红楼梦》者，可谓悲剧中之悲剧也。

由此之故，此书中壮美之部分较多于优美之部分，而眩惑之原质殆绝焉。作者于开卷即申明之曰：

> 更有一种风月笔墨，其淫秽污臭，最易坏人子弟。至于才子佳人等

黛玉葬花

书，则又开口文君，满篇子建，千部一腔，千人一面，且终不能不涉淫滥。在作者不过欲写出自己两首情诗艳赋来，故假捏出男女二人名姓，又必旁添一小人拨乱其间，如戏中小丑一般。(此又上节所言之一证。)

兹举其最壮美者之一例，即宝玉与黛玉最后之相见一节曰：

那黛玉听着傻大姐说宝玉娶宝钗的话，此时心里竟是油儿酱儿糖儿醋儿倒在一处的一般甜苦酸咸，竟说不上什么味儿来了……。自己转身要回潇湘馆去，那身子竟有千百斤重的，两只脚却像踏着棉花一般，早已软了。只得一步一步，慢慢的走将下来。走了半天，还没到沁芳桥畔，脚下愈加软了。走的慢，且又迷迷痴痴，信着脚从那边绕过来，更添了两箭地路。这时刚到沁芳桥畔，却又不知不觉的顺着堤往回里走起来。紫鹃取了绢子来，却不见黛玉，正在那里看时，只见黛玉颜色雪白，身子恍恍荡荡的，眼睛也直直的，在那里东转西转……只得赶过来轻轻的问道："姑娘怎么又回去？是要往那里去？"黛玉也只模糊听见，随口答道："我问问宝玉去。"……紫鹃只得搀他进去。那黛玉却又奇怪了，这时不似先前那样软了，也不用紫鹃打帘子，自己掀起帘子进来。……见宝玉在那里坐着，也不起来让坐，只瞧着嘻嘻的呆笑，黛玉自己坐下，却也瞧着宝玉笑。两个也不问好，也不说话，也不推让，只管对着脸呆笑起来。忽然听着黛玉说道："宝玉，你为什么病了？"宝玉笑道："我为林姑娘病了。"袭人、紫鹃两个吓得面目改色，连忙用言语来岔，两个却又不答言，仍旧呆笑起来。……紫鹃搀起黛玉，那黛玉也就站起来，瞧着宝玉只管笑，只管点头儿。紫鹃又催道："姑娘回家去歇歇罢。"黛玉道："可不是，我这就是回去的时候儿了。"说着便回身笑着出来了，仍旧不用丫头们搀扶，自己却走得比往常飞快。（第九十六回）

如此之文，此书中随处有之，其动吾人之感情何如！凡稍有审美的嗜好者，无人不经验之也。

黛玉葬花印泥盒

《红楼梦》之为悲剧也如此。昔雅里大德勒于《诗论》中谓：悲剧者，所以感发人之情绪而高上之，殊如恐惧与悲悯之二者，为悲剧中固有之物，由此感发，而人之精神于焉洗涤，故其目的，伦理学上之目的也。叔本华置诗歌于美术之顶点，又置悲剧于诗歌之顶点，而于悲剧之中又特重第三种，以其示人生之真相，又示解脱之不可已。故美学上最终之目的，与伦理学上最终之目的合。由是《红楼梦》之美学上之价值，亦与其伦理学上之价值相联络也。

第四章　《红楼梦》之伦理学上之价值

自上章观之，《红楼梦》者，悲剧中之悲剧也。其美学上之价值即存乎此。然使无伦理学上之价值以继之，则其于美术上之价值尚未可知也。今使为宝玉者，于黛玉既死之后，或感愤而自杀，或放废以终其身，则虽谓此书一无价值可也。何则？欲达解脱之域者，固不可不尝人世之忧患，然所贵乎忧患者，以其为解脱之手段，故非重忧患自身之价值也。今使人日日居忧患言忧患，而无希求解脱之勇气，则天国与地狱彼两失之，其所领之境界，除阴云蔽天沮洳弥望外，固无所获焉。黄仲则《绮怀》诗曰：

如此星辰非昨夜，为谁风露立中宵？

又其卒章曰：

结束铅华归少作，屏除丝竹入中年。茫茫来日愁如海，寄语羲和快着鞭。

其一例也。《红楼梦》则不然，其精神之存于解脱，如前二章所说，兹固不俟喋喋也。

然则解脱者，果足为伦理学上最高之理想否乎？自通常之道德观之，夫人知其不可也。夫宝玉者，固世俗所谓绝父子弃人伦不忠不孝之罪人也。然自太虚中有今日之世界，自世界中有今日之人类，乃不得不有普通之道德以为人类之法则，顺之者安，逆之者危，顺之者存，逆之者亡。于今日之人类中，吾固不能不认普通之道德之价值也，然所以有世界人生者，果有合理的根据欤？抑出于盲目的动作，而别无意义存乎其间欤？使世界人生之存在而有合理的根据，则人生中所有普通之道德，谓之绝对的道德可也。然吾人从各方面观之，则世界人生之所以存在，实由吾人类之祖先一时之误谬。诗人之所悲歌，哲学者之所瞑想，与夫古代诸国民之传说若出一揆，若第二章所引《红楼梦》第一回之神话的解释，亦于无意识中暗示此理，较之《创世纪》所述人类犯罪之历史，尤为有味者也。夫人之有生，既为鼻祖之误谬矣，则夫吾人之同胞，凡为此鼻祖之子孙者，苟有一人焉未入解脱之域，则鼻祖之罪终无时而赎，而一时之误谬反覆至数千万年而未有已也。则夫绝弃人伦如宝玉其人者，自普通之道德言之，固无所辞其不忠不孝之罪，若开天眼而观之，则彼固可谓干父之蛊者也。知祖父之误谬，而不忍反覆之以重其罪，顾得谓之不孝哉？然则宝玉"一子出家，七祖升天"之说，诚有见乎！所谓孝者在此不在彼，非徒自辩护而已。

然则举世界之人类而尽入于解脱之域，则所谓宇宙者不诚无物也欤？然有无之说，盖难言之矣，夫以人生之无常，而知识之不可恃，安知吾人之所谓有，非所谓真有者乎？则自其反而言之，又安知吾人之所谓无，非所谓真无者乎？即真无矣，而使吾人自空乏与满足、希望与恐怖之中出，而获永远息肩之所，不犹愈于世之所谓有者乎！然则吾人之畏无也，与小儿之畏暗黑何以异？自已解脱者观之，安知解脱之后，山川之美、日月之华，不有过于今日之世界者乎？读《飞鸟各投林》之曲，所谓"片白茫茫大地真干净"者，有欤？无欤？吾人且勿问，但立乎今日之人生而观之，彼诚有味乎其言之也。

难者又曰，人苟无生，则宇宙间最可宝贵之美术不亦废欤？曰：美术之价值，对现在之世界人生而起者，非有绝对的价值也。其材料取诸人生，其理想亦视人生之缺陷逼仄而趋于其反对之方面。如此之美术，唯于如此之世界、如此之人生中，始有价值耳。今设有人焉，自无始以来，无生死，无苦乐，无人世之挂碍，而唯有永远之知识，则吾人所宝为无上之美术，自彼视之，不过蛩鸣蝉噪而已。何则？美术上之理想，固彼之所自有，而其材料又彼之所未尝经验故也。又设有人焉，备尝人世之苦痛，而已入于解脱之域，则美术之于彼也亦无价值。何则？美术之价值，存于使人离生活之欲，而入于纯粹之知识，彼既无生活之欲矣，而复进之以美术，是犹馈壮夫以药石，多见其不知量而已矣。然而超今日之世界人生以外者，于美术之存亡固自可不必问也。

夫然，故世界之大宗教，如印度之婆罗门教及佛教、希伯来之基督教，皆以解脱为唯一之宗旨。哲学家如古代希腊之拍拉图，近世德意志之叔本华，其最高之理想亦存于解脱。殊如叔本华之说，由其深邃之知识论，伟大之形而上学出，一扫宗教之神话的面具，而易以名学之论法，其真挚之感情与巧妙之文字又足以济之，故其说精密确实，非如古代之宗教及哲学说徒属想像而已。然事不厌其求详，姑以生平所疑者商榷焉。夫由叔氏之哲学说，则一切人类及万物之根本一也，故充叔氏拒绝意志之说，非一切人类及万物各拒绝其生活之意志，则一人之意志亦不可得而拒绝。何则？生活之意志之存于我者，不过其一最小部份，而其大部份之存于一切人类及万物者，皆与我之意志同，而此物我之差别，仅由于吾人知力之形式，故离此知力之形式而反其根本而观之，则一切人类及万物之意志，皆我之意志也。然则拒绝吾一人之意志而姝姝自悦曰解脱，是何异决蹄跡之水而注之沟壑，而曰天下皆得平土而居之哉！佛之言曰：若不尽度众生，誓不成佛。其言犹若有能之而不欲之意。然自吾人观之，此岂徒能之而不欲哉？将毋欲之而不能也。故如叔本华之言一人之解脱，而未言世界之解脱，实与其意志同一之说不能两立者也。叔氏于无意识中亦触此疑问，故于其《意志及观念之世界》之第四编之末，力护其说曰：

> 人之意志于男女之欲，其发现也为最著，故完全之贞操，乃拒绝意志即解脱之第一步也。大自然中之法则，固自最确实者，使人人而行此格言，则人类之灭绝，自可立而待。至人类以降之动物，其解脱与坠落亦当视人类以为准。《吠陀》之经典曰："一切众生之待圣人，如饥儿之望慈父母也。"基督教中亦有此思想，珊列休斯于其《人持一切物归于上帝》之小诗中曰："嗟汝万物灵，有生皆爱汝。总总环汝旁，如儿索母乳。携之

[法]罗丹　吻

适天国，惟汝力是怙。”德意志之神秘学者马斯太·哀克赫德亦云：“《约翰福音》云：余之离世界也，将引万物而与我俱，基督岂欺我哉？夫善人固将持万物而归之于上帝，即其所从出之本者也。今夫一切生物皆为人而造，又各自相为用，牛羊之于水草，鱼之于水，鸟之于空气，野兽之于林莽，皆是也。一切生物皆上帝所造，以供善人之用，而善人携之以归上帝。”彼意盖谓人之所以有用动物之权利者，实以能救济之之故也。

于佛教之经典中，亦说明此真理。方佛之尚为菩提萨埵也，自王宫逸出而入深林时，彼策其马而歌曰：“汝久疲于生死兮，今将息此任载。负余躬以遐举兮，继今日而无再。苟彼岸其余达兮，余将徘徊以汝待。”（《佛国记》）此之谓也。（英译《意志及观念之世界》第一册第四百九十二页）

然叔氏之说，徒引据经典，非有理论的根据也。试问释迦示寂以后，基督尸十字架以来，人类及万物之欲生，奚若其痛苦，又奚若吾知其不异于昔也？

然则所谓持万物而归之上帝者，其尚有所待欤？抑徒沾沾自喜之说而不能见诸实事者欤？果如后说，则释迦、基督自身之解脱与否，亦尚在不可知之数也。往者作一律曰：

生平颇忆挚卢敖，东过蓬莱浴海涛。何处云中闻犬吠，至今湖畔尚乌号。
人间地狱真无间，死后泥洹枉自豪。终古众生无度日，世尊只合老尘嚣。

何则？小宇宙之解脱，视大宇宙之解脱以为准故也。赫尔德曼人类涅槃之说所以起而补叔氏之缺点者以此。要之，解脱之足以为伦理学上最高之理想与否，实存于解脱之可能与否。若夫普通之论难，则固如楚楚蜉蝣不足以撼十围之大树也。今使解脱之事终不可能，然一切伦理学上之理想果皆可能也欤？今夫与此无生主义相反者，生生主义也。

夫世界有限而生人无穷。以无穷之人生、有限之世界，必有不得遂其生者矣。世界之内，有一人不得遂其生者，固生生主义之理想之所不许也。故由生生主义之理想，则欲使世界生活之量达于极大限，则人人生活之度不得不达于极小限。盖度与量二者实为一精密之反比例，所谓最大多数之最大福祉者，亦仅归于伦理学者之梦想而已。夫以极大之生活量而居于极小之生活度，则生活之意志之拒绝也，奚若此生生主义与无生主义相同之点也。

苟无此理想，则世界之内，弱之肉强之食，一任诸天然之法则耳，奚以伦理为哉？然世人日言生生主义，而此理想之达于何时，则尚在不可知之数。要之理想者可近而不可即，亦终古不过一理想而已矣。人知无生主义之理想之不可能而自忘其主义之理想之何若，此则大不可解脱者也。

夫如是，则《红楼梦》之以解脱为理想者，果可菲薄也欤！夫以人生忧患之如彼，而劳苦之如此，苟有血气者，未有不渴慕救济者也。不求之于实行，犹将求之于美术，独《红楼梦》者同时与吾人以二者之救济。人而自绝于救济则已耳，不然，则对此宇宙之大著述，宜如何企踵而欢迎之也。

第五章　余论

自我朝考证之学盛行，而读小说者亦以考证之眼读之，于是评《红楼梦》者纷然索此书之主人公之为谁，此又甚不可解者也。夫美术之所写者非个人之性质，而人类全体之性质也。惟美术之特质，贵具体而不贵抽象，于是举人类全体之性质，置诸个人之名字之下。譬诸副墨之子、洛诵之孙，亦随吾人之所好名之而已。善于观物者，能就个人之事实而发见人类全体之性质。今对人类之全体而必规规焉求个人以实之，人之知力相越岂不远哉？故《红楼梦》之主人公，谓之贾宝玉可，谓之子虚乌有先生可，即谓之纳兰容若、谓之曹雪芹亦无不可也。

综观评此书者之说，约有二种：一谓述他人之事，一谓作者自写其生平也。第一说中大抵以贾宝玉为即纳兰性德。其说要无所本。案性德《饮水诗·别意》六首之三曰：

> 独拥余香冷不胜，残更数尽思腾腾。今宵便有随风梦，知在红楼第几层？

又《饮水词》中《于中好》一阕云：

> 别绪如丝睡不成，那堪孤枕梦边城。因听紫塞三更雨，却忆红楼半夜灯。

又《减字木兰花》一阕咏新月云：

> 莫教星替，守取团圆终必遂。此夜红楼，天上人间一样愁。

红楼之字凡三见，而云梦红楼者一。又其《亡妇忌日作·金缕曲》一阕其首三句云：

> 此恨何时已！滴空阶、寒更雨歇，葬花天气。

葬花二字始出于此。然则《饮水集》与《红楼梦》之间稍有文字之关系，世人以宝玉为即纳兰侍卫者殆由于此。然诗人与小说家之用语其偶合者固不少，苟执此例以求《红楼梦》之主人公，吾恐其可以傅合者断不止容若一人而已。若夫作者之姓名（遍考各书，未见曹雪芹何名）与作书之年月，其为读此书者所当知，似更比主人公之姓名为尤要，顾无一人为之考证者，此则大不可解者也。

至谓《红楼梦》一书为作者自道其生平者，其说本于此书第一回“竟不如我亲见亲闻的几个女子”一语，信如此说，则唐旦之《天国喜剧》，可谓无独有偶者矣。然所谓亲见亲闻者，亦可自旁观者之口言之，未必躬为剧中之人物。如谓书中种种境遇种种人物非局中人不能道，则是《水浒传》之作者必为大盗，《三国演义》之作者必为兵家，此又大不然之说也。且此问题实为美术之渊源之问题相关系。如谓美术上之事非局中人不能道，则其渊源必全存于经验而后可。夫美术之源出于先天抑由于经验，此西洋美学上至大之问题也。叔本华之论此问题也最为透辟，兹援其说以结此论。其言（此论本为绘画及雕刻发，然可通之于诗歌小说）曰：

人类之美之产于自然中者，必由下文解释之：即意志于其客观化之最高级（人类）中，由自己之力与种种之情况而打胜下级（自然力）之抵抗，以占领其物质。且意志之发现于高等之阶级也，其形式必复杂。即以一树言之，乃无数之细胞合而成一系统者也。其阶级愈高，其结合愈复。人类之身体，乃最复杂之系统也。各部份各有一特别之生活，其对全体也则为隶属，其互相对也则为同僚，互相调和以为其全体之说，明不能增也，不能减也，能如此者则谓之美，此自然中不得多见者也。顾美之于自然中如此，于美术中则何如？或有以美术家为模仿自然者，然彼苟无美之预想存于经验之前，则安从取自然中完全之物而模仿之？又以之与不完全者相区别哉？且自然亦安得时时生一人焉，于其各部份皆完全无缺哉？或又谓美术家必先于人之肢体中观美丽之各部份，而由之以构成美丽之全体。此又大愚不灵之说也。即令如此，彼又何自知美丽之在此部份而非彼

[法]让－马蒂斯特·勒尼奥
美惠三女神

部份哉？故美之知识，断非自经验的得之，即非后天的，而常为先天的，即不然，亦必其一部份常为先天的也。吾人于观人类之美后始认其美，但在真正之美术家，其认识之也极其明速之度，而其表出之也胜乎自然之为。此由吾人之自身即意志而于此所判断及发见者，乃意志于最高级之完全之客观化也。唯如是，吾人斯得有美之预想。而在真正之天才，于美之预想外，更伴以非常之巧力。彼于特别之物中、认全体之理念，遂解自然之嗫嚅之言语而代言之，即以自然所百计而不能产出之美现之于绘画及雕刻中，而若语自然曰：此即汝之所欲言而不得者也。苟有判断之能力者，心将应之曰：是唯如是，故希腊之天才能发见人类之美之形式，而永为万世雕刻家之模范。唯如是，故吾人对自然于特别之境遇中所偶然成功者而得认其美。此美之预想乃自先天中所知者，即理想的也。比其现于美术也，则为实际的。何则？此与后人中所与之自然物相合故也。如此美术家先天中有美之预想，而批评家于后天中认识之，此由美术家及批评家乃自然之自身之一部，而意志于此客观化者也。哀姆攀独克尔曰："同者唯同者知之。"故唯自然能知自然，唯自然能言自然，则美术家有自然之美之预想，固自不足怪也。

芝诺芬述苏格拉底之言曰：希腊人之发见人类之美之理想也由于经验，即集合种种美丽之部份，而于此发见一膝，于彼发见一臂。此大谬之说也。不幸而此说又蔓延于诗歌中。即以狭斯丕尔言之，谓其戏剧中所描写之种种之人物，乃其一生之经验中所观察者，而极其全力以模写之者也。然诗人由人性之预想而作戏曲小说，与美术家之中美之预想而作绘画及雕刻无以异，唯两者于其创造之途中必须有经验以为之补助夫然，故其先天中所已知者，得唤起而入于明晰之意识而后表出之，事乃可得而能也。（叔氏《意志及观念之世界》第一册第二百八十五页至二百八十九页）

由此观之，则谓《红搂梦》中所有种种之人物，种种之境遇，必本于作者之经验。则雕刻与绘画家之写人之美也，必此取一膝、彼取一臂而后可，其是与非不待知者而决矣。读者苟玩前数章之说，而知《红搂梦》之精神与其美学伦理学上之价值，则此种议论自可不生。苟知美术之大有造于人生，而《红楼梦》自足为我国美术上之唯一大著述，则其作者之姓名与其著书之年月，固当为唯一考证之题目，而我国人之所聚讼者，乃不在此而在彼，此足以见吾国人之对此书之兴味之所在，自在彼而不在此也，故为破其惑如此。

（据1997年中国文史出版社《王国维文集》第一卷）

第二编　谈艺

古雅之在美学上之位置

“美术者天才之制作也”，此自汗德以来百余年间学者之定论也。然天下之物，有决非真正之美术品，而又绝非利用品者；又其制作之人，决非必为天才，而吾人之视之也，若与天才所制作之美术无异者。无以名之，名之曰“古雅”。

欲知古雅之性质，不可不知美之普遍之性质。美之性质，一言以蔽之曰：可爱玩而不可利用者是已。虽物之美者，有时亦足供吾人之利用，但人之视为美时，决不计及其可利用之点。其性质如是，故其价值亦存于美之自身，而决不存乎其外。而美学上之区别美也，大率分为二种：曰优美，曰宏壮。自巴克及汗德之书出，学者殆视此为精密之分类矣。至古今学者对优美及宏壮之解释，各由其哲学系统之差别而各不同。要而言之，则前者由一对象之形式，不关于吾人之利害，遂使吾人忘利害之念，而以精神之全力沉浸于此对象之形式中。自然及艺术中普通之美，皆此类也；后者则由一对象之形式越乎吾人知力所能驭之范围，或其形式大不利于吾人，而又觉其非人力所能抗，于是，吾人保存自己之本能，遂超乎利害之观念外，而达观其对象之形式，如自然中之高山大川、烈风雷雨，艺术中之伟大宫室、悲惨之雕刻象、历史画、戏曲、小说等皆是也。此二者，其可爱玩而不可利用也同。

若夫所谓古雅者则何如？一切之美，皆形式之美也。就美之自身言之，则一切优美皆存于形式之对称、变化及调和。至宏壮之对象，汗德虽谓之无形式，然以此种无形式之形式，能唤起宏壮之情，故谓之形式之一种，无不可也。就美术之种类言之，则建筑、雕刻、音乐之美之存于形式，固不俟论，即图画、诗歌之美之兼存于材质之意义者，亦以此等材质适于唤起美情故，故亦得视为一种之形式焉。释迦与马利亚庄严圆满之相，吾人亦得离其材质之意义而感无限之快乐，生无限之钦仰；戏曲、小说之主人翁及其境遇，对文章之方面而言，则为材质，然对吾人之情感言之，则此等材质又为唤起美情之最适之形式。故除吾人之感情外，凡属于美之对象者，皆形式而非材质也。而一切形式之美，又不可无他形式以表之，惟经过此第二之形式，斯美者愈增其美，而吾人之所谓古雅，即此种第二之形式。即形式之无优美与宏壮之属性者，亦因此第二形式故，而得一种独立之价值。故古雅者，可谓之形式之美之形式之美也。

夫然，故古雅之致，存于艺术而不存于自然。以自然但经过第一形式，而艺术则必就自然中固有之某形式，或所自创之新形式，而以第二形式表出之。即同一形式，其表之也各不同。同一曲也，而奏之者各异；同一雕刻、绘画也，而真本与摹本大殊；诗歌亦然。“夜阑更秉烛，相对如梦寐”之于“今宵剩把银釭照，犹恐相逢是梦中”，“愿言思伯，甘心首疾”之于“衣带渐宽终不悔，为伊消得人憔悴”，其第一形式相同。而前者温厚，后者刻露者，其第二形式异也。一切艺术无不皆然。于是，有所谓雅俗之区别起。优美及宏壮必与古雅合，然后得其固有之价值。不过，优美及宏壮之原质愈显，则古雅之原质愈蔽。然吾人所以感如此之美且壮者，实以表出之之雅故，即以其美之第一形式，而更以雅之第二形式表出之故也。

虽第一形式之本不美者，得由其第二形式之美（雅）而得一种独立之价值。茅茨土阶与夫自然中寻常琐屑之景物，以吾人之肉眼观之，举无足与于优美若宏壮之数，然一经艺术家（若绘画，若诗歌）之手，而遂觉有不可言之趣味。此等趣味，不自第一形式得之，而自第二形式得之无疑也。绘画中之布置，属于第一形式，而使笔使墨则属于第二形式。凡以笔墨见赏于吾人者，实赏其第二之形式也。此以低度之美术（如书法等）为尤甚。三代之钟鼎、秦汉之摹印、汉魏六朝唐宋之碑帖、宋元之书籍等，其美之大部实存于第二形

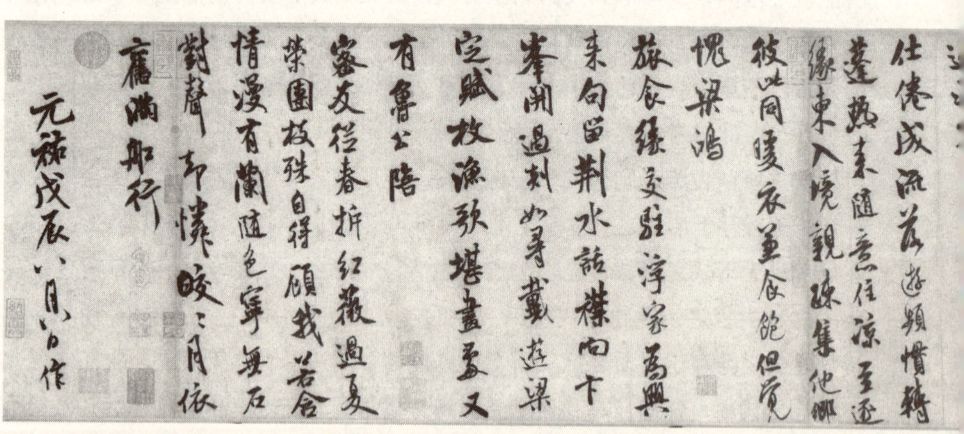

[北宋]米芾　苕溪诗帖

式。吾人爱石刻不如爱真迹，又其于石刻中爱翻刻不如爱原刻，亦以此也。凡吾人所加于雕刻、书画之品评，曰神、曰韵、曰气、曰味，皆就第二形式之言者多，而就第一形式言之者少。文学亦然，古雅之价值大抵存于第二形式。西汉之匡、刘，东京之崔、蔡，其文之优美宏壮，远在贾、马、班、张之下，而吾人之视之，也亦无逊于彼者，以雅故也。南丰之于文，不必工于苏、王，姜夔之于词，且远逊于欧、秦，而后人亦嗜之者，以雅故也。由是观之，则古雅之原质为优美及宏壮中不可或缺之原质，且得离优美、宏壮而有独立之价值，则固一不可诬之事实也。然古雅之性质有与优美及宏壮异者：古雅之但存于艺术而不存于自然，即如上文所论矣。至判断古雅之力，与判断优美与宏壮之力不同，后者先天的，前者后天的、经验的也。优美及宏壮之判断之为先天的判断，自汗德之《判断力批评》后，殆无反对之者。此判断既为先天的，亦普遍的、必然的也，易言以明之，即一艺术家所视为美者，一切艺术家亦必视为美。此汗德之所以于其美学中预想一公共之感官也。若古雅之判断则不然，由时之不同，而人之判断之也各异。吾人所断为古雅者，实由吾人今日之位置断之。古代之遗物无不雅于近世之制作，古代之文学虽至拙劣，自吾人读之无不古雅者，若自古人之眼观之，殆不然矣。故古雅之判断，后天的也、经验的也，故亦特别的也、偶然的也。此由古代表出第一形式之道与近世大异故，吾人睹其遗迹，不觉有遗世之感随之，然在当日则不能。若优美及宏壮，则固无此时间上之限制也。

古雅之性质既不存于自然，而其判断亦但由经验，于是，艺术中古雅之部分，不必尽俟天才，而亦得以人力致之。苟其人格诚高，学问诚博，则虽无艺术上之天才者，其制作亦不失为古雅；而其观艺术也，虽不能喻其优美及宏壮

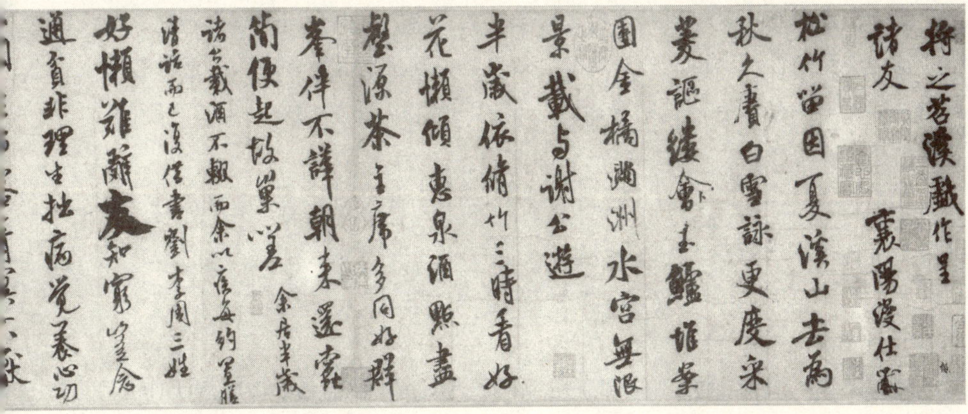

之部分，犹能喻其古雅之部分。若夫优美及宏壮，则非天才殆不能捕攫之而表出之。今古第三流以下之艺术家，大抵能雅尔不能美且壮者，职是故也。以绘画论，则有若国朝之王翚，彼固无艺术上之天才，但以用力甚深之故，故摹古则优，而自运则劣，则岂不以其舍其所长之古雅，而欲以优美、宏壮与人争胜也哉？以文学论，则除前所述匡、刘诸人外，若宋之山谷，明之青邱、历下，国朝之新城等，其去文学上之天才盖远，徒以有文学上之修养故，其所作遂带一种典雅之性质。而后之无艺术上之天才者，亦以其典雅故，遂与第一流之文学家等类而观之，然其制作之负于天才者十之二三，而负于人力者十之七八，则固不难分析而得之也。又虽真正之天才，其制作非必皆神来兴到之作也。以文学论，则虽最优美、最宏壮之文学中，往往书有陪衬之篇，篇有陪衬之章，章有陪衬之句，句有陪衬之字。一切艺术，莫不如是。此等神兴枯涸之处，非以古雅弥缝之不可。而此等古雅之部分，又非藉修养之力不可。若优美与宏壮，则固非修养之所能为力也。

然则古雅之价值，遂远出于优美与宏壮之下乎？曰：不然。可爱玩而不可利用者，一切美术品之公性也。优美与宏壮然，古雅亦然。而以吾人之玩其物也，无关于利用，故遂使吾人超出乎利害之范围外，而惝恍于缥缈宁静之域。优美之形式使人心平和；古雅之形式使人心休息，故亦可谓之低度之优美；宏壮之形式常以不可抵抗之势力唤起人钦仰之情，古雅之形式则以不习于世俗之耳目故，而唤起一种之惊讶，惊讶者，钦仰之情之初步，故虽谓古雅为低度之宏壮亦无不可也。故古雅之位置，可谓在优美与宏壮之间，而兼有此二者之性质也。至论其实践方面，则以古雅之能力能由修养而得之，故可为美育普及之津梁。虽中智以下之人，不能创造优美及宏壮之物者，亦得由修养而有古雅之创造力；又虽不能喻优美及宏壮之价值者，亦得于优美、宏壮中之古雅之原质，或于古雅之制作物中得其直接之慰藉，故古雅之价值，自美学上观之，诚不能及优美及宏壮，然自其教育众庶之效言之，则虽谓其范围较大，成效较著可也。因美学上尚未有高论古雅者，故略述其性质及位置如右，篇首之疑问，庶得由是而说明之欤？

（作于1907年，收入《静庵文集续编》）

《中国名画集》序

绘画之事，由来古矣。六书之字，作始于象形；五服之章，辉煌于作会。楚壁神灵，发累臣之问；宋舍众史，受元君之图。汉代黄门，亦有画者，殷纣踞妲己之图，周公负成王之象，遂乃悬诸别殿，颁之重臣。魏晋以还，盛图故事；齐梁以降，兼写佛象。爰自开天之际，实分南北之宗。王中允之清华，李将军之刻画，人物告退，而山水方滋。下至韩马、戴牛、张松、薛鹤，一物之工，兹焉托始。荆、关崛起，董、巨代兴。天水一朝，士夫工于画苑；有元四杰，气韵溢乎典型。胜国兴朝，代有作者，莫不家抱钟山之璧，人握赤水之珠，变化拟于鬼神，矩矱通于造化。陈之列肆，非徒照乘之光；闷之巾箱，恒有冲天之气。

今夫成而必亏者，时也；往而不复者，器也。江陵末造，见玉轴之扬灰；宣和旧藏，与降幡而北去。文武之道既尽，昆明之劫方多。即或脱坠简于秦余，逸焦桐于爨下。然且天吴紫凤，坼为牧竖之衣；长康探微，辱于酒家之壁。同糅玉石，终委泥涂。又或幸遘收藏，并遭著录，而兰亭茧纸，永闷昭陵；争坐遗文，竟分安氏。中郎帐中之帙，仅与王朗同观；博士壁中之书，不许晁生转写。此则叔疑之登龙断，众议其私；阳虎之窃大弓，当书为盗者矣。

平等阁主人英英如云，醰醰好古，慨横流之澒洞，惧名迹之榛芜。是用尽发旧藏，并征百氏。琳琅辐凑，吴越好事之家；摹写精能，欧美发明之术。八万四千之宝塔，成于崇朝；什一千百之菁英，珍兹片羽。冀以永留名墨，广

［五代］董源　潇湘图（局部）

被人间。

懿此一举有三美焉。夫学须才也，才须学。是以右相丹青，坐卧僧繇之侧；率更翰墨，徘徊索靖之傍。近世画师，罕窥真迹，见华亭而求北苑，执娄水以觅大痴，既摹仿之不知，于创作乎何有？今则摹从手迹，集自名家，裨我后生，贻之高矩。其美一也。且夫张而必弛者，文武之道；劳而求息者，含生之情。然走狗斗鸡，颇乖大雅；弹棋博簺，易人机心。若夫象在而遗其形，心生而无所住，则岂有对曹霸、韩干（之马），而计驰骋之乐；见毕宏、韦偃之松，而思栋梁之用？会心之处不远，鄙吝之情聿销，诚遣日之良方，亦息肩之胜地。其美二也。三代损益，文质殊尚；五方悬隔，嗜好不同。或以优美、宏壮为宗；或以古雅、简易为尚。我国绘事自为一宗，绘影绘声则有所短，一邱一壑则有所长。凡厥反唇，胥由韫椟。今则假以印刷，广彼流传。贾舶东来，慧光西被。不使蜻蜓岛国，独辉日出之光；罗马故国，专称美日之国。其美三也。

小有搜罗，粗谙鉴别，睹弦盛举，颇发幽情。索我弁言，贻君小引。冀夫笔精墨妙，随江汉而长流；玉躞金题，与昆仑而永固。八月。

（作于 1908 年）

此君轩记

竹之为物，草木中之有特操者与？群居而不倚，虚中而多节，可折而不可曲，凌寒暑而不渝其色。至于烟晨雨夕，枝捎空而叶成滴，含风弄月，形态百变，自渭川淇澳千亩之园，以至小庭幽榭三竿两竿，皆使人观之。其胸廓然而高，渊然而深，泠然而清，挹之而无穷，玩之而不可亵也。其超世之致，与不可屈之节，与君子为近，是以君子取焉。古之君子，其为道也盖不同，而其所以同者，则在超世之致，与不可屈之节而已。其观物也，见夫类是者而乐焉，其创物也，达夫如是者而后慊焉。如屈子之于香草，渊明之于菊，王子猷之于竹，玩赏之不足而咏叹之，咏叹之不足而斯物遂若为斯人之所专有，是岂徒有托而然哉！其于此数者，必有以相契于意言之表也。善画竹者亦然。彼独有见于其原，而直以其胸中潇洒之致，劲直之气，一寄之于画，其所写者，即其所观；其所观者，即其所畜者也。物我无间，而道艺为一，与天冥合，而不知其所以然。故古之工画竹者，亦高致直节之士为多。如宋之文与可、苏子瞻，元之吴仲圭是已。观爱竹者之胸，可以知画竹者之胸；知画竹者之胸，则爱画竹者之胸亦可知也已。日本川口国次郎君，冲澹有识度，善绘事，尤爱墨竹。尝

[清]郑板桥　竹石图

集元吴仲圭，明夏仲昭、文徵仲诸家画竹，为室以奉之，名之曰“此君轩”。其嗜之也至笃，而搜之也至专，非其志节意度符于古君子，亦安能有契于是哉！吾闻川口君之居，在备后之国，三原之城，山海环抱，松竹之所丛生。君优游其间，远眺林木，近观图画，必有有味于余之言者。既属余为《轩记》，因书以质之，惜不获从君于其间，而日与仲圭、徵仲诸贤游，且与此君游也。壬子九月。

（作于1912年，收入《观堂集林·缀林》）

墨妙亭记

昔宋孙莘老守湖州，尝集郡内自汉以来古文遗刻，为墨妙亭于府第之北，而东坡先生为之记。元乐善居士顾信，亦集其师松雪翁之书，刻诸其亭之壁，而名之曰“墨妙”。国朝顾湘舟（沅），又集明代诸贤小像墨迹，多至数百通，复以“墨妙”名其亭，于是兹名凡三用矣。湖郡遗刻，今无片石存者，松雪翁之书；世多有之，而顾氏所刻者尽亡，独湘舟所集古人小像，刻于吴中沧浪亭者，岿然尚存。其墨迹虽更兵燹，然其中烜赫者百余通，今归于日本久野元吉君。君又益以国朝名人墨迹，为亭储之，仍从其旧主人之所以名之者，而属余为之记。昔东坡之记是亭也，假客之言，谓：“有物必归于尽，虽金石之坚，俄而变坏。至于功名文章，其传世垂后，犹为差久。今乃以此托于彼，是久存者反求助于速坏，以此致疑于莘老，而自以知命者必尽人事释之。”今湖州石刻，与亭俱亡，而墨妙亭之名，反藉东坡之文以传，则东坡之言信矣。夫古之有德行政事学问文章者，固不藉金石翰墨以为重。苟非其人，则其金石翰墨虽存，仅足为学者考古之资，其流传之途，固已隘，而其入于人心者，固已浅矣。若是者，世固亦听其存亡，而反乐取夫德行政事学问文章，其力自足以传后者之金石翰墨而宝之。何者？彼之志节度量，固与世绝殊，故其发于金石翰墨者，不因其人亦足以自存于天壤，况其德行政事学问文章，又足以垂世而行远也。久野君之所储，其人皆足以自传，其发诸翰墨者，亦皆焕乎其有文，渊乎其有味，使人得窥其树立之所以然。与夫载籍之所不能纪，虽所托者无金石之坚，吾知其精神意度，必百世不可摩灭，宜君之构斯亭以奉之也。抑乐善居士所汇刻者，松雪一人之书耳。莘老所集者稍广，亦止吴兴一郡；湘舟之藏，殆网罗有明一代之名迹，而君复以国朝人益之，以两朝人之墨迹，萃于斯亭，君之嗜古，固前无孙、顾。余也不肖，乃从东坡之后为君记斯亭，故略广东坡之意，以为君之所为，非徒尽人事而已。壬子九月。

（作于1912年，收入《观堂集林·缀林》）

二田画庼记

日本备后三原城，有好古之士三：曰川口国次郎，曰久野元吉，曰隅田吉卫。三君者，相得也，余皆得与之游。川口君之所居，有此君轩，久野君有墨妙亭，余皆记之矣。既而隅田君以书来，曰：“余有二田画庼者，以沈石田、恽南田之画名焉。君于二君之居既有文，请为我记之。”则应之曰：“诺。”夫绘画之可贵者，非以其所绘之物也，必有我焉以寄于物之中。故自其外而观之，则山水云树竹石花草，无往而非物也；自其内而观之，则子久也，仲圭也，元镇也，叔明也，吾见之于墙而闻其謦欬矣。且子久不能为仲圭，仲圭不能为元镇，元镇、叔明不能为子久、仲圭，则以子久之我，非仲圭之我，而仲圭、元镇、叔明三人者，亦各自有其我故也。画之高下，视其我之高下。一人

[清] 恽南田　秋林平远图

之画之高下，又视其一时之我之高下。隅田君之于画，其知此也。夫二田之画，至不相类也。石田之苍古，南田之秀润，皆其所谓我而不能相为者也。石田之画，荟蔚沈厚，得气之夏，其所写者，虽小草拳石，而有土厚水深之势。南田之画，融和骀荡，得气之春，其所写者，虽枯木断流，而皆有苏生旁出之意。此其不能相为者也，其于书也亦然。石田之书瘦硬如黄山谷，南田之书秀媚如褚登善，而二田之书，又非登善、山谷之书也，彼各有所谓我者在也。不然，如石田者，生全盛之世，康宁好德，俯仰无怍，以老寿终，宜其和平简易，无奇伟之观。南田幼遭国变，至为僮仆，为浮屠，虽返初服，而枯槁以终，上有雍端之亲，下有敬通之妇，宜其忧伤憔悴，无乐生之意。而其发于书画者如此，岂非所谓真我者得之于天，不以境遇易欤？二田之画，绝不相类，而君乃合而珍弃之，是必有见于其我之高且大者，而不以其迹也。故书以谂君，并质之川口、久野二君以为何如也？壬子十月。

（作于 1912 年，收入《观堂集林 · 缀林》）

待时轩仿古鉨印谱序

一艺之微，风俗之盛衰见焉。今之攻艺术者，其心偷，其力弱，其气虚憍而不定，其为人也多，而其自为也少，厌常而好奇，师心而不说学。是故于绘画未窥王、恽之藩，而辄效清湘八大放逸之笔；于书则耻言赵、董，乃舍欧、虞、褚、薛，而学北朝碑工鄙别之体；于刻印则鄙薄文、何，乃不宗秦、汉，而摹魏、晋以后镵凿之迹；其中本枵然无有，而苟且鄙倍骄吝之意乃充塞于刀笔间，其去艺术远矣！余与上虞罗雪堂参事，深有慨乎此。参事有季子曰子期，笃嗜篆刻。其家所蓄有秦、汉古鉨印千百钮，及近世所出古鉨印谱录数十种。子期年幼而志锐，浑浑焉，浩浩焉，日摩挲耽玩于其中。其于世之所谓高名厚利，未尝知也；世人虚憍鄙倍之作，未尝见也。其泽于古也至深，而于今也若遗，故其所作，于古人准绳规矩无毫发遗憾，乃至并其精神意味之不可传者而传之。其伎如庖丁之解牛，佝偻丈人之承蜩，纵指之

汉官印

汉私印

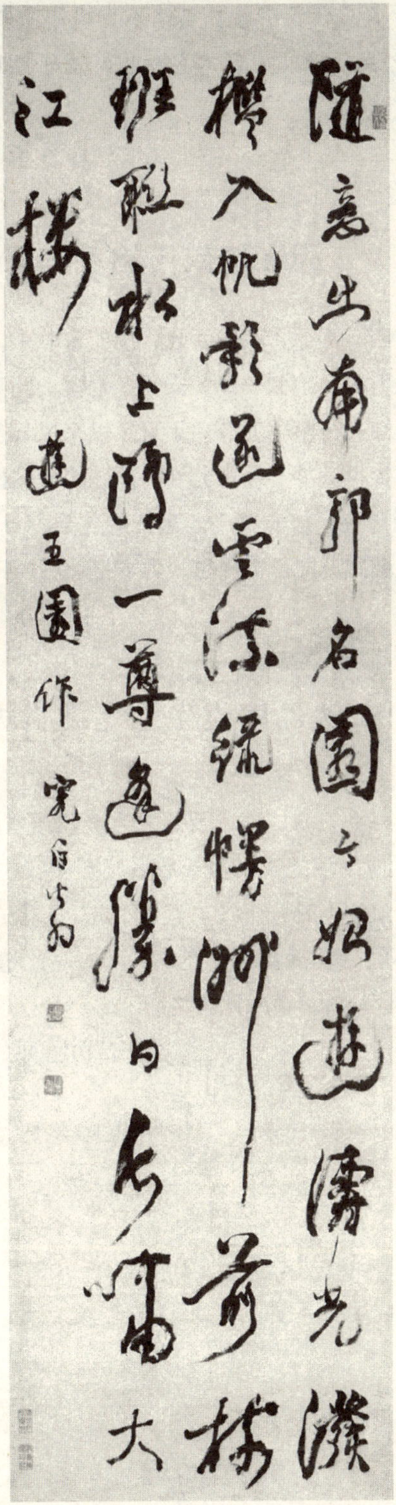

完白山人书法

所至，无不中者，其全于天者欤？其诸不为风俗所转而能转移风俗者欤？风俗之转移，艺术之幸，抑非徒艺术之幸也？适子期以其所仿古鉩印谱见示，因书以序之。癸亥秋日。

（作于1923年，收入《观堂别集》）

周之琦鹤塔铭手迹跋

书法一道，山阴、平原，范围百代，唐、宋以来，无或逾越。完白山人夺乎千载之下，真积力久，别张一军，安吴、荆溪，此喁彼于，遂成宗派。世人争重山人篆书，不知其行楷书尤有关于百年以来风气也。山人一派，安吴书迹遍天下，而荆溪书传世甚少。今观此卷，寓骏快于顿挫，出新意于旧规，与近日所出两晋、六朝墨迹，波澜莫二。盖精诚之至，与古冥合，亦如山人篆书，与新出《汉司徒袁敞碑》同一机杼也。丙寅祀灶后一日。

（作于1926年，收入《观堂别集》）

沈乙庵先生绝笔楹联跋

壬戌

东轩先生弥天四海之量，拨乱反正之志，四通六辟之识，深极研几之学，迈往不屑之韵，沈博绝丽之文，虽千载后犹奕奕有生气，矧在形神未离之顷耶？此书作于易箦前数小时，而气象笔力如是，先生之视躯体，直是传舍耳！陟降以往，无乎不在，箕尾星耶？兜率天耶？对此遗迹，谁谓先生不在人间也！世有唱《神灭论》者，请以此难之。

（作于1922年，收入《观堂别集》）

第三编　思哲

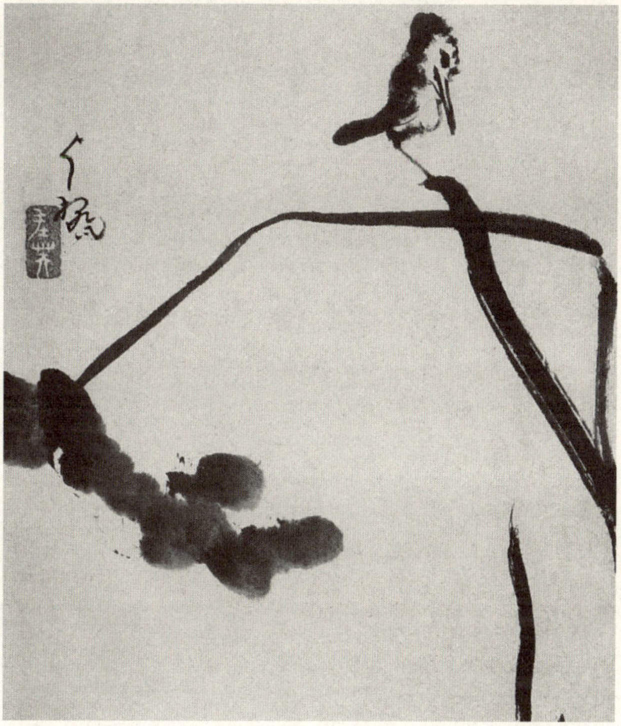

老子之学说

第一章　传及著书

老子名儋，周之太史也，或云楚人。其出盖不可得而详云。江都汪氏中《老子考异》曰：

> 《史记·孔子世家》云：南宫敬叔与孔子俱"适周问礼，盖见老子云"。《老庄申韩列传》云："孔子适周，(将) 问礼于老子。"按，老子言行，今见于《曾子问》者凡四，是孔子之所从学者，可信也。夫助葬而遇日食，(然) 且以见星为嫌，止柩以听变，其谨于礼也如是；至其书，则曰："礼者，忠信之薄而乱之首也。"下殇之葬，称引周召、史佚，共尊信前哲也如是；而其书则曰："圣人不死，大盗不止。"彼此乖违甚矣！故郑注谓古寿考者之称。黄东发《日钞》亦疑之，而皆无以辅其说。其疑一也。本传云："老子，楚苦县厉乡曲仁里人也"；又云："周守藏室之史也。"按，周室既东，辛有入晋（《左传》昭二十年），司马适秦（《太史公自序》），史角在鲁（《吕氏春秋·当染》篇）。王官之族或流播于四方。列国之产，惟晋悼尝仕于周，其他固无闻焉。况楚之于周，声教中阻，又非鲁郑之比。且古之典籍旧闻，惟在瞽史，其人并世官宿业，羁旅无所置其身。其疑二也。本传又云："老子，隐君子也。"身为王官，不可谓"隐"。其疑三也。今按《列子》《黄帝》《说符》二篇，凡三载列子与关尹子问答［答问］之语，而列子与郑子阳同时，见于本书。《六国表》："郑杀其相驷子阳"，在韩列侯二年，上距孔子之没，凡八十二年。关尹子之年世既可考而知，则为关尹著书之老子，其年世亦从可知矣。《文子·精诚》篇引老子

曰：“秦楚燕魏之乐［歌］，异传而皆乐。”按：燕，终春秋之世，不通盟会。《精诚》篇称：燕自文侯之后，始与冠带之国。文公元年，上距孔子之没，凡百二十六年。老子以“燕”与秦楚魏并称，则老子已及见文公之始强矣。又，魏之建国，上距孔子之没，凡七十五年。而老子以之与三国齿，则老子已及见其侯矣。《列子·杨朱［黄帝］》篇载老子教杨朱事。《杨朱》篇：“禽子曰：‘以子之言问老聃、关尹，则子言当矣；以吾言问大禹墨翟，则吾言当矣。”然则朱固老子之弟子也。子云：“端木叔者子贡之世也。”又云：“其死也，无瘗埋之资。”又云：“禽滑厘曰：‘端木叔狂人也，辱其祖矣！’”“段干生曰：‘端木叔达人也，德过其祖矣！’”朱为老子之弟子，而及见子贡之孙之死，则朱所师之老子不得与孔子同时也。《说葬［苑］·政理》篇：“杨朱见梁王，言治天下如运诸掌。”梁之称王，自惠王始。惠王元年，上距孔子之没，凡百十八年，杨朱已及见其王，则朱所师

散氏盘铭文（局部）

事之老子，其年世可知矣……由是言之，孔子所问礼者，聃也。其人为周守藏室之史，言与行，则《曾子问》所载者是也。周太史儋见《秦献公本纪》，在献公十一年，去魏文侯之没十三年。而老子之子宗为魏将，封于段干。(《魏世家》：安厘王四年，魏将段干子请予秦南阳以和。《国策》：华阳（军）之战，魏不胜秦。明年，将使段干崇割地而讲。《六国表》：秦昭王三十四年，白起击魏华阳军。按，是时上距孔子之卒凡二百二［一］十年。）则为儋之子无疑。而言道德之意五千（余）言者，儋也。其入秦见献公，即去周至关之事。本传云："或曰，儋即老子"，其言韪矣。至孔子称老莱子，今见于太傅礼《卫将军文子》篇。《史记·仲尼弟子列传》亦载其说，而所云"贫而乐"者与"隐君子"之文正合。老莱子之为楚人，又见《汉书·艺文志》，盖即"苦县厉乡曲仁里"人（按，此字衍）也。而老儋［聃］之为楚人，则又因老莱子而误。故本传：老子语孔子："去子之骄色［气］与多欲，态心［色］与淫志"，而《庄子·外物》篇则曰：老莱子谓孔子："去汝躬矜与汝容知。"《国策》载老莱子教孔子语，《孔丛子·抗志》篇以为老莱子语子思，而《说苑·敬慎》篇则以为常枞教老子。然则老莱子之称老子（也）旧矣。实则三人不相蒙也。若《庄子》载老聃之言，率原于道德之意，而《天道》篇载"孔子西藏书于周室"，尤误后人。"寓言十九"，固已自揭之矣。

其与汪氏之说相反对者，则有仪征阮氏（元）之说，谓老子本深于礼，以《曾子问》及《史记》"孔子问礼"观之，可知。其所以厌弃礼法者，则由暮年心理上之反动而然耳。此说虽属可通，然出于想象，不如汪氏之说之本于事实，为不可动也。

老子之书分上下二卷。自思想上观之，则此种思想，经列子、庄子，一用于韩非，而再行于汉初，故其书之为古书，无可疑也。自文字上观之：(一)以书中多叶韵，足证其为古书；(二）以其并称"仁义"，似属孟子以后之作。然据《大戴记》《左传》，则曾子、左邱明已说"仁义"，不自孟子始。老子之生年距曾子、左邱明不远，则其兼称"仁义"，固其所也。又，此书文体简短纯一，为后人所插入者甚少，其为战国初期之书，当无疑义也。

第二章　形而上学

孔子于《论语》二十篇中，无一语及于形而上学者，其所谓"天"不过用通俗之语。墨子之称"天志"，亦不过欲巩固道德政治之根柢耳，其"天"与

［明］陈洪绶
无法可说图

“鬼”之说，未足精密谓之形而上学也。其说宇宙之根本为何物者，始于老子。其言曰：

> 有物混成，先天地生。寂兮寥兮！独立而不改，周行而不殆，可以为天下母。吾不知其名，字之曰“道”。(《老子》二十五章)
>
> 道冲而用之或不盈。渊兮似万物之宗。挫其锐，解其纷，和其光，同其尘。湛兮似或存。吾不知谁之子，象帝之先。(四章)

此于现在之宇宙外，进而求宇宙之根本，而谓之曰“道”。是乃孔墨二家之所无，而我中国真正之哲学，不可云不始于老子也。而试问此宇宙之根本之性质如何？老子答之曰：

> 道之为物，惟恍惟惚。惚兮恍兮，其中有象；恍兮惚兮，其中有物。窈兮冥兮，其中有精。其精甚真，其中有信。(二十一章)

又曰：

致虚极，守静笃。万物并作，吾以观复。夫物芸芸，各复归其根。归根曰静，静曰复命。复命曰常。(十六章)

以此观之，则老子之所（谓）“道”：惚也，恍也，虚也，静也，皆消极的性质，而不能以现在世界之积极的性质形容之。而恍惚虚静之道，非但宇宙万物之根本，又一切道德政治之根本也。曰：

昔之得一者：天得一以清，地得一以宁，神得一以灵，谷得一以盈，万物得一以生，侯王得一以为天下贞。其致之，一也。(第三十九章)

第三章　伦理政治论

宇宙万物无不相对者：天与地对，日与月对，寒与暑对，人与物对，皆相对的也。道者，宇宙万物之根本，无一物足与之相对者，故绝对的也。此老子所以称道为“一”者也。不独宇宙万物而已，人事亦然：有恶斯有善，有丑斯有美。故曰：

上德不德，是以有德。下德不失德，是以无德。(第三十八章)

又曰：

天下皆知美之为美，斯恶已；皆知善之为善，斯不善已。(第二章)

又曰：

大道废，有仁义。慧智出，有大伪。六亲不和有孝慈，国家昏乱有忠臣。(第十八章)

又曰：

唯之与阿，相去几何？美之与恶，相去何若？（第二十章)

故道德政治上之理想，在超绝自然界及人事界之相对，而反于道之绝对。故曰：

绝圣弃智，民利百倍。绝仁去义，民复孝慈。绝巧去利，盗贼无有。此三者以为文不足。故令有所属。见素抱朴。少私寡欲。(第十九章)

又曰：

不尚贤，使民不争。不贵难得之货，使民不为盗。不见可欲，使民心不乱。(第三章)

其论有道者之极致，曰：

众人熙熙，(如享太牢)，如登春台。我独泊兮其未兆。如婴儿之未孩。儽儽兮若无所归。众人皆有余，而我独若遗。我愚人之心也哉！沌沌兮！众人昭昭，我独昏昏。众人察察，我独闷闷。澹兮其若海。飂兮若无止。众人皆有以，而我独顽似鄙。我独异于人而贵食母。(第二十章)

若人人之道德达此境界，则天下大治。曰：

小国寡民。使民有什伯之器而不用，使民重死而不远徙。虽有舟舆，无所乘之；虽有甲兵，无所陈之；使民复结绳而用之。甘其食，美其服，安其居，乐其俗。邻国相望，鸡犬之声相闻，民至老死不相往来。(第八十章)

此老子政治上之理想也。其道德政治上之理论，不问其是否［非］如何，甚为高尚。然及其论处世治国之术也，则又入于权诈，而往往与其根本主义相矛盾。其论处世术也，曰：

坚强者死之徒，柔弱者生之徒。(第七十六章)

其论治国也，曰：

将欲歙之，必固张之；将欲弱之，必固强之；将欲废之，必固兴之；将欲夺之，必固与之。是谓微明。柔弱胜刚强。鱼不可脱于渊，国之利器不可以示人。(第三十六章)

又曰：

古之善为道者，非以明民，将以愚之。民之难治，以其智多。故以智治国国之贼，不以智治国国之福。(第六十五章)

又曰：

以正治国，以奇用兵，以无事取天下。(第五十七章)

程伊川谓："老子书，其言自不相入处，如冰炭。其初意欲谈道之极元妙处，后来却做人权诈上去。”可谓知言者矣。

（刊于1906年4月《教育世界》122号）

孔子之学说

叙论

伦理学者，就人之行为以研究道德之观念、道德之判断等之一学科也。为人间立标准，定价值，命令之，禁止之，以求意志之轨范，以知人间究竟之目的，即如何而可至最善之域是也。故此学乃研究道德之学理者，知的而非实践的也。知与实行有别，知学理者不必能实践之，不知学理者或能实践之。盖以学理为知，实践关于意志故也。伦理学与实践道德之殊别如此。然若云伦理学纯为知的，故不能实践，是语亦未免太过。何则？由纯正之智识，知完全之学理，则可为实行之指导，达所欲至之目的地，其裨益岂浅鲜哉？故学理与实践当相伴而不相离，实践之先不可不研究学理也。

泰西之伦理，皆出自科学，惟骛理论，不问实行之如何。泰东之伦理，则重修德之实行，不问理论之如何。此为实行的，彼为思辨的也。是由于东西地理及人种关系之异，又其道德思想之根本与道德的生活之状态亦异，故有此差别也。夫中国一切学问中，实以伦理学为最重，而其伦理学又倾于实践，故理论之一面不免索莫。然吾人欲就东洋伦理根本之儒教，完全第一流之道德家孔子之说，于知识上研究之，亦非全不可能也。然儒家之伦理说以行为主，即最实践者，故欲以科学之方法研究之，自极困难。但欲为此种研究，不得不先述中国先秦之二大思潮焉。

周末时之二大思潮，可分为南北二派。北派气局雄大，意志强健，不偏于理论而专为实行。南派反之，气象幽玄，理想高超，不涉于实践而专为思辨。是盖地理之影响使然也。今吾人欲求其例，则于楚人有老子，思辨之代表也；于鲁人有孔子，实践之代表也。孔子之思想，社会的也；老子之思想，非社会的也。老子离现实而论自然之大道，彼之“道”超于相对之域而绝对不变，虽存于客观，然无得而名之。老子以此“道”为宇宙一切万象之根本原理。故其思辨也，使一切之现象界皆为于相对的矛盾的之物而反转之。如“知其雄，守其雌”，“知其白，守其黑”，“知其荣，守其辱”；或云“有”，或云“无”，或云“盈”，或云“虚”，或云“强”，或云“弱”：皆为相对之矛盾观念，常保消极以预想积极者也。故其伦理及政治思想专为消极主义，慕太古敦朴之政，而

孔子像

任人性之自然，以恬淡而无为为善。若自其厌世的立脚地观之，则由激于周季之时势，愤而作此激越非社会的之言者也。孔子则反之，综合尧舜三代先王之道而组织之，即欲依客观之礼以经纶社会也。至其根本原理则信天命，自天道绎之而得“仁”，即从“天人合一”观以立人间行为之规矩准绳。故孔子者北方雄健之意志家也，老子者南方幽玄之理想家也。

继彼幽玄之理想者为列子，列子之后有庄子。发挥此雄健之意志者有子思、孟子、荀子。要之，儒与道之二大分派，对立于先秦之时，而传其二大思潮于后世。此外尚有墨翟唱“兼爱”功利之说，似儒家；杨朱唱利己快乐说，似道家；鹖冠子为折衷派；韩非子为法家等。诸子百家之说，纵横如云，灿然如星，周末之文华极一时之炳耀。是盖因成周封建政体之坏颓，唤起各人思想界之自由，洵可谓之为希世之壮观也！

老庄之说通行于两汉，至魏晋而大盛，其弊流于清谈，以任放旷达自喜，或作为神仙说，经六朝至唐时复大盛，至追谥老子为太上玄元皇帝。然而当汉之末也，佛教侵入，经三国至六朝之际，至于梁而最盛。其势力之伟大渐驾儒道而上之。入隋，遂有唱三教一致论者。其后复大盛于唐，经宋元明至今焉。

儒教因汉武帝之奖励，出董仲舒，而继先秦之思潮，回复秦火之厄。至西汉之末有扬雄者，合儒与道，立一家言。六朝之际，儒为佛老所抑。至隋有王通，用之作策论。有唐一代，唯韩愈一人维持之。经五代至宋，复勃然而兴，几有凌先秦儒家而上之之势。即北宋时二程子唱“性命穷理”说，南宋时经朱子手而大成，作“理气”论。同时有陆象山之“心即理”说。入明，而为王阳明之“知行合一”说。其后至国朝，考证学大行。故中国亘古今而有最大势力者，实为儒教。国家亦历代采用之。何则？儒教贵实践躬行，而以养成完全之道德政治家为目的，而有为之人才亦皆笼罩于此中故也。

孔子者，“述而不作，信而好古”，实践躬行之学者也。上至三皇五帝，下至夏殷周诸圣贤之学说，无不集合而组织之，以大成儒教；其圆满之德如春，深渊之智如海。又多才艺，至其感化力之伟大，人格之完全，古今东西，未见其比。其说主好古、实践，故欲研究之者，当先研究夫子所研究之《诗》、《书》、《易》、《礼》等古书，及夫子之遗书《大学》、《论语》、《孝经》，子思之《中庸》，孟子之书等，以考察其说。夫子晚年所最研钻者为《易》，读之“韦编三绝”。虽有谓《易·十翼》非孔子之作者，然余欲述孔子之形而上学，姑引用而论断之。

第一章　天道及天命

儒家“天道”、“天命”之天之观念，其意义有数种，今分之为有形之天、无象之天二者，更分无象之天（为）主宰之天、自然之理法、宇宙之本原及命四者。“天道”云者，乃自然理法宇宙本原之活泼流行之原动力也；“命”者，则其实现以分诸人者也。

第一节　有形之天

苍苍者天，茫茫者天，悠悠者天，无涯无际，日月星辰森然罗列，以运行焉，以代谢焉。岳岳者地，漠漠者地，草木繁荣，禽兽滋殖，其广也载华岳而不重，其厚也振河海而不泄。天地上下之间，风霜雨露，一阴一阳以为消长，一寒一暑以为往来，参差交错，变化而无穷者，是形体之天也。

《诗》曰：“悠悠苍天”，“彼苍者天”，“谓天盖高，不敢不跼；谓地盖厚，不敢不蹐”，“倬彼云汉，昭回于天”，“鸢飞戾天”等。

《论语》：“巍巍乎唯天为大。”《易》上《象》传：“日月丽乎天。”下《象》：“日月得天而能久照。”《系辞》：“天尊地卑，乾坤定矣。”“在天成象，在地成形。”

是皆言形体之天也。

第二节　无象之天

一、主宰之天

前所言有形之天，惟为形体者；今所言无象之天，则为思索者，故最不可不研究之。

主宰者，谓一神灵之物，管理命令一切万物之义也。如上帝、皇天、神、造物主等，皆为神秘不可知者也。

当太古蒙昧之时，人人概为感想的，而智识尚未发达。故现象界有变化，见风雨、电雷、日月蚀、星异、地震等时，忽生恐惧之念，遂以为天有一种人间以上之不可思议之灵力，因畏之敬之，至欲避之。其弊遂陷怪诞迷罔，至惴惴然以礼拜形体。盖知天之神秘，实自天地之形体始。故古人之神秘感想，至此遂将无象之主宰力，与形体同一视之，此所以崇拜形体之天者也。无论何国之民，其原始时代莫不如是。今吾先论天之观念，然后再论自然之理法、宇宙之本原等。主宰之天之证如左：

《书经·益稷》：“禹曰：‘安止汝，惟几惟康，其弼直，惟动丕应徯志，以昭受上帝，天其申命用休’。”

又，《秦［泰］誓》：“惟天地，万物父母。”

又，“敢用玄牡，敢昭于上天神后。”

《大［太］甲》：“先王顾諟天之明命，以承上下神祇，社稷宗庙。”

又，“皇天眷佑有商，使嗣王克终厥德。”

《金縢》：“秋，大熟，未获，天大雷电以风，禾则尽偃，大木斯拔，邦人大恐。”

《易》：“自天佑之，吉，无不利。”

主宰之例证甚多，散见于《书》《易》等古书中。至有灵感想之天，则散见于《尚书》中。自然理［法］之天，则尤多见于《周易》中。

孔子对是等感想的感念，于知识上思惟之，此孔子伦理说之渊源，且其观念之所以高远者也。

二、自然之理法与宇宙之本原

浩浩乎无涯无际之天地间，气化生生流行不息，一切之现象界，皆被时间空间之二形式，与原因结果之律此三者所管理者也。

时间者，谓统一切现象之变化，而一切现象于其中，自一状态而变为他状态，能无限分截之延长之之谓也。空间者，谓一切现象物于其中，常在及继在且俱在者，亦可以无限分截之延长之。至是二者之异，则空间为俱在，时间唯继起。今若唯有时间而无空间，则物之俱在，决不得证明之。何则？盖空间离俱在，即不能存在；既无俱在，则无常在、继在之理；常在、继在而不存在，则无充塞时间中之物，故时间自身亦不能自进行经过也。若反之，唯有空间而无时间，则物之继起，决不能证明之。既无继起，则物之俱在不得而知之。何则？盖客观之常在，对于俱在之中之变化而言之，即与继在俱在相对者也。因继起之变化，乃知常在之不变化；因常在之不变化，乃知继起之变化。无继起之变化，即不能知常在之不变化；无常在之不变化，则不能知继起之变化。要知此二者，吾人自思想上之论理见之，见虽相同一，然若继起之时间既消灭，则物象变化之思想亦消灭，现象界毕竟归于虚无。空间不能据自身证其俱在也。故时间之继起，空间之俱在，其特性虽大相异，然皆不能相离，若相分离，则现象界之事尽虚无迷妄，遂不可解。故知两者之相关，直不可须臾离也。此两者合而为一，即为吾人之悟性，以应用原因结果之律，是彼叔本华氏之卓论也。吾人今当更进一步，以考察因果律之如何。

在客观界经验之实体，呈错综之状态。其状态决非始终不动者，而或生或灭，彼等因其生灭之状态相连络，不问如何，必无有单独自存者。盖彼等悉因其前后之事实，以受规定，互相倚赖。今若于客观界中生一状态，则先之者必有他状态，然后新状态始生。又若其前之状态尚存，则次生之新状态必不能起。此新旧相继之现象，是曰继起。故此等状态，因继续而生者，皆有相互之关系。其始生之状态，吾人名之曰“原因”，后起者名之曰“结果”。故结果者决不能存在于其生来以前，纯然为一新状态。盖结果之名，即由此前之原因而始生。故结果之生，变化也。所谓结果原因之规律者，则即关于此变化之规则，即所以管理之之理法也。此律之唯一应用之范围，唯在变化。此而有一结果，则已示变化之存在；此而有一变化，则已示原因。而凡一切原因，又不可无共于其原因之原因，盖于时间继起之原因结果，相连续而发生，是谓之连锁。

既如上说，则因果律者，乃一状态变而为他状态时必然之理法也。因时间上之异，而名前者为原因，后者为结果。而吾人当论自然之理法之天道时，所得于叔本华氏者，岂浅鲜哉！

夫一切之生灭变化恍惚无常者，皆吾人经验之客观现象界所在之状态也。

因果律之继起存在，虽前已详言之，然而因果律虽为行于现象界之法则，然应用此律之原理究如何乎？康德氏之说曰：吾人之知识，惟存于现象界中，不能入本体界也。彼于《纯理二律相背论》中云：宇宙不可无第一原因，又第一原因非实在。盖一论现象界，而一预想现象界以外之物者也。叔本华氏之意与之同，以为无第一原因。然叔氏谓存于现（象）界之变化外者，尚有“物质”与“物力”。物质者，为一切变化发生之根本，不为变化所侵，不增不减者也。物力者，己不变化，而能使一切变化，不增不减者也。是二者超然于时间空间以外。此外，叔氏又说世界之本体之“意志”是盲目的冲动，而使现象界发现之根本力，又超绝时间、空间、因果律，而为绝对无差别之物也。要之，物质与物力乃生原因结果之原子，而意志则统一切万有，而使之发现之大活力，即世界之本体也。

孔子亦以宇宙间一切现象，自时间、空间、因果律三者规定之，是实千古之卓识，而与叔本华氏稍相合也。

仰视茫茫之宇宙，则见一切之现象界，皆以一定不易之法则行于其间。如日月之代谢，尽夜之昼迁，四时之推移，风雨霜露云雾雷电等皆然也。又如禽兽虫鱼草木人类等之有雌雄二性者，无一非相对的法则之消长。是法则即《易》所云之“阴阳二气”。阴阳二气进动，则于时间中生万物；其静止也，则于空间中见物象。自其进动之方面，即自时间上观之，时必不可无变化，是即因果律之所由生也。故孔子以一切现象世界为阴阳二气之流行，即

明代《圣迹图》（之一）

明代《圣迹图》(之二)

阳动而阴静，以为盈虚消长，新陈代谢，变化无穷，因果律即自行于其中。统括是等之原理，即为“天道”即“理”。“理”为充满宇宙之生生活泼的本原，超绝一切之现象界，而管理流行于一切现象间之阴阳二气等，而亘永久而不变不灭者也。若自流行于一切之现象界观之，是名“天道”，即自然之理法。自其超绝一切现象界，统括管理此等之力观之，即名“天理”，即宇宙之本原。故《易》曰：

“易有太极，是生两仪，两仪生四象。”《彖》辞曰：“大哉乾元！万物资始，乃统天，云行雨施，品物流形。”

“天行健，君子以自强不息。”

“一阴一阳之谓道。”

“生生之谓易。”

“太极”谓无差别的始原也。“乾元”谓天之原理。“云行雨施”，“一阴一阳”，“生生”等，谓之自然。所谓“天行健”者，合自然之理法与宇宙之本原相言之也。又《论语》曰：

逝者斯如夫，不舍昼夜！

言自然之理法生生而无间也。

《论语》：“子贡曰：‘子如不言，则小子何述焉？’子曰：‘天何言哉！四时行焉，百物生焉，天何言哉！’”（按，《阳货》）《礼记·哀公问》："哀公曰：'敢问君子何贵乎天道也？'孔子曰：'贵其不已，如日月东西相从而不已也，是天道也。无为而成，是天道也。已成而明，是天道也。'"

是等皆言自然与原理者也。

《中庸》："诚者，天之道也。诚之者，人之道也。诚者不勉而中，不思而得，从容中道，圣人也。诚之者，择善而固执之者也。"

子思自孔子之说出，故更进一步，以"诚"为宇宙万有之根本的原理，而宇宙之万有则自此本体所发现之现象也。万有从本体发现为"高明""博厚"二形式。高明为天，有继起性，即时间的也。博厚为地，有延长性，即空间的也。合而为一，则无限无穷，经"悠久"而不已。

今以《易》理、叔本华氏之说互相比较，则其原理虽大有径庭，然叔氏之物质、物力与《易》之阴阳二气，皆使物变化之本质或动力，在其变化以外，则二者之说相似也。此外，因果律为伴一切变化之法则，故有变化即有因果律。孔子虽不说此，然儒之"天理"，子思之"诚"，叔本华之"意志"，皆为宇宙之本原，发现万有之一大活动力，固不甚相异也。

若夫老子之"道"为"恍兮惚兮"、"窈兮冥兮"，绝对的自然之道，与斯披诺若之一元的"理"相似。若自彼所云"有物浑成，先天地生"观之，则万物开发之本体，皆恒久不变者。故曰"名"，无可名。"无名，天地之始；有名，万物之母"也。何则？若云"无"，则已与"有"相对，故曰此道无可名，而静寂自然，绝对无差别的也。一切之规定皆法此静寂自然之化。《易》哲理反之，以"生生"为活泼进动的，一切之人间行为则之，是实其大异之所存也。

以上自然之理法皆依据于《易》者。是书孔子尝极力研究之，故得视为夫子之思想。然孔子为实践躬行者，故据最可凭信之《论语》观之，则可以明道德为人之先天的自然。故于下"有命说"中当引《论语》为证。

三、有命说

于上章既略论孔子以前之"天"之观念，孔子于《易》，但言"天道"，但其实在本人性之自然以立"人道"，故略说人道之本源之天道耳。故《论语》曰："子罕言利，与命，与仁。"又曰："夫子之言性与天道，不可得而闻也。"则其置重人道，而不详言高远之天道可知。"命"者何？自然之理之实现，而分配于人之运命也。孔子以此"命"为知的，情的。"知的"务主言自然之理，"情的"兼理法与主宰而言之。二者易混，欲详细别之，至难也。今引二三例以示其别。

《论语·为政》：“四十而不惑，五十而知天命。”《尧曰》：“不知命，无以为君子也。”

《里仁》：“朝闻道，夕死可矣。”

观此诸说，则命由于智识，而为自然之理也。（是言道德观念之本原为天，而天即自然也。）又从情上观之如左：

《论语·雍也》：“伯牛有疾，子问之，自牖执其手，曰：‘亡之！命矣夫！’”

《先进》：“颜渊死，子曰：‘噫！天丧予！天丧予！’”

《宪问》：“公伯寮愬子路于季孙”节：“道之将行也与，命也！道之将废也与，命也！公伯寮其如命何！”

《雍也》：“子见南子，子路不悦。夫子矢之曰：‘予所否者，天厌之！天厌之！’”

《述而》：“天生德于予，桓魋其如予何！”

《子罕》：“子畏于匡，曰：‘文王既没，文不在兹乎！天之将丧斯文也，后死者不得与于斯文也！天之未丧斯文也，匡人其如予何！’”

《八佾》：“获罪于天，无所祷也。”

《季氏》：“君子畏天命，小人不畏天命。”

此等其中皆含有感激悲愤之意，故知为情也。然元本为理，而发为情，故

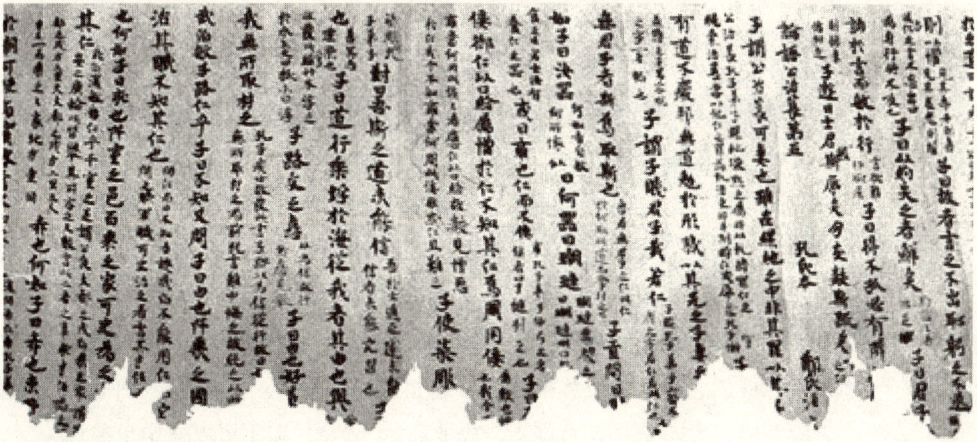

唐写本郑玄注《论语》残页

决非迷妄的感想。征彼之“不语怪力乱神”，则孔子之遵道理明矣。但信念本为感情的，故在自然之理法中，亦与主宰的之思想相混同。

盖孔子由知，究理，依情，立信念。既立之后，以刚健之意志守之，即“知”“情”“意”融和，以为安心立命之地，以达“仁”之观念。盖“仁”与“天”即“理”，同为一物。故孔子既合理与情，即知道，知体道，又信之以刚健之意志，保持行动之，是以于人间之运命，死生穷达吉凶祸福等，漠然视之，无忧无惧，悠然安之，唯道是从，利害得丧，不能撄其心，不能夺其志。是即儒教之观念所以高洁远大，东洋之伦理之所以美备也。

《论语·雍也》：“谁能出不由户？何莫由斯道也？”

又《里仁》：“富与贵，是人所欲也，不以其道得之，不处也。贫与贱，是人之所恶也，不以其道得之，不去也。”

《述而》：“富而可求也，虽执鞭之士，吾亦为之；如不可求，从吾所好。”

《学而》：“子贡曰：‘贫而无谄，富而无骄，何如？’子曰：‘可也，未若贫而乐，富而好礼者也。’”

《里仁》：“不仁者不可以久处约，不可以长处乐。仁者安仁，知者利仁。”

《述而》：“子曰：‘饭疏食饮水，曲肱而枕之，乐亦在其中矣。不义而富且贵，于我如浮云。’”

《子罕》：“岁寒然后知松柏之后凋也。”

《颜渊》：“爱之欲其生，恶之欲其死。既欲其生，又欲其死，是惑也。”

《子路》：“子曰：‘不怨天，不尤人，下学而上达，知我者其天乎！’”

不为显荣利达所束缚，知斯道，安斯道，乐天知命，故其胸襟如光风霁月，其德行则圆满潇洒也。

要之，理想与实际，往往冲突龃龉，而人间之运命，又有善恶。故人言善人不必得幸福之运命，恶人不必得悲惨之运命，行德者不必得福，不德者不必罹祸。实亦不然。须视其时代境遇如何，不能一定也。如孔孟之坎坷穷厄，苏格拉底、基督之惨死，颜渊之夭，盗跖之寿，始皇之暴戾，曹孟德司马昭之逆，克林威尔之悖理，或如楠正成，或如足利尊氏等，征诸古今之例，有大德之人尝悲惨，大不德之人常侥幸，成败利达〔钝〕，洵不可以一定也哉！

人本来有自由意志，故人间之运命，皆因人为之如何而如何耳。盖运命者，皆因其时代之趋潮，其人之门阀、境地、才识、技俩等以为变迁者也。若时有大豪杰出，虽能自造运命，然自然之因果律常干涉之，终至不得伸张其自由意志也。盖有一原因，必有一结果，一结果后，或为他原因而复生他结果。故社会之事，复杂错综，个人之力终不得不受一制限。故前所述时代、身干、境地、才识等数者相一致，则得幸运。若此中有不一致之处，则不免于不幸。是实运命之所以不定者也。故于某度意志得以自由，至此以上，亦不得不遵自然之理法。故孔子欲遵道理，即顺自然之理法，实行吾意志之可成则为善，不可能则守其分，可以进则进，可以退则退，可以行则行，可以止则止，可以取则取，可以舍则舍，一切如道理而行之。此孔子之“任天主义”也。

盖孔子明知道德为善，遵之行之，人人必受幸福。然世有盛衰，社会有污隆，行道德者不必获福，故依道德以立命安心。此孔子所以执“自由意志说”与“宿命论”之中庸，即所谓“有命说”是也。

自由意志论者，以人间意志本自由，不受如运命之规定之限制，唯由人力主张之者也。宿命论反之，以宇宙万物一切皆天之所命，而皆受其限制，虽人间之意志，决不能自由。人间之运命既定于先天，而人力之所无如何者也，故不如各安其分。是最极端之说，而与今日进化之理法决不相容者也。若一切从宿命说，则流于保守退步，志气委靡，遂不能转其境地。《论语》：子夏谕司马牛曰：“商闻之：死生有命，富贵在天”，往往有解为极端之宿命说者，然是决非孔子之意。顺当生之道而生，顺当死之道而死，是自然也。顺道而得富贵则善，不得则从吾所好而安命，是亦自然也。孔子之有命说，当如此解。然若从宿命说，死生既于先天中定之，富贵亦从先天中定之，毕竟后天之人力归于无用，不得不陷于委靡也。

人间自由意志论，虽为今日最有力之进取的说，但失之极端，亦非无弊也。其弊则以意志能自由，为善亦能自由，为恶亦自由。故至争名趋势以陷于变诈虚妄，而不能安于吾之素位，龌龊卑鄙，逐世之潮流以为浮沉，是洵不知自己之力欲造运命而却漂没于世之潮流者，故青年血气之人，不可不反省也。

比较前所言，则孔子之说，既非极端之宿命说，亦非极端之自由说，盖居于此二者之间，尽吾人力，即顺自然理法之道以行动云为者也。即可进则进，若不能则已，安吾素以乐吾道，极平和之说也。然而后世腐儒等，不能知生生的进化，唯以保守的解释之，亦非夫子之旨也。

不知儒教有一种之功名的活气。《论语》云：“去仁，恶乎成名？”又云：“君子疾没世而名不称焉。”据此即足以知彼现实功名的之意志矣。

要之，孔子之命，即任天主义。深信自然之理，养绝对之观念，遵一切道理之动静，不问死生、穷达、荣枯、盛衰等，纯反于愦愦之功利快乐主义，故于道德实践上大有价值也。

第三节　“天人合一”与“仁”之观念

吾人于前章既略解“天”之观念，自《易》之哲学说，明自然之理法，今当述“天人合一”与“仁”之观念。

据《易》之说，则基天地之二大法则，以立人道，而说仁义之道德律。

> 《说卦》曰：“昔者圣人之作《易》也，将以顺性命之理。是以立天之道，曰阴与阳；立地之道，曰柔与刚；立人之道，曰仁与义。兼三才而两之。”
>
> 又，《系辞》：“《易》之为书也，广大悉备：有天道焉，有人道焉，有地道焉。”

由是等观之，仁配阴柔，义合阳刚，准据天地之自然的法则以立人道，即仁义。然从此说，则仁义毕竟为客观的，他律的。故当更进一步如左。

> 一阴一阳之谓道，继之者善也，成之者性也。仁者见之谓之仁，知者见之谓之知。

阴阳为天地间自然流行之气，化万物成其性，在人则成男女性，自然有道德的性故。

> 《序卦》：“有天地然后有万物，有万物然后有男女，有男女然后有夫妇，有夫妇然后有父子，有父子然后有君臣，有君臣然后有上下，有上下然后礼义有所错。”

即言从自然之作用以生成道德，而为客观之次序。

> 《系辞》：“天地设位，而易行乎其中矣，成性存存，道义之门。”
>
> 又，《说卦》：“和顺于道德而理于义，穷理尽性以至于命。”
>
> 《文言》：“夫大人者，与天地合其德，与日月合其明，与四时合其序，与鬼神合其吉凶，先天而天弗违，后天而奉天时。天且不违，而况于人乎？况于鬼神乎？”

天地间自然之气化流行，生生化化，行于其间，成自然之性。性之根原即天。

[明] 仇英
松下眠琴图

究理则知性，知性即知天，是为宋儒性命穷理说之渊源。天人合其德，至此成所谓《易》之“天人合一”观。今再进一步，论他书中之合一观。

《诗》：“天生烝民，有物有则。民之秉彝，好此懿德。”

《中庸》：“天之生物，必因其材而笃焉。”

又，“诚者，天之道也；诚之者，人之道也。‘诚’者，不勉而中，不思而得，从容中道，圣人也。‘诚之’者，择善而固执之者也。”

《诗》言德性为先天的。《中庸》之“诚”即天人合一之观念，而宇宙之根本的活动力也。子思演绎之曰：

“天命之谓性，率性之谓道，修道之谓教。”

又：“自诚明，谓之性；自明诚，谓之教。诚则明矣，明则诚矣。唯天下至诚为能尽其性；能尽其性则能尽人之性，能尽人之性则能尽物之性，能尽物之性则可以赞天地之化育，可以赞天地之化育，则可以与天地参矣。”

吾人之道德性自先天有之，决非后天者也。故宇宙之根本原理之纯［绝］对的“诚”，能合天人为一。天道流行而成人性，人性生仁义。仁义在客观则为法则，在主观则为吾性情。故性归于天，与理相合。天道即诚，生生不息，宇宙之本体也。至此儒教之天人合一观始大成。吾人从此可得见仁之观念矣。

《系辞》："天地之大德曰生。"

又，"生生之谓易。"

夫“仁”为平等、圆满、生生、绝对的之观念。自客观的观之，即为天道，即自然理也，实在也。自主观的解之，即具于吾性中者也。其解虽有异，至究竟则必须此两者合而为一，始能至无差别绝对之域。故仁之观念为生生的理，普遍于万物，不能为之立定义也。

《论语》："天何言哉！四时行焉，百物生焉，天何言哉！"

言自然的即无意识的理法之活动也。又云：

吾道一以贯之。

融合天人，以“仁”贯之。其欲达之之方法则为“忠恕”。忠尽我心，恕及于人之道，是为社会的仁之发现。能超然解脱，悠然乐者，即得达此仁之理想之人，安心立命之地，皆自此理想把持之。

《论语》："'莫春者，春服既成，冠者五六人，童子六七人，浴乎沂，风乎舞雩。咏而归。'夫子喟然叹曰：'吾与点也！'"

顺应自然之理法，笃信天命，不为利害所乱，无窒无碍，绰绰裕裕，浑然圆满，其言如春风和气。吾人至此，能不言夫子“仁”之观念为最高尚远大者乎！

孔子知致物格，经五十年而后始“知天命”，以达此绝对的“仁”之观念。抑绝对者，何谓也？绝对云者，超乎相对或差别之境，以抵不变不灭之域，必无我自然，始能至之。此理想的天，即仁之观念。达此境地时，中心浩瀚，无所为而行者（无）不合于道。

《子罕》："颜渊喟然叹曰：'仰之弥高，钻之弥坚，瞻之在前，忽焉在后。''欲罢不能，既竭吾才，如有所立，卓尔，虽欲从之，末由也已！'"

《述而》："子谓颜渊曰：'用之则行，舍之则藏，惟我与尔有是夫！'"

其理想之高远，能因用舍行藏之时，权变自在，斯可谓智德圆满无碍，而行为亦无凝滞也矣。孟子曰："可欲之谓善，有诸于己者之谓信，充实之谓美，充实而有光辉之谓大，大而化之之谓圣，圣而不可知之（之）谓神"，即是也。

以上综合主宰、自然本原等天之观念，与天人合一，与仁之观念言之。而孔子之形而上学根本观念既终，今更进一步，而于下章论孔子之伦理说。

第二章　道德之标准

第一节　社会之仁

人之生于此世也，各依其目的而动。惟其目的有大小，小者为大者所包括，大者又为更大者所包，由此递进，其究竟之目的果何在乎？

人本社交的动物，自有道德的本性，与其他互相倚赖关系以立社会，故其行亦互有影响。自己意志受社会意志之制裁，以生个人与社会、社会与国家、君臣父子夫妇长幼朋友男女贵贱亲疏等错杂之关系。于是遂有道德律以规定人间之行为，而达正确圆满之目的地者，惟道德能之。行为之合于道德则善，反于道德则恶。故人间究竟之目的，在据纯正之道理，而修德以为一完全之人。既为完全之人，则又当己立立人，己达达人，人己并立，而求圆满之幸福。所谓人生之目的不过如是而已。

就人间行为之判断，于西洋有动机论、结果论二派。动机论者，行为之善惟在动机之纯正耳，结果之如何，非所顾也。结果论者，日日行为之结果善，则其行为亦善，动机之如何，可不问也。前者为直觉派，后者为功利派。儒学直觉派也。然自今日之伦理学上观之，则前二说皆有所偏倚，即非动机、结果二者皆善，不足为完全无缺之行为。然东洋之伦理说，惟取动机不顾结果之处亦不少，如"杀身成仁"等是也。

孔子自天之观念演绎而得"仁"，以达平等圆满绝对无差别之理想为终极之目的。至其绝对的仁，则非聪明睿知之圣人，不易达此境。欲进此境，必先实践社会的仁。社会的仁，忠恕是也。故欲进绝对之境，不可不自差别之境进也。故仁自其内包观之，则为心之德，而包括一切诸德；然自其外延观之，则抽象的概念而普通［遍］的形式也。此形式虽不变，其内容则因时与处而殊。故自特别观之，则名特别之仁；自普遍观之，则名普遍之仁。普遍之仁，为平等之观念，包括其他之礼义智信等。特别之仁为特别的狭义之仁，如"智仁勇"之仁是也。仁于主观，则为吾性情；仁于客观，则发现于社会，为礼义之法则。

草自绿

一、普遍（之仁）

普遍之仁乃博大之观念为之，如忠恕，如博爱等，有总括社会广泛之意义，而礼义智孝弟忠信等皆包于此中。当其实现于社会上，则为礼为义为智为孝为弟为忠为信，仁之别也。曰孝曰弟者，事吾父兄尊长之仁也；曰忠曰信者，社交之仁。故爱先自吾家族以及他家族。观《论语》言孝弟“为仁之本”，可知即其根本自亲以及疏之义也。此仁之差别义也。

> 《中庸》曰：“天下之达道五，所以行之者三。曰：君臣也，父子也，夫妇也，昆弟也，朋友之交也。五者，天下之达道也。知仁勇三者，天下之达德也。所以行之者一也。”

是为孔子所述之五伦，曰：君臣之义，父子之亲，夫妇之礼，昆弟之序，朋友之信。知此五者，所谓“知”也；知此五者而体之，“仁”也；体此五者而行之，“勇”也。此五者又为仁义礼智信之五常。是等尽为仁之内容，而自其差别的方面观之。若普遍之仁则总括是等一切者也。

> 《论语·里仁》：“‘吾道一以贯之。’曾子曰：‘夫子之道，忠恕而已矣。’”
>
> 又，《雍也》：“夫仁者，己欲立而立人，己欲达而达人。”

《卫灵公》："子曰：'其恕乎！己所不欲，勿施于人。'"

《颜渊》："子曰：爱人。"

《学而》："泛爱众，而亲仁。"

《公冶长》："子曰：'老者安之，朋友信之，信少老［者］怀之。'"

是皆说普遍之仁者也。

要之，孔子仁之观念，若自普遍言之，则为高远之理想；若自实际言之，则为有义礼智孝弟忠信等之别，以为应用之具。故能全达此等之义礼智孝弟忠信等，即为普遍之仁。

至达仁之法则，孔子因弟子之才力而作种种之说。于颜渊，则为"克己复礼"；仲弓，则曰："出门如见大宾，使民如承大祭。己所不欲，勿施于人。在邦无怨，在家无怨"等；司马牛，则曰："'仁者其言也讱。'曰：'其言也讱，斯谓之仁已乎？'子曰：'为之难，言之得无讱乎！'"樊迟，则曰："仁者先难而后获，可谓仁矣。"皆自其人与时地而变化者。由是观之，则仁之内容毕竟非可一定言之明矣。故"子曰：可与共学，未可与适道；可与适道，未可与立；可与立，未可与权。"

或人以孔子之仁爱，似英国之"爱他"说，是语吾人尚不可全以为然。如彼英人阿当斯密斯氏之"同情"，哈提孙氏之"情操"，巴特拉氏之"良心"说等，均视为"爱他"之根原出于天性，遂以此为行为之标准，与孟子之"良心"说稍相类似。然孔子不明言人性之善恶，其仁之观念则从高大之天之观念出，其爱又复如前章所述，因普遍而生差别。故其根柢上已大相异。惟孔子重感情之处稍与彼说相似。今若必欲论孔子，则孔子为唱理性之直觉论者，自其克己严肃处观之，实与希腊斯特亚学派及德之康德之说有所符合。盖孔子之说为合乎情、入乎理之圆满说也，其伦理之价值即在于此。

二、特别之仁

即狭义之仁论，达普遍之一部，或普遍之仁之方法者。如：

《论语·宪问》："仁者必有勇，勇者不必有仁。"又"仁者不忧，知者不惑，勇者不惧。"

《雍也》："知者乐水，仁者乐山。知者动，仁者静。知者乐，仁者寿。"

《中庸》："知仁勇三者，天下之达德也。"

等将知仁勇分为三者，各相对立，则非"普遍"可知。其言仁者安静，知者流动，勇者敢为，已异其用。故自知仁由知、行仁由勇观之，则仁究不属于知勇二者，故自差别之方面狭义解说之，为特别仁。

三、至善

孔子大理想之仁，非容易达之。欲达之者，宜先自卑近之差别渐进；欲自卑近渐进，当就个人之行为判别善恶；判别善恶，在致知格物。

> 《大学》曰："欲修其身者，先正其心；欲正其心者，先诚其意；欲诚其意者，先致其知；致知在格物。"又："物有本末，事有终始，知所先后，则近道矣。"

就致知格物而言之，朱子曰："欲致吾之知，在即物而穷其理也。盖人心之灵，莫不有知，而天下之物，莫不有理。惟于理有未穷，故其知有不尽也。是以大学始教，必使学者即凡天下之物，莫不因其已知之理而益穷之，以求至乎其极。至于用力之久，而一旦豁然贯通焉，则众物之表里精粗无不到也，而吾心之全体大用无不明矣。此之谓格物，此之谓知之至也。"是二者谓心有知悉万里之灵能，即理性，故穷客观的之物理，以扩大其知，以判别善恶。王阳明曰："致知者，致吾良知之所知。格物者，就吾意所发之事物，去其不正，而归于正。诚意者，良知与意念相一也。"要之，王阳明说良知判断善恶，纯为主观的；朱熹穷客观的物理以扩吾理性而判断善恶；即一行而一知，一简易而一繁衍是也。故各持一理，一基良心，一唱理性，是以其说之分离而不相入也。

从孔子之重行贵知处思之，则致知格物，可谓会此二说而一者。故自知之一面观（之），则朱子之说是；自行之一面观之，则阳明之说近也。

人生究竟之目的，在遵道理以求完全圆满之幸福，故《大学》言究竟之目的，在"止于至善"。

> 知止而后有定，定而后能静，静而后能安，安而后能虑，虑而后能得。

"至善"即绝对善。"止至善"则定、静而安，是为终极之理想，即"仁"也。故仁为完全圆满之目的地。欲达此境域者，即以致知格物诚意修身为根本。故知孔子贵理性。

孔子以至善为终极标准，故一切之事之违仁者，皆为不善。是以

> 《里仁》："子曰：不仁者不可以久处约，不可以长处乐。"
>
> 又曰："我未见好仁者，恶不仁者。好仁者无以尚之；恶不仁者，其

为仁矣，不使不仁者加乎其身。”

不仁，恶也，不时发动以破坏仁者也。故欲向仁，务避不仁之行动，是以致知格物修身诚意之必要也。

吾人可据是分孔子之说，为直觉、中庸、克己、忠恕等，而细论之。

(一) 直觉说

吾人于前章说孔子之天人合一观，兹当论孔子之为直觉派。如前所论，孔子既说知与行之相关，又兼重理与情。后之学者往往自见解之如何而互相分离。今先就孔子之人性问题论。

孔子不就人性问题而论善恶，唯就行为而论善善恶恶。

《论语·阳货》：“性相近也，习相远也。”

是言谓人性本无善恶，唯因其习惯之如何，而为善为恶至相隔绝耳。又

《卫灵公》：“子曰：有教无类。”

谓人之善恶之别者，皆以习惯之故，有教育即可有善而无恶矣。又

《季氏》：“子曰：生而知之者，上也；学而知之者，次也；困而学之，又其次也。困而不学，民斯为下矣。”

谓人性有四品，故程朱即此而分为气质之性，及理义之天性。孔子又论情之方面：

“《诗》(曰)：‘天生烝民，有物有则，民之秉彝，好此懿德。’孔子读之曰：‘为此诗者，其知道乎！’”

谓人性好善，是为孟子性善论之根原。孔子于人性问题，不精细研究，故不言善恶。唯自其天人合一观而曰：

诚者，天之道也。诚之者，人之道也。

二者乃道德人中所自有者。又

“子曰：道不远人。人之为道而远人，不可为道。”

《论语·卫(灵)公》：“人能弘道，非道弘人。”

是则无论何人，皆有先天的能性。更进一步，则《季氏》“生而知之者上也”，

《雍也》“人之生也直，而罔之生也幸而免”之说，皆可以证明。

第一（条），备言人能直觉辨别是非善恶；但是非谓常人，谓睿智之圣人也。第二条，程子解“直”为“理”，而杨龟山以之为“情”。但孔子以为理与情并重，又因时与地而异。其“直”之解释，如“斯民也，三代之所以直道而行也”之解“直”为理，答叶公之问之“直”，则情也。故“人之生也直”之［直］，解之为“理”，或稍妥也。以上可知孔子为“贵理性之直觉派”也。

故孔子恰如康德为动机论者，动机纯正则其结果之善恶如何可不顾。故《论语》曰：

> “志士仁人，无求生以害仁，有杀身以成仁。”
>
> 又，“殷有三仁。”

仁，动机也。苟能行仁，则其结果如何可不顾。是所以谓直觉说也。

孔子就人之行为以言情与理之当调和。

> 《子路》：“叶公谓［语］孔子曰：‘吾党有直躬者，其父攘羊，而子证之。’孔子曰：‘吾党之直者异于是，父为子隐，子为父隐，直在其中矣。’”

自情解之，则理纵令公平，但不适于情时，则不得以之为善。

> 《宪问》曰：“以德报怨，何如？子曰：‘何以报德？以直报怨，以德报德。’”

“以德报怨”者，去差别之平等仁也。故《礼记》夫子言宽身之仁。“以直报怨”者，有差别的义也，理也。情与理二者以调和为务。此孔子之说所以最蕴藉最稳当者也。

（二）中庸说

孔子恐人之行为之走于极端，因言执中即义，养中庸的良心。然欲达此标准，其事至难。故孔子自曰：“天下国家可均也，爵禄可辞也，白刃可蹈也，中庸不可能也！”中庸之德，希腊之阿里士多德氏亦尝言之，其说曰：勇在粗暴与怯懦之中间。言其本质、关系、分量，及时与地等，然后能之。盖人之行动云为皆由于知情意之合同关系。故中庸当视其本质、关系、分量、时地等，若是等均不得其宜，则决不能中庸。故

《中庸》曰："道之不行也，我知之矣：知者过之，愚者不及也。道之不明也，我知之矣：贤者过之，不肖者不及也。"

《论语·先进》："子曰：师也过，商也不及。"

"子曰：过犹不及。"

《子路》："不得中行而与之，必也狂狷乎！狂者进取，狷者有所不为也。"

《雍也》："中庸之为德，其至矣乎！民鲜能（久）矣。"

据此观，则中庸者，无知行之过不及，并立而调和者也。此中庸又因时与地而变化，是实至难之事，所谓"可与立，未可与权"是也。

德者，中庸的良心之我完备之状态也。道者，对于他而行之也。故德者主观的，道者客观的。要之，此中庸的良心，非所谓先天的良心之情，乃因理性而治成之情，换言之，即理与情融和适宜，而行之以公正之意志是也。

中庸的良心，虽为主观的，但制中庸，则为客观的之礼。故通社会国家上下贵贱皆须普遍的或差别的之法，此法即礼是也。礼之本质为情，形式为文，此本质与形式相合而为礼。恭敬辞逊之心之所动者，情也；动容周旋之现于外形者，文也。弃本质而尚形式，是为虚礼；弃形式而守本质，是为素朴。故

水自流

《雍也》："质胜文则野，文胜质则史。文质彬彬，然后君子。"

文与质整然中和，此中庸。君子尚难之。故孔子忧失其本，于《八佾》言曰：

"礼，与其奢也宁俭。丧，与其易也宁戚。"

又"绘事后素。曰：'礼后乎？'子曰：'起予者，商也！始可与言诗已矣！'"

前者言礼之本质为情，故曰与其走于形式，不若守本质。后者言礼之本质，别[虽]为情，然无文饰之之形式，则难名之为礼。于是比较上虽若以情为重，但此二者若不中和，则究不得名之为真礼。故

《礼记·仲尼燕居》："子曰：师也，尔过；而商也不及。""夫礼，所以制中也。"

如此之礼，虽自主观的本质与客观的形式相合而成，但当实际行之也，则当据义以断之。义为判别事物之知力，故为行礼必然之要素。

《卫灵（公）》："子曰：君子义以为质，礼以行之。"

义与礼之异同：礼主敬，义知敬，是其相似处；义为判别，即知也，礼为文饰，即形式的，是其异处。孟子曰："义，路也。礼，门也。"实则此二者互相关联而不可离者也。礼为体，而其内容中有义为之用。欲行义，则礼必从之。故礼兼义而义亦兼礼。礼与义分离，则礼为恭敬辞让玉帛交际等，义为辞受取予死生去就等。

至此，礼之本质即情，其形式即文，与义相合。其体虽整然，然用之不得，失于严酷，宜流动贯通，情意相和。

《学而》："有子曰：礼之用，和为贵。"

但若过于流动，一任于情，则又失礼之谨严。故又曰：

有所不行，知和而和，不以礼节之，亦不可行也。

此礼谓谨严之体也。

吾人至此于礼之为何物，当了然矣。盖孔子实以此礼为中正之客观的法则，以经纬社会国家者也。

《礼记·经界[解]》："（礼）之于正国也，犹衡之于轻重也，绳墨之

于曲直也，规矩之于方圆也。故衡诚悬，不可欺也以轻重；诚陈绳墨，不可欺以曲直；规矩陈［诚］设，不可欺以方圆。审礼君子不可诬以奸诈。是故隆礼由礼，谓之有方之士；不隆礼不由礼，谓之无方之民。敬让之道也。故以奉宗庙则敬；以入朝廷，则贵（贱）有位；以处家室，则父子亲，兄弟和；以处乡里，则长幼有序。孔子曰：'安上治民，莫善于礼。'此之谓也。"

礼如衡、绳墨、规矩等之轻重规定、曲直、方圆以错杂之。社会国家中之一切行动云为，人从之者善，背之者恶。此礼所以为中庸的，又客观之法则也。《礼记》立人之十伦，曰：

事鬼神之道，君臣之义，父子之伦，贵贱之等，亲疏之杀，爵赏之施，夫妇之别，政事之均，长幼之序，上下之际。

是我［均］社会的秩序也，又其为中庸的：

《论语·泰伯》："恭而无礼则劳，慎而无礼则葸，勇而无礼则乱，直而无礼则绞。"

（三）克己说

孔子之学，即欲达其理想之仁，先当励精克己，屏己之私欲。既克则当傅［博］学明理，以锻成刚健正大之意志。既锻成刚建［健］正大之意志，始能处道而实行之。其说虽稍偏于情之一面，但于个人之严肃端庄，于伦理实践上有非常之价值。

《子罕》："子绝四：毋意，毋必，毋固，毋我也。"

《卫灵公》："子曰：君子求诸己，小人求诸人。""躬自厚而薄责于人，则远怨矣。"

又曰："不曰如之何如之何者，吾（未）如之何也已矣！"

《宪问》："不患人之不己知，患其不能也。"

是谓修克励精自德，为之己而非有待于他也。

《公冶长》："颜渊曰：'愿无伐善，无施劳。'"

谓修养温厚克己之德以推及于人也。

克己、修德、博学、明理，若不实行，往往陷极端之弊害。故

《阳货》：子六言六蔽说，曰："好仁不好学，其蔽也愚。好知不好学，其蔽也荡。好信不好学，其蔽也贼。好直不好学，其蔽也绞。好勇不好学，其蔽也乱。好刚不好学，其蔽也狂。"

于希腊有西尼克派，即（犬）儒派之极端克己说，及斯特亚学派之克己说，德国有康德之严肃主义等，皆此说也。而其中如斯特亚学派，为重自然，安天命、贵理性，以实践励行为目的，最似儒教。然孔子之克己说，非若他说尽绝诸情，不过从实践励行上立此说。故其归著为中庸，为复礼。

《论语·颜渊》："颜渊问仁，子曰：'克己复礼为仁。一日克己复礼，天下归仁焉。为仁由己，而由人乎哉？'颜渊曰：'请问其目？'子曰：'非礼勿视，非礼勿听，非礼勿言，非礼勿动。'"

舟自横

是言为仁之法在克我私欲，复中庸之礼，使一切之视听言动，皆顺于礼，始为实行仁也。

要之，此说在励精苦学，修吾之行，以练习刚健不屈之意志而实践之。至其归著，则仍在复中庸之礼，以达于仁。夫一切克己说，皆在严肃端正，锻炼个人，虽于道德实行之点，迥非俗所能比拟，然于情之一面，弃而不顾，故往往不免失之过甚，如西尼克则此弊尤甚，独孔子能以中庸防此弊耳。

(四) 忠恕说

吾人于前章中，既详论直觉、中庸、克己诸说，今当论其最广大最主要之忠恕说。

忠，尽吾心也；恕，推己以及人也。自普遍上观之，则为社会上之博爱，洵足以一贯诸说，以达于完全圆满之仁之理想。故

> 《论语·里仁》："子曰：'参乎！吾道一以贯之。'"又"曾子曰：夫子之道，忠恕而已矣。"
>
> 《卫灵公》："子贡问曰：'有一言而可以终身行之者乎？子曰：'其恕乎！己所不欲，勿施于人。'"
>
> 又"'赐（也）！女以予为多学而识之者与？'对曰：'然，非与？'曰，非也，予一以贯之。'"
>
> 又《雍也》："夫仁者己欲立而立人，己欲达而达人。"

是盖谓用此以包括其他一切之语言，使之一贯，使之普遍，而为必不可不行之道。但忠恕究何故不可不行乎？则自孔子之天人合一观观之，则以在人之理性为先天的，即以人为有道德性之社交的动物。故

> 《论语》："人之生也直。"
>
> 《序卦》："有天地然后有万物，有万物然后有男女，有男女然后有夫妇，有夫妇然后有父子，有父子然后有君臣，有君臣然后有上下，有上下然后礼义有所错。"

即谓人道乃自然顺人之道德的能性以生成者，即礼义之（所）由生。盖以人本为社交的动物。故曰："仁者，人也，亲亲为大。"故吾人不可不据己之性情以行仁。其故以道德本为自律的，仁又为人性之所本有，开发之即为人道故也。仁，差别的也：自亲而疏，自近而远；普遍的也：欲推己及人，则当以己心为标准。其途有二种：一正面的：

夫仁者，己欲立而立人，己欲达而达人。

是为希望他人与己同一发达，故合于是者，仁也，善也。

一反面的：

己所不欲，勿施于人。

是为禁止之言，背此者，不仁也，恶也。

故此忠恕说，为网罗君臣父子夫妇兄弟朋友贵贱亲疏等一切社会上国家上之差别，而施之以平等之诚与爱之道，即达普遍一贯之仁之道。

《公冶长》："子曰：'老者安之，朋友信之，少者怀之。'"

自老者、朋友、少者三者而观之，虽似有差别，然而自总合是等一切社会而观之，则普遍之仁也。

要之，忠恕者，在达己达人，即以己与人共立于圆满为目的。故是非个人的，乃社会的。是实此说所以凌驾一切诸说，亦其意义之所以广泛也。

第三章　德

第一节　德之意义与仁之内容

德有二意：一伦理的感觉，照之于理性，以养高尚之情操，由意志而实现习练之，则吾性可善，即所谓道德的德是也。一为关于研究真理，或以之教人等知的德也。于东洋之德，仅有前者。虽孔子亦尝言知，然非独立，而但为道德上之知也。

韩愈曰："博爱之谓仁，行而宜之之谓义，由是而之焉之谓道，足（乎）己于无待于外之谓德。"道者，必不可不行之法则也，是为客观的。德者，谓吾心得是道而行之之，生［是］主观的状态也。

吾人既于前章论孔子之仁，为包容其他一切诸德之普遍之德，即对己之德，与对家族及社会国家等之德，皆存于此中。但先以家族间之德为根本，然后渐逐推及社会国家。故以孝弟为本，而综合忠信义礼智等诸德，即普遍之仁。故仁为德之全称，其他不过为其一部分而已。

孔子何故因时与地，应其人而言抽象之仁，而不与之以具体的定义乎？是为吾人最不可不注意者。盖孔子明知进化之理：今日之人之德，不必即为后世之德；后世之德，不必即为今日之德。其故因德乃随各时代以进化，与政体风俗人情等有种种之关系，而生种种之差别者也。故孔子以为，于未来之世，或生大学问家，或生大德行家，此等学问家德行家之德之行，反胜于今日，亦未可知。故于《子罕》曰：

> 后生可畏，焉知来者之不如今也。

是语谓未来之进化，不可预想。知是语就人物一面观之，因为生生的进化，但其意义不惟止于人物，虽德亦然。

> 又曰：“由！知德者鲜矣。”
>
> 又“中庸之为德，其至矣乎！民鲜能久矣！”

是盖谓得德之难也。

以此之故，孔子于“仁”“德”，不与一定之意义，惟抽象普遍形容之。至其内容，诸德则因时与地与人以为变更，是实为科学的分解之所难，亦为孔子之说明巧处。孔子之德，分解列举之虽甚难，但今亦不能不举其大要于左，以研究其种类。

第二节　德之种类

德　表

仁
- （对己）—知—勇—克己—中庸—敏—俭
- ……（家族）——｛孝　弟／慈　严／礼（夫妇）友（兄姊）｝
- （对人）——｛社会／国家｝——礼 —— 义｛忠 信 直／宽 惠 温／良 恭 让｝

五伦
- 君　臣
- 父　子
- 夫　妇
- 昆　弟
- 朋　友

仁　仁，前已再三论之，为普遍的之仁。表中一切诸德，莫不为其所网罗包容，即博爱、忠恕、一贯的之仁是也。但于殊别之时，则为慈惠或爱等。

表中知、勇、克己、中庸、敏、俭，皆对己之德。对人之德分两端：一为家族，一为社会及国家。

关于家族之德，曰：孝弟、慈严、夫妇之礼、友爱等，而尤以孝弟为百行之本。关于社会及国家之德，曰：忠、信、直、宽、惠、温、良、恭、让等，而尤以礼为普遍，又为社会上之秩序，又义亦普遍而差别的。

今将对己之德以及对他之德略解之于下。

（甲）对己

知 知者，知也，含有智慧之意；若扩大其意，则为智识。故臣子妇弟友君父夫昆朋欲得真智识，必不可不学。盖学非为人也，为我也。孔子已尝明言为自己之德矣。其注重在研究一切学问以明智，则当事物而无疑惑。故孔子曰："智者不惑。"但此知乃欲行道之本，即王阳明所言之"知行合一"，乃与行相关者也。

勇 勇为决行吾意志之力，虽属于己，而不受仁与义之指择。故曰："见义不为，无勇也。"又曰："仁者必有勇。"曰："勇者不惧。"但勇与知有密接之关系，不可或离。故曰："好勇不好学，其蔽也乱。"其义即非道德之智识所生之勇，则不得为德。要之，知与勇实际上为合成其他诸德所生者，故不可分离。知者知道德，勇者实行之。

克己 克己前章已论之，兹不再详言，约而论之，为抑自己之私欲而克之，刻苦励精以达于道，是为自己之德，勤勉等属之是也。

中庸 中庸前章亦论之，兹惟撮其要曰：中庸者无过不及之中庸的良心，是亦为自己德，客观的礼、主观的节制等皆属之。

敏 敏，敏捷也，对事务而言。故曰："敏则有功。"（按，《阳货》）顺于道而敏捷处事，自己之德也。

俭 俭，节俭也，节省冗费以俟他日之利用。"与其奢也宁俭"之类，是亦为属自己之德，然与其他有关系。

（乙）对人

家族的

孝 孝之为德，为德行之根本，人伦之第一，事亲能尽爱敬之谓也。孝者，子对于亲之纯粹爱情，即人之天性也。

> 《论语》曰：孝弟"为仁之本"。
>
> 《孝经》曰："子曰：夫孝，德之本也，教之所由生也。"又曰："夫孝，天之经也。"又曰："天地之性，人为贵。人之行莫大于孝。"

而孝以爱与敬为主。故

《孝经》曰“子曰：爱亲者不敢恶于人，敬亲者不敢慢于人。爱敬尽于事亲，而德教加于百姓，刑于四海。盖天子之孝也。”又曰：“资于事父以事母而爱同，资于事父以事君而敬同。故母取其爱，君取其敬，兼之者父也。”又曰：“教民亲爱，莫善于孝。”又曰：“君子之事亲孝，故忠可移于君。”

自家族的爱敬进推及天下，以孝为治国家之根本。

《论语》：“孟懿子问孝。子曰：无违。”“子曰：生事之以礼，死葬之以礼，祭之以礼。”

《孝经》：“身体发肤，受之父母，不敢毁伤，孝之始也。立身行道，扬名于后世，以显父母，孝之终也。夫孝始于事亲，中于事君，终于立身。”

前者谓终亲之生，勿违于理，惟以礼将其爱敬而事之，既殁则终以葬祭之礼。后者谓事亲又以事亲之道事君，而终之以立身，是孝为最大者也。此外孔子应弟子之问，而从多方面言之者：

《谓［论］语》：“孟武伯问孝。子曰：‘父母唯其疾之忧。’子游问孝。子曰：‘今之孝者，是谓能养，至于犬马，皆能有养，不敬，何以别乎？’子夏问孝。子曰：‘色难。有事，弟子服其劳，有酒食，先生馔，曾是以为孝乎！’”（此句本于《礼记》：“孝子之有深爱者，必有和气；有和气者，必有愉色；有愉色者，必有婉容。”言事亲之际，惟色为难耳。）

以上之说，皆以情即诚实为本，而节以礼。故孔子以孝德为重大可知。

弟　弟，事兄顺长之德也，姊妹间亦同，在家族中与孝相关系，而发而为敬为义，然后推及社会。故

《孝经》：“以弟［敬］事长则曰顺。”又“事兄弟［悌］，故顺可移于长。”“教民礼顺，莫善于弟［悌］。”

又“教以弟，所以敬天下之为人兄者也。”

又“长幼顺故上下治。”

“孝弟之至，通于神明，光于四海，无所不暨。”

弟者，谓对长者敬而从顺之也，是为家族的关系之本，扩之即可以治社会国家。故孝弟为一切德行之起原。又孝在社会国家则为仁，弟在社会国家则为

义，故为人伦大本也。而不孝不弟，即为乱伦。

慈与严：东洋风行家长制度，故论卑对尊之道则甚详，论尊对于卑之道则甚疏。然亦有论及者。

慈　慈为父母对子之纯粹爱情，即慈爱。孔子于此德，未显言之，惟曰："父子之道，天性也。"又"曾子曰：若夫慈爱恭敬，安亲扬名，既闻命矣。"此德与孝俱为先天所有的，而根本的为最纯美之情也。无此情，则亲子之道不立。盖孝弟者卑对尊之德，此则尊对卑之德也。

严　严用以救溺爱者，《孝经》所谓严亲严兄是也，是为家长所专有。

孔子于夫妇间惟曰"礼"，不明言"爱"。又兄姊对于弟妹之友爱，亦未详言之。然而《左传》十礼中尝言君令、父慈、兄爱、夫和、姑慈，皆尊对卑之德也。

礼　夫妇为人伦之根本，为五伦之一。孔子惟于《中庸》述之，惟夫妇间但规之以礼，而不言情。其故以夫妇之爱情本出于男女相爱之天性，有最大势力，人之原始，皆在于此。但男女之爱，往往失之极端，致乱大伦。故复云礼以节制爱，是亦自东洋家长制度之严肃出者也。然夫妇之爱，为根本上纯美之情，以爱为根本，而纪纲之以礼，其庶乎可矣。

友　为兄姊对于弟妹之友爱，亦纯美之情，但孔子之说不详。然孔子抽象的之仁，其内容含有许多差别之爱，故此等之爱，皆包括于仁中，不可忘也。

社会及国家的

礼　礼，如前章所说，中庸之显于客观之形式也。然此实通家族社会国家而维持其秩序，故能于主观上知之行之，实为最大之德。故云："克己复礼"，"为仁由己"，而以礼裁制君臣父子夫妇兄弟朋友丧祭冠婚等一切国家及社会之事。

义　义，前章中已与礼略论其义，是为差别的仁，乃道也，非德也。然自主观上之得于心而观之，则亦为德；自差别处观之，则知的即理也。故《论语》曰：

> "君子之于天下也，无适也，无莫也，义之与比。"又"君子喻义，小人喻利"等。

是谓遵道理而行之义，一切社会国家家族道德上之裁断，莫不由之，而与礼相表里者也。有君臣之义、家族之义、国家之义、人对人之义等，即所谓人道之正义也。得之我心而践行之，是为正义之德，是为诸德中之最大者。

忠　忠，对人而尽我心之谓也。孔子以忠信相连而论之，于社会上曰"言忠信，行笃敬”等。忠必笃实而行之，所谓诚是也。国家君臣之际，与义合是为忠义，为人伦之重大者，加恕则为仁。

信 信，为社交的，为人交际上不可缺之德，与忠相联，而不能离，为朋友间最切实之德。故孔子能去“兵”去“食”，而独不去“信”，即无信则不立。盖无信则社会国家必致虚伪浮薄，不能完全成立。故又曰：“信则民任焉。”是社会与国家相通之德也。

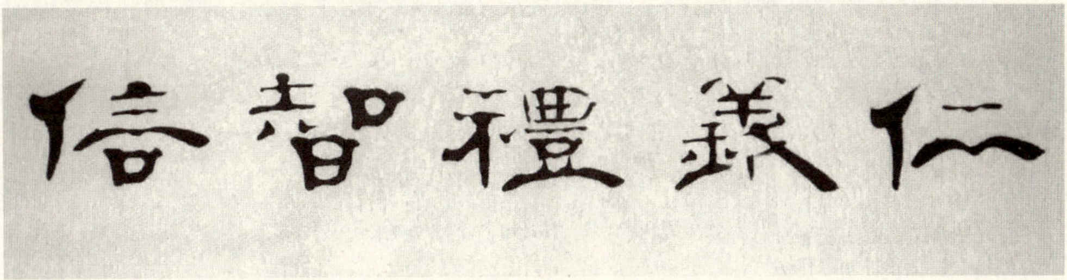

儒家“五常”

直 直，即正直，或刚直等之德。孔子尝屡屡言之，曰“直哉史鱼！”曰“直道”，曰“举直”等，要之，不外为公正无私从理而已。又有时从情之方面言之，参照前章。

宽 宽，宽弘也。《论语·阳货》举仁之内容曰：“恭宽信敏惠”，而以宽为此中最大之德。故曰：“宽则得众”，是为君子之德。

惠 惠，恩惠也，惠则足以使人，又为君德。孔子名此二者为君人之德。虽宽弘恩惠，为社会上之德，然若敷衍之，则大有裨益。

温 温，温厚也。“温良恭俭让”五者之一，谓接人宜稳和笃实。

良 良，良直也，又善良，谓对人无偏心，无邪心，方正之德也。

恭 恭，恭敬也。礼义之根本，敬为其主，恭表出之故也。得恭则不侮，是为人人交际上不可少之德。

让 让，谦逊也，亦与恭敬等同为交际上之美德。

盖礼与义，家族社会国家共之。忠信宽惠，社会国家共之。独直温良恭让，但为社会的德耳。

以上诸德，均为仁之差别的内容，总括之即为普遍之仁。

此外于女子之德，则言贞操从顺等。

德虽因时代政体与国民等而生差异，然而以上诸德，则为东洋之特德，至今日犹用之。于今日若自社会国家上论之，则道德的德为公共心、慈善心、爱国心等。对于自己，则为自重、热心、洁白、清洁、活泼、顺序等。见于知力上，为精密、熟虑、慎重、智慧等。于家族，为尊对卑之慈爱亲切等。于妇德，为慈爱，贞淑、端正、柔和、公平等诸德。

第四章　教育

第一节　人格之完成　德之修养

孔子教育之目的，可从二方面观察之：一、修己之德以锻成意志，而为完全之人物，以达高尚之仁；一、锻炼意志修德而治平天下。故前为纯粹之道德家，后为道德的政事家。以修身为第一义，治人为第二义。故

> 《大学》曰："古之欲明明德于天下者，先治其国；欲治其国者，先齐其家；欲齐其家者，先修其身；欲修其身者，先正其心；欲正其心者，先诚其意；欲诚其意者，先致其知；致知在格物。"

致知格物说于前至善之章已论之，今惟论孔子之如何完成人格，如何修养德性于下。

孔子之主眼在德行，即德育是也。故所言之学问，即知育，不过修先王之道而修德耳。故既知之，则当行之，阳明所谓之知行一致是也。孔子自身，以绝对之智力而理会天道。其教育法则，能为实践的，自近而远，自卑而高。先教弟子以日常起居、饮食、洒扫、应对等，渐进而教之修心。其所教之书，即《诗》、《书》、《礼》；其所教之艺，则文行忠信，礼乐射御书数等六艺。射御，体育也。弟子通六艺者七十二人。"德行：颜渊、闵子骞、冉伯牛、仲弓。言语：宰我、子贡。政事：冉有、季路。文学：子游、子夏。"其他曾参、有若、子张等，一时人材郁然。其教授法各应其力，因其人之高下而为多方面的。凡问答，使弟子各以己力发明之，勉学之。故孔子之教授法，可名之为开发心性之法也。故

> 《述而》曰："子曰：不愤不启，不悱不发，举一隅不以三隅反，则不复也。"

德不可得而学。故学问不过欲得智识耳，从此智识以陶冶吾之情与意，始能得善良之品性，即德是也。孔子欲完成人格以使之有德，故于欲知情意融和之前，先涵养美情，渐与知情合而锻炼意志，以造作品性。于是始知所立，和气蔼然，其乐无极，是即达仁之理想，而人格完成矣。故

> 《泰伯》曰："兴于诗，立于礼，成于乐。"

北京孔庙大成殿匾额

诗，动美感的；礼，知的又意志的；乐，则所以融和此二者。苟今若无礼以为节制，一任情之放任，则纵有美感，亦往往动摇，逸于法度之外。然若惟泥于礼，则失之严重而不适于用。故调和此二者，则在于乎。

既锻成圆满之人物后，无论在朝在野，其行动云为，皆无窒碍，且可为学问之法。

> 《述而》曰："志于道，据于德，依于仁，游于艺。"

是谓先立志讲道，习练之而得于心，愈修养而至于仁。仁，完全之德也。既得此德后，更从容习礼乐射御书数等日用实践之事，"游于艺"者，此之谓也。

修德之先，必不可不先有完全之智识，苟无完全之智识，则不知其德为何物。故于《阳货》篇言六言六蔽：

> 好仁不好学，其蔽也愚。好知不好学，其蔽也荡。好信不好学，其蔽也贼。好直不好学，其蔽也绞。好勇不好学，其蔽也乱。好刚不好学，其蔽也狂。

> 又《为政》曰："学而不思则罔，思而不学则殆。"

即谓无智识则暗昧，而不能知完全之德。然又恐惟于智识一面而不能言行一致，于是复说以下各条：

> 《宪问》："有德者必有言，有言者不必有德。"

又“君子耻其言而过其行。”

《雍也》：“君子博学于文，约之以礼。”

《子张》：“子夏曰：博学而笃志，问切［切问］而近思，仁在其中矣。”

此一切所言，皆谓德行为本；智识不足知之。再进一步，则如

《雍也》：“知之者不如好之者，好之者不如乐之者。”

知道德者不及好道德者，好道德者又不及乐道德者，是为形容人道德之深。要之，欲养德必就圣贤之书学之，先得道德的智识，以陶冶性情，使成强健之意志，更于行为上反复习练之，遂为自我之品性。是为孔子教学之要领也。

第二节　政事家

能修得以上一切完全之德，即所谓仁者，亦可以之治平天下国家，是为孔子之第二目的。至此，道德与政治遂合，而非完全之道德家矣。既可以之治国家，故君主必应具此德。故

《大学》曰：“物格而后知至，知至而后意诚，意诚而后心正，心正而后身修，身修而后家齐，家齐而后国治，国治而后天下平。”

又《论语·宪问》曰：“修己以安百姓。”

《季氏》：“君子之德风，小人之德草，草上之风必偃。”

《为政》：“为政以德，譬如北辰，居其所，而众星共之。”

谓政事家必具完全之德，以行道德的政治。然在治国，则一切当遵先王之制度、礼乐刑政等，次所记者是也。

第五章　政治

第一节　道德的政治　先王之道　礼乐刑政

孔子之伦理说，前章既已论之，今当论其政治说。惟孔子之政治，本为道德政治，故惟评其梗概。

孔子者，君主封建制之政治家，欲祖述尧舜、夏殷周三代先王之道，由斯道而治天下。故言君主有大威德统御诸侯，亦能治其民服从其君主。是则承认君权之无上，而以道德一贯上下之间者也。故于

《泰伯》曰：“民可使由之，不可使知之。”

《颜渊》："君君，臣臣，父父，子子。"

前者专制主义也；后者以人道一贯上下者也。

孔子参酌尧舜三代制度而取舍之，欲施完全之封建政治。故答颜渊问为邦曰：

行夏之时，乘殷之辂，服周之冕，乐则《韶》舞，放郑声，远佞人。郑声淫，佞人殆。

是谓用夏之历法，从殷之质素之道，行周之华美之礼制，去淫声，远恶人，奏舜之音乐：是盖欲采尧舜三代政之所长，而折衷之者也。

故知孔子者，虽崇拜其理想中之人物如尧舜者，然实则不过阳崇拜之耳。又孔子之理想在周，故曰："周监于二代，郁郁乎文哉！吾从周。"又曰："予不复梦见周公。"又曰："如有用我者，吾其为东周乎！"盖孔子之政治思想纯

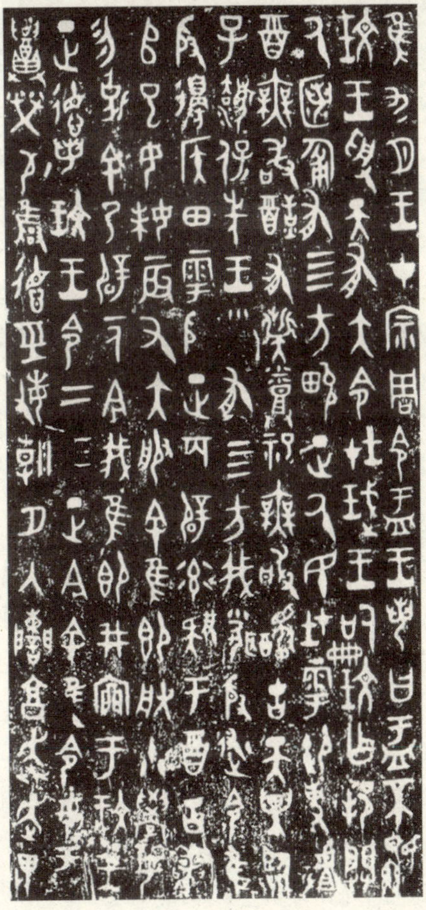

大盂鼎铭文（局部）

在周代，不难想像也。

经礼三百，曲礼三千，是为孔子治人之具。礼乐用以陶冶人心，而政刑则以法制禁令刑罚治民。前者为道德，在修人心；后者为政法，在律人身。虽此二者相合，然后成为政治，但其所最重者，则在礼乐。故于

《为政》："道之以政，齐之以刑，民免而无耻。道之以德，齐之以礼，有耻且格。"

《子路》："名不正则言不顺，言不顺则事不成，事不成则礼乐不兴，礼乐不兴则刑罚不中，刑罚不中则民无所措手足。"

盖以道德为先务，而刑罚惟治不从之具耳。

《里仁》："能以礼让，为国乎何有！不能以礼让为国，如礼何！"

《子路》："上好礼，则民莫敢不敬；上好义，则民莫敢不服；上好信，则民莫敢不用情。夫如是，则四方之民，襁负其子而至矣。"

此外答子贡之问，有去"兵"去"食"犹取"信"之言，又"举直措诸枉，能使枉者直"等语，欲一切皆从道德以完成己之人格，又举贤才以治国安天下也。概而言之，则孔子政治思想，一遵先王之道，为君主封建专制主义，专尚保守，又恐君悖理暴行，致民心离叛，因复以道德贯通上下以规律之。因此德与政遂相混同。又孔子最慕盛周时之文华，故一切典章制度，皆以周公遗法为则，参夏殷二代之制，去其不善者。在今日观之，虽无精论之价值，然在当时则为最完全之政治，是实由于时代之进化使然。故若以今评古，无异于未来之评今也。要之，孔子之说，其可取者，不在其政治上，而在其道德上。孔子之道德，能经二千余年管理东方大半之人心者，实其道德之严正，且能实践故也。

结　论

吾人于前数章既论述孔子之伦理说，今当综合其要领而以终此篇。

孔子于研究"易"哲学时，因阴阳二气之于时间上变化继起，遂知左右现象界之自然的理法，于是遂悟天道为生生的，为宇宙之根本原理，而说其理想上之天。故天自"理"之一面观之，乃无意识的理法之活动；自"情"之一面观之，则有意志而管辖一切万有者也。夫子实混此两方面而言之。故于知识上言之，则现象界有因果律以规定一切，是为自然之理法。又宇宙之根原虽为天道，然人间之意志亦不能完全自由。故自感情上言之，则所谓王［天］者不过

一种之命法。然苟遵道而行，而为所当为，不为其所不当为，则于道德自身中有一种之快乐。故当顺道理，尽人力，若不可能，则安其分。是以知孔子非自由意志论者，又非执极端之宿命说者，而为执其中庸之有命说，所谓任天主义是也。

孔子“天”之观念如此。又主能人间理性之为先天的物，即自客观上观之则为天道，而自主观上言之，则吾理性也。自致知格物而穷物理，广修自己心以去私欲，而逍遥于无我、自然、绝对、无差别之理想界，是为其天人合一之观念，即绝对的仁是也。是实为孔子伦理说之渊源。欲达此境，必积长年月之修养，非有大理会力与大德行者不能达也。故不详言此高远之学理，而但说人人所能行之实践道德也。

孔子从“天”之观念演绎而得“仁”，其发现于社会的为忠恕。一贯普遍之仁，其内容有义礼孝智［智孝］弟忠信等，又知仁勇等狭义之仁，亦为此一部分。普遍之仁，为包括一切诸德之全称抽象的大概念也。故此德虽不变，至其内容则因时与地与人而异其德，是亦为孔子明进化之理，故不与“仁”以一定之定义之证，亦为孔子说法之机变巧妙之处也。

孔子以达其大理想之仁，即“止于至善”为目的，然而不能人人达之，故先说达之之法，即直觉、中庸、克己、忠恕等是也。

直觉说乃（不）据理性而判断者，然孔子具之。中庸说则以情为本，以理调和之，养成无过不及之中庸的良心。其表出于社会也，则为礼，一切行动云为皆以是为标准。毕竟所谓中行、中庸者皆谓知行之融和也。又说自［因］时地与人，而道德有权变，故不能于数量上论断之。夫子之温和浑厚，而其行无不中节，职由斯说。克己说为克私欲以复礼，而至于仁之励精严肃主义。忠恕说则由博爱及同情以达普遍之仁者也。

是社会的仁而包括一切诸说［德］者也，此绝对的之观［仁］之德。而特别之仁，则为知、勇、克己、中庸、敏、俭等。对于家族，则为孝弟、慈严、夫妇之礼、兄姊之友爱等。对于社会国家，则为礼、义、忠、信、直、宽、惠、温、良、恭、让等。礼义亦通于家族，为此数者中最大者。又此中最重者，为关于家族、君臣、朋友之德，换言之，即君臣、父子、夫妇、昆弟、朋友五伦，而孝弟又为是一切之根本。对自己之德与对他人之德，相关而并行之。是即孔子之形而上学与伦理说之大要也。

孔子教育之目的有二：一，锻炼道德的意志，以完全人格，即道德当一以身体之。道［一］，又当为有为之政治家，出而治平国家。故一以道（德）为目的，一以政治为目的。孔子之观此二者，毫无差异。故曰：“天下有道则见，无道则隐。”其教授法因人材之高下以为问答，使以自己之力勉学，是即开发教授也。而其教育之宗旨，德育最重，知育不过供给成德之智识。至于体育，则使弟子学习射御各科是也。

政治，在参酌先王之制度，以礼乐治天下，是为德教政治。政与刑则所以处治破坏德育者。政体，为君主封建制。君主独有大权，然须备至仁之德以统御一切，举贤能而使当治国之任，以礼保持社会国家之秩序。臣当守义，服事于君。在家，则为父子、夫妇、兄弟；在社会，则为朋友：皆当修德。自家族以及天下，此所谓德教政治也。

孔子之人生观，在明道理、尽吾力、而躬践道德，至其终极，则以信天命为安心之地，故超然不为生死穷达富贵利害得丧所羁束。是主义虽甚高洁，然一不慎，则流于保守、退步、极端之宿命说，此则于今日进化之理法上决不能许者也。

东方伦理之缺点，在详言卑对于尊之道，而不详言尊对于卑之道，以是足知家长制度之严峻专制，而其抑制女子则尤甚。故女子之德多有压制过酷者。此实由于男尊女卑，封建专制之习惯使然也，而今日不得不改正之也。

以上全论述孔子之学说，今当就孔子人物一言以结之。

吾人所最惊叹者，则为孔子感化之力伟大，及其说法之巧妙也。盖夫子之德，圆满无缺。其言为春风和气，蔼然可亲，故虽疏野傲慢之人，亦无不被其感化，而化为沈著温厚者，如子路是也。

孔子人物之伟大，道德之完全，虽更无待细说，然孔子又忠实之尊王、爱国、慷慨家也。孔子见周末封建政体之败坏紊乱，诸侯之僭乱悖逆，蔑视君上，杀伐攻略无有宁日，乃与其徒游说四方，期再兴王室，一复西周之盛。故孔子政治的思想常在周公，故曰：“我不复梦见周公。”又曰：“如有用我者，吾其为东周乎！”等语。又曰：“天下有道，则礼乐征伐自天子出。天下无道，则礼乐征伐自诸侯出。”其忠愤热诚溢于言表。惟以时运衰颓，究非人力所及，故虽大圣如孔子，亦终不能达其意，终身流离困厄，备尝艰苦，不能行其德。故其激越之言曰：“道不行，乘桴浮于海。”又曰：“女奚不曰：其为人也，发愤忘食，乐以忘忧，不知老之将至？”

呜呼！是何等悲壮感愤乎！天何以不眷此大圣人？何故不用大圣人以整理国家？天乎！人乎！吾人不得不怪人间之命运果无定也。嗟时代之衰微，叹人心之腐败，乱臣贼子横行于世，滔滔者天下皆是也。于是既不能以个人之力挽回天运，退而作《春秋》，大义炳耀，使千秋万岁乱臣贼子肝胆俱寒。又为学不厌，教人不倦，谆谆薰陶子弟，悠然有余裕。信命而任天，故不怨天，不尤人，以终其天年。故孟轲赞夫子曰："自生民以来，未有如夫子！"非溢美之言也。

（刊于 1907 年 11 月至 1908 年 1 月《教育世界》161 至 165 号）

墨子之学说

第一章　传及其著书

《史记·孟荀列传》曰："墨翟，宋大夫，或曰：并孔子时；或曰：在其后。"今《墨子·耕柱》篇有墨子与子夏之徒问答之语，则墨子之生年当与七十子略同。汪氏中《墨子序》曰：

> 按：《耕柱》《鲁问》二篇，墨子于鲁阳文子多所陈说。《楚语》："惠王以梁与鲁阳文子"，韦昭注曰："文子，平王之孙，司马子期之子。"其言实出《世本》。故《贵义》篇："墨子南游于楚，见献惠王，献惠王以老辞。"献惠王之为惠王，犹顷襄王之为襄王。由是言之，墨子实与楚惠王同时，其仕宋，当景公、昭公之世。其年于孔子差后，或犹及见孔子矣。《艺文志》以为在孔子后者，是也。《非攻》中篇言智伯以好战亡，事在春秋后二十七年；又言蔡亡，则为楚惠王四十二年，墨子并当时及见其事。《非攻》下篇言"今天下好战之国：齐、晋、楚、越"，又言"唐叔、吕尚邦齐、晋"，今与楚、越"四分天下"。《节葬》下篇言"诸侯力征，南有楚越之王，北有齐晋之君"，明在句践称霸之后。（《鲁问》篇：越王"请裂吴故地方五百里，以封墨子"，亦一证。）秦献公未得志之前，全晋之时，三家未分，齐未为陈氏也。《檀弓》下："季康子之母死"，公输般"请以机封"，此事不得其年。季康子之卒在哀公二十七年。楚惠王以哀公七年即位，般固逮事惠王。《公输》[《鲁问》] 篇："楚人与越人舟战于江"。"公输子自鲁南游楚"，"作钩强"以备越，亦吴亡后，楚与越为邻国事。惠王在位五十七年，本书既载其以老辞墨子，则墨子亦寿考人欤！

其考墨子之生世，可谓最详核者矣。

《汉书·艺文志》，"墨子七十一篇"。今所存者五十三篇，其为墨子自撰与否，今不可考，然非一人之作，则甚明也。汪氏中谓"《所染》篇亦见《吕氏春秋》。其言宋康染于唐鞅、田不礼。宋康之灭，在楚惠王卒后一百五十七年。"《亲士》篇末"言吴起之裂，起之裂以楚悼王二十一年，亦非墨子所及知

墨子像

也”。(《墨子序》)则《墨子》一书当在战国时为墨子之学者所编纂也。

就墨子之学之所从出，则有二说：一以为出于夏礼，一以为出于史佚。主张第一说者为阳湖孙氏（星衍），其言曰：

> 墨子与孔异者，其学出于夏礼。司马迁称其善守御，为节用。班固称其贵俭、兼爱、上贤、明鬼、非命、上同，此其所长。而皆不知墨学之所出。淮南王知之，其作《要略训》云：“墨子学儒者之业，受孔子之术。以为其礼烦扰而不说，厚葬靡财而贫民，服伤生而害事，故背周道而用夏政。”其识过于迁、固。古人不虚作，诸子之教或本夏，或本殷，故韩非著书亦载弃灰之法。墨子有节用，节用，禹之教也。孔子曰：“禹菲饮食，恶衣服，卑宫室，吾无间然。”又曰：“礼，与其奢宁俭。”又曰：“道千乘之国，节用。”是孔子未尝非之。又有《明鬼》，是致孝鬼神之义，《兼爱》是尽力沟洫之义。孟子称墨子摩顶放踵，利天下为之。庄子称禹亲自操槖耜而杂天下之山川，腓无胈，胫无毛，沐甚风，栉甚雨。列子称禹身体偏枯，手足胼胝。吕不伟［韦］称禹忧其黔首，颜色黎黑，窍藏不通，步不相过：

皆与《书》《传》所云“予弗子，惟荒度土功”，“三过其门而不入，思天下有溺者犹己溺之”同。其节葬，亦禹法也。尸子称禹之丧法：“死于陵者葬于陵，死于泽者葬于泽，桐棺三寸，制丧三日（当为‘月’）。”见《后汉书》注。《淮南子·要略》称禹之时，天下大水，死陵者葬陵，死泽者葬泽，故节财、薄葬、闲服生焉。又，《齐俗》称三月之服，是绝哀而迫切之性也。高诱注云：“三月之服是夏后氏之礼。”《韩非子·显学》称墨者之葬也，冬日冬服，夏日夏服，桐棺三寸，服丧三月。而此书《公孟》篇：墨子谓公孟曰：“子法周而未法夏也，子之古非古也。”又，公孟谓（子）墨子曰：“予以三年之丧（为非），子之三日（当为‘月’）之丧亦非也”云云，然则三月之丧，夏有是制，墨始法之矣。(《墨子（注）后序》)

同时江都汪氏驳之曰：

季仇谓墨子之学出于禹，其论伟矣！非独禽滑厘有是言也，庄周之书则亦道之，曰：“不以自苦为极者，非禹之道”，是皆谓墨之道与禹同耳，非谓其出于禹也。昔在成周，礼器大备，凡古之道术皆设官以掌之。官失其业，九流以兴，于是各执一术以为学。讳其所自[从]出，而托于上古神圣，以为名高，不曰“神农”，则曰“黄帝”。墨子质实，未尝援人以自重。其则古昔，称先王，言“尧舜禹汤文武”者六，言“禹汤文武”者四，言“文王”者三，而未尝专及“禹”。墨子固非儒而不非周也，又不言其学之出于禹也。公孟言[谓]君子必古言服然后仁，墨子既非之，而曰：“子法周而未法夏，则子之古非古也。”此因其所好而激之，且属之“言服”，甚明而易晓。然则谓墨子背周而从夏者，非也。惟夫墨离为三，取舍相反，倍谲不同，自谓别墨，然后托于禹以自尊其术，而淮南著之书尔。虽然，谓墨子之学出于禹，未害也。谓禹制三月之丧，则尸子之误也……故其《节葬》曰：“圣王制为节葬之法”，又曰：“墨子制为节葬之法”，则谓墨子自制者是也。故（曰）“墨之治丧也（按，此字当衍），以薄为其道。”(按，《孟子·滕文公》篇）曰：“墨子生不歌，死不服，桐棺三寸而无椁，以为法式。”（《墨[庄]子·天下》篇）曰：“墨者之葬也，冬日冬服，夏日夏服，桐棺三寸，服丧三月。”(《韩非子·显学》篇）使夏后氏有是制，三子者不以（之）蔽墨子矣。

其言是也。

主张第二说者则为江都汪氏中。其言曰：

> 周太史尹佚实为文王所访，(《晋语》) 克商营洛，祝筴迁鼎，有劳于王室。(《周书·克殷解》、《书·洛诰》) 成王听朝，与周、召、太公，同为四辅 (《贾谊新书·保傅》篇)，数有论谏。(《淮南子·主术训》、《史记·晋世家》) 身没而言立。(东迁以后，) 鲁季文子、(《春秋传》成四年) 惠伯、(文十五年) 晋荀偃、(襄十五［四］年) 叔向、(《国语》) 秦子桑、(僖十五年) 后子、(昭元年) 及左邱明 (宣十二年)，并见引重。遗书十二篇，刘向校书，列诸墨六家之首。《说苑·政理》篇亦载其文。庄子［周］述墨者［家］之学而原其始，曰："不侈于后世，不靡于万物，不晖于数度，以绳墨自矫而备世之急，古之道术有在于是者。"(《天下》篇) 可谓知言矣。古之史官实秉礼经以成国典，其学皆有所受。鲁惠公请郊庙之礼于天子，桓王使史角往，惠公止之，其后在于鲁，墨子学焉。(《吕氏春秋·当染》篇) 其渊源所渐，(固) 可考而知也。刘向以为出于清庙之守。夫有事于庙者，非巫则史，史佚史角皆其人也。史佚之书至汉具存，而夏之礼在周已不足征，则庄周、禽滑厘傅之禹者，(《庄子·天下》篇、《列子·杨朱》篇) 非也。(《墨子序》)

以上孙、汪二说各有所本。然余则以墨子为孔子之徒，特持论稍异耳。《淮南子·要略训》曰："墨子学儒者之业，受孔子之术，以为其礼烦扰而不说"云云，是墨子虽未必躬受业于孔子，其曾与孔子之徒相讲习，明矣。今比较儒墨二家之说：则孔子说"仁"，墨子说"爱"，其根本主义同；其称述尧舜禹汤文武也同；其游说诸侯思以其道易天下也同。其所不同者，只墨子之较孔子，更近于功利主义耳。决非如老子之说与孔子全相反对者也。善夫江都汪氏之言曰：

> 儒之绌墨子 (者)，孟氏，荀氏。荀之《礼论》《乐论》，为王者治定功成盛德之事，而墨之节葬、非乐，所以救衰世之敝，其意相反而相成也。若夫兼爱，特墨之一端，然其所谓兼者，欲国家慎其封守，而无虐其邻之人民畜产也，虽昔先王制为聘问吊恤之礼，以睦诸侯之邦交者，岂有异哉？彼且以兼爱教天下之为人子者，使以孝其亲，而谓之"无父"，斯已过［枉］矣……至其述尧舜、陈仁义、禁攻暴、止淫用，感王者之不作，而哀生人之长勤，百世而［之］下如见其心焉。《诗》所谓"凡民有丧，匍匐救之"之仁人也！

可谓知言者矣。

第二章　形而上学＝天与鬼

墨子之学说限于道德政治之范围，与孔子同，然其求道德政治之原理于天之意志，则孔子之所未尝及也。其《法仪》篇云：

> 天下从事者不可以无法仪，无法仪而其事能成者无有也。虽至士之为将相者，皆有法；虽至百工从事者，亦皆有法。百工为方以矩，为圆以规，直以绳，正以悬。无巧工不巧工，皆以此五者为法。巧者能中之，不巧者虽不能中，放依以从事，犹逾已。故百工从事皆有法所度。今大者治天下，其次治大国，而无法所度，此不若百工辩也。
>
> 然则奚以为治法而可？当皆法其父母奚若？天下之为父母者众，而仁者寡，若皆法其父母，此法不仁也。法不仁，不可以为法。当皆法其学奚若？天下之为学者众，而仁者寡，若皆法其学，此法不仁也。法不仁，不可以为法。当皆法其君奚若？天下之为君者众，而仁者寡，若皆法其君，此法不仁也。法不仁不可以为法。故父母、学、君三者，莫可以为治法。
>
> 然则奚以为治法而可？故曰莫若法天。天之行广而无私，其施厚而不德，其明久而不衰，故圣王法之。既以天为法，动作有为必度于天，天之所欲则为之，天所不欲则止。然而天何欲何恶者也？天必欲人之相爱相利，而不欲人之相恶相贼也。奚以知天之欲人之相爱相利，而不欲人之相恶相贼也？以其兼而爱之，兼而利之也。奚以知天兼而爱之、兼而利之也？以其兼而有之，兼而食之也。今天下无大小国，皆天之邑也。人无幼长贵贱，皆天之臣也。此以莫不刍羊、豢犬猪，絜为酒醴粢盛，以敬事天，此不为兼而有之、兼而食之耶？天苟兼而有食之，夫奚说以不欲人之相爱相利也！故曰爱人利人者，天必福之；恶人贼人者，天必祸之。曰杀不辜者，得不祥焉。夫奚说人为其相杀而天与祸乎！是以知天欲人相爱相利，而不欲人相恶相贼也。
>
> 昔之圣王禹汤文武，兼爱天下之百姓，率以尊天事鬼，其利人多，故天福之，使立为天子，天下诸侯皆宾事之。暴王桀纣幽厉，兼恶天下之百姓，率以诟天侮鬼，其贼人多，故天祸之，使遂失其国家，身死为僇于天下，后世子孙毁之，至今不息。故为不善以得祸者，桀纣幽厉是也；爱人利人以得福者，禹汤文武是也。爱人利人以得福者有矣，恶人贼人以得祸者亦有矣。

其《天志》三篇亦不外此篇之意，曰：“天为贵，天为知”，是可知其以天为全知全能者也。

墨子于信天之外，又信鬼神。其证鬼神之存在：（一）主由经验上立论，殊由历史上证明之，曰：

> 是与天下所以察知有与无之道者，必以众之耳目之实知有与无为仪者也……若是，何以尝入一乡一里而问之，自古以及今，生民以来者，亦有尝见鬼神之物，闻鬼神之声，则鬼神可［何］谓无乎……若以众之所同见，与众之所同闻，则若昔者杜伯是也……

除杜伯一事外，又杂引郑、燕、宋、齐诸国之史以明之，以断定无鬼论之非。

（二）墨子又以若以众人之耳目为不足信，则请征之于圣王。“武王之（攻殷）诛纣也，使诸侯分其祭，曰：‘使亲者受内祀，疏者受外祀。’故武王必以鬼神为有。”他圣王亦然。“其赏也必于祖，其罚［修］也必于社”，其始建国也，必立宗庙社稷，故古圣人［王］必皆以鬼神为有也。故《诗》云：“文王陟降，在帝左右。”《书》曰：“赏于祖而修于社。”由此观之，执无鬼论者，可谓之“反圣王之务”也。

然墨子之“明鬼”非真信鬼神之存在，特自道德政治二方面观之，则以为不信鬼神，其道德政治之说均归于无效也。故曰：

> 逮至昔三代圣王既没，天下失义，诸侯力正，是以存夫为人君臣上下者之不惠忠也，父子弟兄之不慈孝弟长贞良也，正长之不强于听治，贱人之不强于从事也，民之为淫暴寇乱盗贼，以兵刃毒药水火，退无罪人乎道路率径，夺人车马衣裘以自利者并作，由此始，是以天下乱。此其故何以然也？则皆以疑惑鬼神之有与无之别，不明乎鬼神之能赏贤而罚暴也。今若使天下之人，偕若信鬼神之能赏贤而罚暴也，则夫天下岂乱哉！今执无鬼论者曰：“鬼神者，固无有。”旦暮以为教诲乎天下，疑天下之众，使天下之众皆疑惑乎鬼神有无之别，是以天下乱。（《明鬼》下）

此墨子之明鬼，全从道德政治之立脚地出者，其尊天之意亦不外此。故“子墨子置立天之（当作‘志’），以为仪法”。（《天志》下）则其天与鬼之说，为政治道德上整理的原理，而非形而上学建设的原理，甚明也。

第三章　伦理学＝爱与利

墨子既以天之意志在兼爱兼利，故人自不可不法天之兼爱兼利。此不独个人宜然，国家尤甚。其《兼爱》篇上曰：

圣人以治天下为事者也，必知乱之所自起，焉能治之。不知乱之所自起，则不能治。譬之如医之攻人之疾者然，必知疾之所自起，焉能攻之；不知疾之所自起，则弗能攻。治乱者何独不然，必知乱之所自起，焉能治之；不知乱之所自起，则弗能治。

圣人以治天下为事者也，不可不察乱之所自起，当察乱何自起？起不相爱。臣子之不孝君父，所谓乱也。子自爱不爱父，故亏父而自利；弟自爱不爱兄，故亏兄而自利；臣自爱不爱君，故亏君而自利：此所谓乱也。虽父之不慈子，兄之不慈弟，君之不慈臣：此亦天下之所谓乱也。父自爱也不爱子，故亏子而自利；兄自爱也不爱弟，故亏弟而自利；君自爱也不爱臣，故亏臣而自利。是何也？皆起不相爱。虽至天下之为盗贼者亦然，盗爱其室不爱其异室，故窃异室以利其室；贼爱其身不爱人，故贼人以利其身。此何也？皆起不相爱，虽至大夫之相乱家，诸侯之相攻国者亦然。大夫各爱其家，不爱异家，故乱异家以利其家；诸侯各爱其国，不爱异国，故攻异国以利其国。天下之乱物具此而已矣。察此何自起？皆起不相爱。

《墨子救宋》连环画

若使天下兼相爱，爱人若爱其身，犹有不孝者乎？视父兄与君若其身，恶施不孝？犹有不慈者乎？视子弟与臣若其身，恶施不慈？故不孝不慈亡有。犹有盗贼乎？故视人之室若其室，谁窃？视人身若其身，谁贼？故盗贼亡有。犹有大夫之相乱家、诸侯之相攻国者乎？视人家若其家，谁乱？视人国若其国，谁攻？故大夫之相乱家、诸侯之相攻国者亡有。若使天下兼相爱，国与国不相攻，家与家不相乱，盗贼无有。君臣父子皆能孝慈，若此则天下治。故圣人以治天下为事者，恶得不禁恶而劝爱？故天下兼相爱则治，交相恶则乱，故子墨子曰：不可以不劝爱人者，此也。

墨子所谓“爱”与儒家之所谓“仁”，其意不甚相异，然必加以“兼”之一字者，以人之爱其身家，亦得谓之爱，故爱他人之事，必以“兼”字冠之也。其但爱其身家者，谓之曰“别”。故曰：“别非而兼是。”（《兼爱》下）墨子以当时社会之偷薄，凡爱人之事，不患其过，而但患其不及，故矫枉而过其直耳。然墨子亦非主张无差别之爱者，曰：

吾不识孝子之为亲度者，亦欲人（爱）利其爱（按，此字当衍）亲与？意欲人之恶贼其亲与？以说观之，即欲人之爱利其亲也。然即吾恶先从事即得此？若我先从事乎爱利人之亲，然后人报我以爱利吾亲乎？意我先从事乎恶人之亲，然后人报我以爱利吾亲乎？即必吾先从事乎爱利人之亲，然后人报我以爱利吾亲也。（《兼爱》下）

此虽属墨子辩论之一法，而其兼爱之说亦未必自爱亲之概念推演之。然观夷之所云：“爱无差等，施由亲始”；又观《亲士》、《尚贤》二篇，则不但主张先后之别，亦主张厚薄之别，固不可诬也。

墨子每以爱与利并举，然“利”者无他，不过“爱”之结果耳。自其发于吾心者言之，则谓之“爱”，自其及于他人者言之，则谓之“利”。然则爱与利二者，墨子果何所重乎？自一方面言之，墨子自重人心之爱，而主张动机论者之说，曰：

巫马子谓子墨子曰：“子兼爱天下，未云利也；我不爱天下，未云贼也。功皆未至，子何独自是而非我哉？”子墨子曰：“今有燎者于此，一人奉水将灌之，一人掺火将益之，功皆未至，子何贵于二人？”巫马子曰：“我是彼奉水者之意，而非夫掺火者之意。”子墨子曰：“吾亦是吾意，而非子之意也。”（《耕柱》篇）

然从他方面观之，墨子之明兼爱，实以有利于人故，而主张结果论者也。

> 公输子削竹木以为鹊，成而飞之，三日不下。公输子自以为至巧。子墨子谓公输子曰："子之为鹊也，不如匠之为车辖。须臾刘三尺之木，而任五十石之重。故所为功，利于人谓之巧，不利于人谓之拙。"(《鲁问》)

墨子以"利"之一概念为其道德政治上之根本主义。于是从此概念而演绎非攻、节葬、节用、非乐之说。其非攻、节用二者与儒家之说无异，故不论。独略述其节葬、非乐之说。其说节葬曰：

> 意亦使法其言，用其谋，计厚葬久丧，诚可以富贫众寡、定危治乱乎？则仁也，义也，孝子之事也，为人谋者不可不劝也。意亦使法其言，用其谋，若人厚葬久丧，实不可以富贫众寡，定危治乱乎？则非仁也，非义也，非孝子之事也，为人谋者不可不沮也。是故求以富国家，甚得贫焉；欲以众人民，甚得寡焉；欲以治刑政，甚得乱焉；求以禁止大国之攻小国也，而既已不可矣；欲以干上帝鬼神之福，又得祸焉……若以此观，则厚葬久丧其非圣王之道也。(《节葬》下)

此全从功利上立论，与孔子之从人情上立论者大异。然其《修身》篇曰："丧虽有礼，而哀为本焉。"则墨子固非薄于亲者，特言其厚之之道，不在厚葬久丧耳。曰："以臧（葬）为其亲也而爱之，非爱其亲也；以臧为其亲（也）而利之，非利其亲也。"(《大取》篇）孔子曰："丧，与其易也，宁戚。"亦同（此）意也。

其非乐之说曰：

> 今惟毋在乎王公大人说乐而听之，即必不能蚤朝晏退，听狱治政，是故国家乱而社稷危矣……士君子说乐而听之，即必不能竭股肱之力，亶其思虑之智，内治官府，外收敛关市、山林、泽梁之利，以实仓廪府库……农夫说乐而听之，即必不能蚤出暮入，耕稼树艺，多聚叔粟，是故叔粟不足……妇人说乐而听之，即必不能夙兴夜寐，纺绩织纴，多治麻丝葛绪捆布缘，是故布缘不兴……将欲求兴天下之利，除天下之害，当在乐之为物，将不可不禁而止也。(《非乐》上)

此皆鉴当时社会之弊，而从利害上计算者，故曰："凡人国，必择务而从事焉。国家昏乱，则语之尚贤、尚同；国家贫，则语之节用、节葬；国家熹音沉湎，则语之非乐、非命；国家淫僻无礼，则语之尊天、事鬼；国家务夺侵凌，则语之兼爱、(非攻)。”(《鲁问》) 其真意之所在，盖可见矣。

第四章　名学＝概念论＝推理论

墨子之形而上学及伦理学之根本思想，与儒家不甚相异，唯其条目则大不同。于是欲辩护自己之说，不得不研究辩论之法。此我中国之名学所以始于墨家中发见之也。墨子之名学说，见于《经》上下、《经说》上下、《大取》、《小取》六篇中。《经》下、《经说》上、下三篇，其属辞引例皆当时熟语故事，又多夺句误字，今不可解。可全解者，唯《经》上及《小取》二篇耳。而《经》上但下“名”之定义，而不论下定义之法则，故可不论。《大取》篇亦多不可解，除一节外，余略与《小取》篇同意。此节论概念与个物之区别，实重要之断简也，曰：

> 小圜之圜与大圜之圜同。方至尺之不至也，与不至锺之至不异。其不至同者，远近之谓也。是璜也，非玉也；意楹非意木也。

盖“圜”者仅与以概念，而无大小之别；其有大小之别，唯个物为然。意“楹”非意“木”者，“楹”者个物，而“木”者概念。即公孙龙“白马非马”之说所从出也。

《小取》一篇列举推理之真妄，而亦不论推理之法则，然其述谬妄之种类，颇有可观者，以为一切谬妄皆起于比类。故曰：

> 夫物有以同而不，率遂同，辞之侔也。有所至而正，其然也，有所以然也。(其然也) 同。(句) 其所以然也不必同。其取之也，有 (所) 以取之。其取之也同。(句) 其所以取之不必同。是故辟、侔、援、推之辞，行而异，转而危，远而失，流而离本，则不可不审也。

由是而分推理为是而然、是而不然、一害而一不害、一是而一不是四者。第一种，如

> 白马，马也；乘白马，乘马也。骊马，马也；乘骊马，乘马也。获，人也；爱获，爱人也。臧，人也；爱臧，爱人也。此乃“是而然”者也。

然应用此法于他处，则生种种之谬妄。如

> 获之视 (毕注云：当为“事”。愚按：当作“亲”)，人也；获事其亲，

非事人也。其弟，美人也；爱弟，非爱美人也。

由名学上言之，前者言辞暧昧之谬妄，后者偶然性之谬妄也。又如

车，木也；乘车，非乘木（也）。船。木也；人船（愚按：疑“入船”之误），非人木也。盗，人也；多盗，非多人也；无盗，非无人也。奚以明之？恶多盗，非恶多人也；欲无盗，非欲无人也……此乃“是而不然”者也。

此由我国言语中无全称、特称之区别，故多有谬妄。而前提中之所谓“人”与结论中之所谓“人”，其范围之广狭异焉，故也。盖前提中之人指人之一小部分，而结论中之人则指人类之全体故也。但自形式上观之，则与“白马，马也；乘白马，乘马也”之推理，无以或异。故应用此形式而不考事实之如何，其不陷于此谬妄者鲜矣。至所谓“一害而一不害”“一是而一不是”者，亦由比类而起。曰：

爱人，待周爱人，而后为爱人。不爱人，不待周不爱人，不（愚按：此字衍）失周爱，因为不爱人矣。乘马，待周乘马（愚按：当作“不待周乘马”）（然后为乘马也）；有乘于马，因为乘马矣。逮至不乘马，待周不乘马，而后（为）不乘马。而后不乘马（愚按：此五字衍）此“一周而一不周”者也。（愚按：此墨子自主张其兼爱说。爱人指无人不爱；而不爱人，指不兼爱者，非指兼不爱者也，乘马之例反是。乘马不待其人全乘于马上，然后谓之乘马。不乘马，必俟其下马后，方可谓之不乘马。此由一家之学说与一时之习惯立论，非纯由名学上观察者也。）居于国，则为居国；有一宅于国，而不为有国。桃之实，桃也；棘之实，非棘也。问人之病，问人也；恶人之病，非恶人也。人之鬼，非人也；兄之鬼，兄也。祭人之鬼，非祭人也；祭兄之鬼，乃祭兄也。之马之目盼，则为（毕注：当作“谓”）之马盼；之马之目大，而不谓之马大。之牛之毛黄，则谓之牛黄；之牛之毛众，而不谓之牛众。一马，马也；二马，马也。马四足者，一马而四足也，非两马而四足也。一马，马也。马或白者，二马而或白也，非一马而或白。（此亦由吾国言语，无全称、特称、单称之别，故有此谬妄）此乃“一是而一非”也。

然墨子非谓推理中有“是而然”“是而不然”“一害而一不害”“一是而一不是”之四种也，不过前二节分之，后二节合而论之耳。而不是之源，由于见

一推理之形式之有时而真，而遂应用之于他处。一切谬妄皆由此起。然墨子虽列举事实，而不能发见抽象之法则，以视雅里大德勒之推论，遂不免如鲁卫之于秦晋也。

要之，墨子之名学实自其欲攻儒家之说以伸己说始，与希腊哀列亚派之芝诺，欲证明物之不变化不运动，而发明辩证论者相同。然希腊之名学自芝诺以后，经诡辩学者之手，至雅里大德勒，而遂成一完全之科学。而墨子之后，如惠施、公孙龙等，徒驰骋诡辩，而不能发挥其推理论，遂使名学史上殆无我中国人可占之位置，是则可惜者也。

（刊于1906年3月《教育世界》121号）

列子之学说

列子以关尹子、壶丘子林、老商等为师，而三子之学俱由老子之学而出，则列子之为老子学派之后继者，自不待言。张处度序之曰：

> 其书大略明群有以至虚为宗，万品以终灭为验，神惠以凝寂常全，想念以著物自丧，生觉与化梦等情，巨细不限一域，穷达无假智力，治身贵于肆任，顺性则所之皆适，水火可蹈，忘怀则无幽不照：此其旨也。然所明往往与佛经相参，大归同于老庄，属辞引类，特与庄子相似。

可谓能举是书之大体者矣。一言以蔽之，列子之根本思想不外袭老子之自然说、虚静说。然老子之自然说，非纯全之无为自然说也；其虚静说，非纯全之虚无寂静说也。绎其本旨所在，别有一种真面目之理想或主张。然列子之说则实取老子之自然说、虚静说，充之于极端之地，而于老子之隐微的积极的一面竟抹杀之，故面目似同实异。易言以明之，则列子之学说不过取老子之根本思想，以游戏的娱乐的扩充之，而其结果所在，遂与佛教之厌世的寂静说，与庄子无止无界之思想相近云尔。又，老子之书多以简洁有力之格言体发表其思想，而列子则多以叙事的寓言的表现之，是亦其相异之一端也。以下就列子若何袭老子之根本思想，又若何推之于极端之处，一详述之。

列子于《天瑞》篇，先论天地之实体及其与万物之关系，曰：

> 有生不生，有化不化。不生者能生生，不化者能化化。生者不能不生，化者不能不化，故常生常化。常生常化者，无时不生，无时不化，阴阳尔，四时尔。不生者疑独，不化者往复，其际不可终，疑独其道不可

穷。《黄帝书》曰："谷神不死，是谓玄牝。玄牝之门是谓天地之根，绵绵若存，用之不勤。"故生物者不生，化物者不化。自生自化，自形自色，自智自力，自消自息。谓之生化形色智力消息者非也。

此列子以生生化化之"现象"，与不自生生化化而为一切生生化化之根本之"实体"，区别为二也。至谓生生化化非有主宰者使然，乃实体所具之自然妙用使然，极与老子相似。其谓实体（即彼之所谓"疑独"或"往复"）之无终无际，与老子所谓"独立不改，周行而不殆"，殆若合符节已。列子以为万有者流转变化，而无已时，曰："故物损于彼者盈于此，成于此者亏于彼。"盖谓生生死死，虽无穷极，而实体之自身则毫无增减损益。非保此冥一常恒之实体，则亦不得为一切万有之根据也。

列子进而论天地开辟之状况，与万物生成之次第，曰：

夫有形者生于无形，则天地安从生？故曰：有太易，有太初，有太始，有太素。太易者，未见气也；太初者，气之始也；太始者，形之始也；太素者，质之始也。气、形、质具而未相离，故曰浑沦，浑沦者，言万物相浑沦而未相离也。视之不见，听之不闻，循之不得，故曰易也。易无形埒。易变而为一，一变而为七，七变而为九。九变者究也，乃复变而为一。一者形变之始也。清轻者上为天，浊重者下为地，冲和气者为人。故天地含精，万物化生。（《天瑞》篇）

列子之所谓"太易"或"浑沌"，与《易·系辞》之"太极"，老子之"道"与"浑成"，实同一物，与前所谓"疑独""往复"者，皆指天地万有之实体而言。即谓其为物：冥一而不变，不可以视，不可以名，不具形质，而浑然概括一切形质者是也。其论由"浑沌"而生万有之次第也（借斯宾塞之语表之，则由同质之状生异质之物是），则谓由"太易"而生"太初"，由"太初"而生"太始"，由"太始"而生"太素"，然后天地万有森然而生焉。列子于一实体与个个物体之间，置许多阶段，而说其发展之次第。此与《易》及老子之说、新柏拉图派之分出论的思想，恰同一辙。然尚有宜注意者，列子所指实体，全属于物质的，与老子之"道"之稍含精神的意义者不同，又与新柏拉图派之"神"之以睿智的精神的属性胜者亦不同，宁与希腊初代哲学家雅克讷希曼多罗之"脱雅摆伦"相似。观于"太易者，未见气也"一语，则其物虽在浑然未剖之姿，然其不免为一物质的，则究不可争也。

以上即列子之实体论及天地开辟论之一斑，毕竟取老子之思想而更详述之

[五代] 卫贤
高士图

者，但其思索之法，较老子更合于论理的而已。而列子一切学说皆建设于此一种实体论、开辟论之上，亦与老子无异。详而言之，则所谓“道”，乃虚静自然而能生生一切之物之根本思想，亦为其人生观之中枢。彼以为色声香味等，有生者，即有生之者，而其生之者乃无声无色无味无臭者也。惟其无也，故为万变之主宰。《天瑞》篇曰：

> 生之所生者死矣，而生生者未尝终；形之所形者实矣，而形形者未尝有；声之所声者闻矣，而声声者未尝发；色之所色者彰矣，而色色者未尝显；味之所味者尝矣，而味味者未尝呈：皆无为之职也。能阴能阳，能柔能刚，能短能长，能圆能方，能生能死，能暑能凉，能浮能沉，能宫能商，能出能没，能玄能黄，能甘能苦，能羶能香。无知也，无能也，而无不知也，而无不能也。

观此，则列子思想之同于老子益信，但较之详明耳。其曰“无为之职”，与曰“无知也，无能也，而无不知也，而无不能也”，即老子所谓“无为之（有）为”耳。此外如

> 至言去言，至为无为。（《黄帝》篇）
>
> 争鱼者濡，逐兽者趋，非乐之也。故至言去言，至为无为。（《说符》篇）
>
> 知而忘情，能而不为，真知真能也。（《仲尼》篇）
>
> 静也虚也，得其居矣；取也舍［与］也，失其所矣。胜事之破砀，而后有舞仁义者，弗能复也。（《天瑞》篇）
>
> 天下有常胜之道，有常不胜之道。常胜之道曰柔，常不胜之道曰强。（《黄帝》篇）

凡此者不过就“无为之有为”之一思想，以种种言语表之，置之老子书中，殆难以猝别也。但老列二家大体之根本思想虽同，而其实尚有差别。老子虽说“无为之有为”，而仍注重于有为之一面（但与列子较则然；若与邹鲁学者较，则老子固置重无为者也）。然列子则宁注重于无为之一面。此种差别，大而观之，殆不可得，然欲研究二家之学派，则此点最不可忽过也。老子说无为而常着眼于由无为而来之有为；列子亦说有为，而其说之所趋，竟全归于无为。老子于其无为自然说之中，尚寓积极的理想；而列子则消极的也，无理想的也。老子多忧时慨世之精神；列子多厌世遁俗之思想。故老子多说反言的真理，教

人以处世之道；列子惟一意以求解脱而已。在老子，则现在社会尚为一关心之对境，其矫激之言，毕竟由以道济世之诚而出；而列子绝不注意于社会之救济问题，以现世为梦幻之一境，以解脱为惟一之目的而已。固知老子之思想中亦非无梦幻观、厌世观，然固不如列子之为甚也。要之，谓列子乃推衍老子之无为自然说，而达于极端者，此说殆不可争也。

列子于知识论上抱一种怀疑论，而以一种巧妙之笔，抹杀万物之差别，与《庄子·齐物论》同。彼以为物之有大小、巨细、长短、迟速者，以吾人随意立为标准，与以制限，是人为之差别，非物之本有差别也。《汤问》篇曰：

> 荆之南有冥灵者，以五百岁为春，五百岁为秋。上古有大椿者，以八千岁为春，八千岁为秋。朽壤之上有菌芝者，生于朝，死于晦。春夏之月有蠓蚋者，因雨而生，见阳而死。终发北之北，有溟海者，天池也。有鱼焉，其广数千里，其长称焉，其名为鲲。有鸟焉，其名为鹏，翼若垂天之云，其体称焉。世岂知有此物哉？禹行而见之，伯益知而名之，夷坚闻而志之。江浦之间生么虫，其名曰焦螟，群飞而集于蚊睫，弗相触也，栖宿去来，蚊弗觉也。离朱、子羽方昼拭眦，扬眉而望之，弗见其形；觞俞、师旷方夜擿耳，俯首而听之，弗闻其声。唯黄帝与容成子居空峒之上，同斋三月，心死形废，徐以神视，块然见之，若嵩山之阿；徐以气听，砰然闻之，若雷霆之声。

此即谓小者不必小，大者不必大，短者不必短，长者不必长。其有大小长短之别者，由吾人与以随意之限制，又持一不自然之标准而比较之耳。去此随意之限制与不自然之标准，则小亦为无限之大，大亦为无限之小，巨细长短相杀，荡荡然人于无差别之域矣。吾人之知识究不能识万物大小长短之别，故吾人不可不舍此无用之辨也。

列子更以此种怀疑论推之于伦理道德，欲举是非善恶之差别而悉灭之。以为是非善恶之辨，皆出于人心之迷，即不过持一人之私见造此无用之名词者耳，非有客观的根据存乎其间也。故曰："心将迷者，先识是非。"（《仲尼》篇）虽然，是非同一迷矣，而是非之辨实际对立于世间者，何也？从列子意，则由迷之多寡而生，众寡相倾，则是非之辨成矣。《周穆王》篇曰：

> 秦人逢氏有子，少而惠，及壮而有迷罔之疾：闻歌以为哭，视白以为黑，飨香以为朽，尝甘以为苦，行非以为是，意之所之，天地四方，水火寒暑，无不倒错者焉。杨氏告其父曰："鲁之君子多术艺，将能已乎，汝

奚不访焉？”其父之鲁，过陈，遇老聃，因告其子之证。老聃曰：“汝庸知汝子之迷乎？今天下之人皆惑于是非，昏于利害，同疾者多，固莫有觉者。且一身之迷不足倾一家，一家之迷不足倾一乡，一乡之迷不足倾一国，一国之迷不足倾天下，天下尽迷，孰倾之哉！向使天下之人，其心尽如汝子，汝则反迷矣！哀乐、声色、臭味、是非，孰能正之？且吾之言未必非迷；而况鲁之君子，迷之邮者，焉能解人之迷哉？荣汝之粮，不若遄归也。”

观此寓言，则虽谓列子意中，谓真理之根据乃从多数以为决者，可也。即谓一切真理非有所以为真理之客观的根据，究令有之，亦不能以吾人之知识决之，是即于知识论上取一种怀疑说之见地者也。其曰：“吾言未必非迷，而况鲁之君子”云云，则于怀疑说之论理的结论，已不惮明言以揭之矣。夫绝对的怀疑说，不能不终于自杀，对一切而怀疑矣，则此所怀之疑，亦遂失其成立之根据。列子于知识论上正陷于此自杀的怀疑论者之地位者也。而吾人于此，益见列子之说，实一面发展老子之根本思想，而得其当然之论理的结果，又一面超过老子之外，而具一种特殊之面目焉。（前述之寓言乃列子假托老子之口，而自表其思想者也）固知老子之思想中亦有关于知识论者，其曰“道可道，非常道；名可名，非常名”者，是即谓世间仁义是非之名目或知识，究不能得道之真相也。谓此与知识论上之怀疑论相近，亦何不可？惟是老子虽疑世俗所谓是非善恶之根据，欲举一切人为者不自然者而泯灭之，然一面亦超越此等差别，而认识其知识之对象。何者？“道”或“自然”是也。彼纵以世俗之是非善恶之知识为迷罔，为无根据，然彼之视“道”，则惟一而真实之知识也，善也。欲排斥世间一切知识，毕竟为欲立一真知识耳。由此言之，则老子之于知识论上自非绝对的怀疑论者，宁唱道真实之知识者耳。吾人故曰：列老二家，其关于知识论之思想，虽大致略同，然其于结论上固明明相异也。

列子于知识论上既取绝对的怀疑说矣，则彼之于人生观，其带一种厌世的倾向，而近于佛教，亦奚足怪？若老子，虽亦有厌世的思想（《老子》曰：“吾所以有大患者，为吾有身，及吾无身，吾有何患”，是亦其厌世思想之一斑也），然固不若列子之为甚矣。列子之厌世思想，于其死生观最足见之。其书说死生之处，不一而足，试备引之：

精神者天之分，骨骸者地之分，属天清而散，属地浊而聚。精神离形，各归其真，故谓之鬼。鬼，归也，归其真宅……人自生至终，大化有四：婴孩也，少壮也，老耄也，死亡也。其在婴孩，气专志一，和之至也，物不伤焉，德莫加焉。其在少壮，则血气飘溢，欲虑充起，物所攻焉，德故衰焉。其在老耄，则欲虑柔焉，体将休焉，物莫先焉，虽未及婴孩之全，方于少壮间矣。其在死亡也，则之于息焉，反其极矣……死之与生，一往一反。故死于是者，安知不生于彼？故吾知其不相若矣。吾又安知营营而求生，非惑乎？亦又安知吾今之死，不愈于昔之生乎……子贡倦于学，告仲尼曰："愿有所息。"仲尼曰："生无所息。"子贡曰："然则赐息无所乎？"仲尼曰："有焉耳。望其圹，睪如也，宰如也，坟如也，鬲如也，则知所息矣！"子贡曰："大哉死乎！君子息焉，小人伏焉。"仲尼曰："赐！汝知之矣。人胥知生之乐，未知生之苦；知老之惫，未知老之佚；知死之恶，未知死之息也。"晏子曰："善哉！古之有死也！仁者息焉，不仁者伏焉，死也者，德之徼也。古者谓死人为归人，夫言死人为归人，则生人为行人矣。行而不知归，失家者也。一人失家，一世非之；天

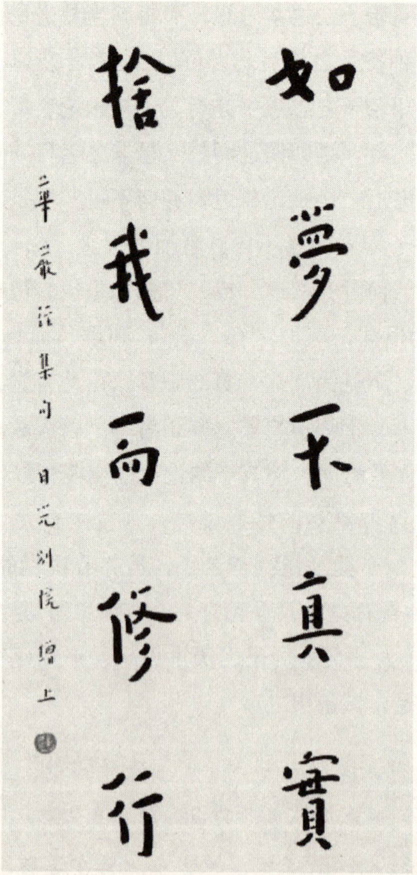

弘一法师书法对联

下失家，莫知非焉。有人去乡土，离六亲，废家业，游于四方而不归者，何人哉？世必谓之为狂荡之人矣。又有人钟贤世，矜巧能，修名誉，夸张于世而不知已者，亦何人哉？世必以为智谋之士。此二者胥失者也，而世与一不与一。唯圣人知所与，知所去。”（《天瑞》篇，“孔子”、“子贡”、“晏子”，皆假托之词）

观此则列子之炽于厌世思想，实远过于老氏，而与佛家之寂灭为乐说，其意相近，无待论也。吾人谓列子承老子之思想而更推而极之，至具一特殊之面目者，此非其一证欤？

具此厌世思想之列子，其不置重于社会国家之救济，而宁置重于个人之安心或解脱，斯固自然之倾向耳。个人的解脱之思想，在老子似亦未尝无之，然至列子，则更推之于极端。似以为得解脱者有一种神通力。《黄帝》篇曰：

> 赵襄子率徒十万，狩于中山，藉芿燔林，扇赫百里。有一人从石壁中出，随烟烬上下。众谓鬼物，火过，徐行而出，若无所经涉者。襄子怪而留之，徐而察之：形色七窍，人也；气息音声，人也。问：奚道而处石？奚道而入火？其人曰：“奚物而谓石？奚物而谓火？”襄子曰：“而向之所出者，石也；而向之所涉者，火也。”其人曰：“不知也。”

此等怪诞之例所引尚多。然则列子意中殆亦信解脱之极，真能有此神通自在之一境欤？至吾人如何而得此神通自在之力，列子亦说及之，彼归之于无心自在之德。曰：

> 列子问关尹曰：“至人潜行不空，蹈火不热，行乎万物之上而不栗。请问何以至于此？”关尹曰：“是纯气之守也，非智巧果敢之列……壹其性，养其气，含其德，以通乎物之所造。夫若是者，其天守全，其神无郤，物奚自入焉？夫醉者之坠于车也，虽疾不死，骨节与人同，而犯害与人异，其神全也。乘亦弗知也，坠亦弗知也。死生惊惧不入乎其胸，是故逆物而不慴。彼得全于酒，而犹若是，而况得全于天乎！圣人藏于天，故物莫之能伤也。”（《黄帝》篇）

其曰“纯气之守”，曰“其天守全”，曰“其神无郤”，曰“得天全”者，即无心而顺自然之谓耳。抑守此无心之德以达于解脱之域者，其径路如何？列子更述其次序阶段，曰：

自吾之事夫子友若人也（夫子谓老商，若人谓伯高），三年之后，心不敢念是非，口不敢言利害，始得夫子一眄而已。五年之后，心庚念是非，口庚言利害（“庚”当作“更”），夫子始一解颜而笑。七年之后，从心之所念，庚无是非，从口之所言，庚无利害，夫子始一引吾并席而坐。九年之后，横心之所念，横口之所言，亦不知我之是非利害欤？亦不知彼之是非利害欤？亦不知夫子之为我师，若人之为我友，内外进矣。而后眼如耳，耳如鼻，鼻如口，无不同也。心凝神释，骨肉都融，不觉形之所倚，足之所履，随风东西，犹木叶干壳，竟不知风乘我耶？我乘风乎？（《黄帝》篇）

彼新柏拉图一派之神秘哲学者，谓吾人能绝一一切差别对待之意识，而返还于无我绝对之境。尝就其恍惚之状态以词表之。列子此言殆有与之相似者。此等之说，苟善解之，原未可斥为无稽之想。彼禅家与婆鲁芝诺等，亦自就悟道之事，述其一种神秘的实验矣。但列子之于神秘的实验，不以精神的描之，而以形体的描之，不免贻荒诞之讥耳。

要之，列子之述解脱之旨趣、内容、方法、次序等，实较老子为精，而两家学派之显异，亦于此益信也。老子亦说解脱，然其所以为理想者“圣人”也。老子之所谓圣人，体无为自然之德，而非与世俗全绝者也。若列子之所以为理想者则“神人”耳。如前所述，老子之贵无为者，欲因之大有所为；其排斥“常名”，“常善”者，为欲实现其真善（即“道”）之理想也。彼以为圣人好处无为之地、守阴性之所者，毕竟欲由所谓反转之理，以收有为积极之效果；而又本其反转之理，就处世上，设为利已的自虑的之训言：故老子乃一真面目之理想家也。至列子，则于现实理想之努力及其意识皆抛弃之，惟以寂然解脱为至人之面目。故曰：列子之学说实偏于个人的解脱者也。彼不但于知识论上，以怀疑的泯一切有无之辨，即于实践上道德上，亦偏于无依傍主义者也。彼不云乎？

得意者无言，进知者亦无言。用无言为言亦言，无知为知亦知。无言与不言，无知与不知，亦言亦知。亦无所不言，亦无所不知，亦无所言，亦无所知。（《仲尼》篇）

盖谓吾虽无为、无言、无知，然若稍有意识，稍有目的，存乎其间，则既[即]非无为、无言、无知。故必忘一切，且并其所谓“忘一切”之“忘”，而亦忘之也。由是观之，是列子于行为之境，亦不外一种绝对的怀疑论，其结论之所趋，归于寂灭而已矣。谓列子承老子之根本思想，而更推而极之，至具一特殊之面目，此非又其一证欤？

彼列子之伦理思想，其偏于个人的解脱也如此。然彼政治上之意见似未尝无之也，政治上之意见全与老子相似。《仲尼》篇曰：

> 位之者无知，使之者无能，而知之与能，为之使焉。

意谓为人君者，不自居于知能之地，而但守无为自然之德，故群才争为之用也。又假钓者之辞，以论为政之道。《汤问》篇曰：

> 当臣之临河持竿，心无杂虑，唯鱼之念，投纶沉钩，手无轻重，物莫能乱。鱼见臣之钩饵，犹沉埃聚沫，吞之不疑，所以能以弱制强，以轻致重也。大王治国，诚能若此，则天下可运于一握，将亦奚事哉！

是亦渭治国之道在乎自然主义，放任主义，与老子之治国论固无别也。此外涉及政治之语，散见于各处，然究是枝叶之论，未可视为列子之政治思想。盖彼之根本思想究在于个人的解脱，而于社会国家之救济问题，非彼所措意者也。

列子本其个人的解脱之思想，而以为有一种空想国存焉，且累辞以形容其状态。《黄帝》篇曰：

> 华胥氏之国在弇州之西，台州之北，不知斯齐国几千万里，盖非舟车足力之所及，神游而已。其国无帅长，自然而已；其民无嗜欲，自然而已。不知乐生，不知恶死，故无夭殇；不知亲己，不知疏物，故无爱憎；不知背逆，不知向顺，故无利害。都无所爱惜，都无所畏忌。入水不溺，入火不热，斫挞无伤痛，指擿无痟痒。乘空如履实，寝虚若处床。云雾不硋其视，雷霆不乱其听，美恶不滑其心，山谷不踬其步，神行而已。

又曰：

> 列姑射山，在海河洲中。山上有神人焉，吸风饮露，不食五谷，心如渊泉，形如处女。不偎不爱，仙圣为之臣；不畏不怒，愿悫为之使。不施不惠，而物自足；不聚不敛，而己无愆。阴阳常调，日月常明，四时常若，风雨常均，字育常时，年谷常丰。而土无札伤，人无夭恶，物无疵厉，鬼无灵响焉。

吾人读此，辄忆及老子所谓理想社会之一段，且于此益见列子之思想实有超过乎老子之思想，而达于极端者。老子于其理想社会，惟描写一种自然人之状态。列子则更进一步，而描写仙乡、神境者也。

列子之思想中则最足注意者，其对天道或天命之思想也。老子似谓天道与人道之间则［有］一种道德感应上作用，由其“天道无亲，惟［常］与善人”一语，可以推之。而列子之思想则与此全然反对也。（固知老子之福德报应之思想，与三代时通俗之意义不同，或谓有一种随德而至之精神的报应耳。然即此种意义之福德报应，亦列子所不取也）所谓惟德动天之思想信仰，彼固明明排斥之。《力命》篇曰：

> 力谓命曰：“若之功奚若我哉！”命曰：“汝奚功于物，而欲比朕？”力曰：“寿夭、穷达、贵贱、贫富，我力之所能也。”命曰：“彭祖之智不出尧舜之上，而寿八百；颜渊之才不出众人之下，而寿四八；仲尼之德不出诸侯之下，而困于陈蔡；殷纣之行不出三仁之上，而居君位。季札无爵于吴，田恒专有齐国，夷齐饿于首阳，季氏富于展禽。若是汝力之所能，奈何寿彼而夭此，穷圣而达逆，贱贤而贵愚，贫善而富恶耶？”力曰：“若如若言，我固无功于物，而物若此耶？此则若之所制耶？”命曰：“既谓之命，奈何有制之者耶？朕直而推之，曲而任之，自寿自夭，自穷自达，自贵自贱，自富自贫。朕岂能识之哉！朕岂能识之哉！”

是即谓智德与天命（或幸福）之间，往往不相合，而备引故事以证实之。以为凡如此者，皆自然之天命，非吾人之知力德力所得而左右之者也。当三代时，所谓福德合一实为中国民族之通有思想，对之有特殊之见解者，殆列子一人而已。且列子之天命主义，不但就自然上之事实（即寿夭穷达富贵贫贱等）言之，更于知力上、道德上、精神上，及一切人间之事，皆赅括而言之。《力命》篇曰：“鲍叔非能举贤，不得不举贤；小白非能用贤［仇］，不能［得］不用。”然则列子之思想，不得不谓之曰：实取一种宿命说、必至说、定业说之见地者也。彼不承认吾人之自力与吾人之自由，谓凡事由天命而定，吾人决无变更之力。故吾人之对自然或天命，当处于绝对的服从之地位。毕竟彼之天命主义即其冷眼主义耳。固知孟荀诸子与斯多噶派，非不于伦理上唱一种冷眼主义，然其实与列子不同。彼等概区别天道与人道（或自然界与道德界），而谓寿夭穷达富贵贫贱等皆人力莫可如何之事（孟子之所谓“在外者”，斯多噶派之所谓“外善”），故其有无得失，无关于为人之价值。然属于人道或道德界之事（孟子之所谓“在我者”，斯多噶派之所谓“理性之动作”），得以吾人之自力与意志自由致之。人之价值专系乎此。而列子则不然。彼于自然界与道德界之间，不设严密之区别，谓不但自然界之事实为然，即吾人之智识德行，亦非意志与自力之所关，而皆天命所使然。故彼之于道德界仅见有必然的，而不见所谓当然的。彼不惟于知识上挟一种怀疑的思想，又于道德上亦有一种不可知的思想者也。从彼之意，则吾人以无心无为为贵，凡事任诸自然而已。彼所恃为安心立命之根据者即在于此。而其为是说者，毕竟由其全体之立脚地而来，无足异也。吾人于此，觉当时之思想界实有两极端之对峙。邹鲁学派之努力主义、人为主义，由荀子而发展至于极端。荀子重自力，殆谓吾人之智力心力，亦可制天命而利用之。而列子则取荆楚学派之自然主义、无为主义，而推之于极端者也。

列子虽为黄老思想之继续者，然亦推尊孔墨，其于孔子亦然。观其《仲尼》一篇专述仲尼之言行，可以见也。他如《说符》篇之

> 桀纣唯重利而轻道，是以亡……人而无义、唯食而已，是鸡狗也。强食靡角，胜者为制，是禽兽也。为鸡狗禽兽矣，而欲人之尊己，不可得也。人不尊己，则危辱及之矣。

又《天瑞》篇之

> 圣人之教，非仁则义。

皆特述仁义之语。然则列子于邹鲁学者之思想，固未尝冷视之或明攻之也。但彼之述孔子之言行也，不皆能传孔子之真意，宁取孔子之思想混合于自己思想之中，不过借孔子之言行以表现己之根本思想耳。《仲尼》篇曰：

> 仲尼闲居，子贡入侍，而有忧色。子贡不敢问，出告颜回。颜回援琴而歌。孔子闻之，果召回入问曰：“若奚独乐？”回曰：“夫子奚独忧？”孔子曰：“先言尔志。”曰：“吾昔闻之夫子曰：‘乐天知命故不忧’，回所以乐也。”孔子愀然有间曰：“有是言哉！汝之意失矣！此吾昔日之言尔，请以今言为正也。汝徒知乐天知命之无忧，未知乐天知命有忧之大也。今告若其实。修一身，任穷达，知去来之非我，亡变乱于心虑：尔之所谓乐天知命之无忧也。曩吾修诗书，正礼乐，将以治天下，遗来世，非但修一身治鲁国而已。而鲁之君臣日失其序，仁义益衰，情性益薄。此道不行一国与当年，其如天下与来世矣！吾始知诗书礼乐无救于治乱，而未知所以革之之方：此乐天知命者之所忧。”

观此，则列子固揣摩孔子之真意而寄与同情者也。然其下更转一语曰：

> 虽然，吾得之矣。夫乐而知者非古人之谓所乐知也。无乐无知，是真乐真知，故无所不乐，无所不知，无所不忧，无所不为。诗书礼乐，何弃之有？革之何为？

若是说者，与谓为孔子之言，宁谓为列子自身之言耳。何则？是即无为主义也，是仍列子之根本思想也。

列子于“梦”之现象具有一种超卓之见解，以为世人常别梦与觉，而以一为妄，以一为实，然二者之间实无所谓差别也。彼述一趣语曰：

> 周之尹氏大治产，其下趣役者，侵晨昏而弗息。有老役夫筋力竭矣，而使之弥勤，昼则呻呼而即事，夜则昏惫而熟寐，精神荒散，昔昔梦为国君，居人民之上，总一国之事，游燕宫观，恣意所欲，其乐无比，觉则复役。人有慰喻其勤者，役夫曰：“人生百年，昼夜各分。吾昼为仆虏，苦则苦矣；夜为人君，其乐无比，何所怨哉！”尹氏心营世事，虑钟家业，心形俱疲，夜亦昏惫而寐，昔昔梦为人仆，趋走作役，无不为也，数骂杖挞，无不至也，眠中啽呓呻呼，彻旦息焉。尹氏病之，以访其友。友曰：“若位足荣身，资财有余，胜人远矣。夜梦为仆，苦逸之复，数之常也。若欲觉梦兼之，岂可得耶！”尹氏闻其友言，宽其役夫之程，减己思虑之事，疾并少闲。

吾人每读此章，辄忆及法国哲学家巴什迦尔之言。巴氏言：有乞儿夜夜梦为王侯者，又有王侯夜夜梦为乞儿者：之二人者果孰为幸福之身乎？此其与列子之言洵若合符节已。吾人于梦之意识常轻视之，然如每夜同梦，则梦于吾人之意识生活上所占位置，固甚重大矣。如列子与巴什迦尔所言，其人之孰苦孰乐孰幸孰否，固未易判定也。

抑列子尚有一超卓之见解焉，是亦由其平等主义或宿命主义之根本思想而来者。《说符》篇曰：

> 齐田氏祖于庭，食客千人。中座有献鱼雁者，田氏视之，乃叹曰：“天之于民厚矣！殖五谷，生鱼鸟，以为之用。”众客和之如响。鲍氏之子，年十二，预于次，进曰：“不如君言。天地万物与我并生，类也。类无贵贱。徒以小大智力而相制，迭相食，非相为而生之。人取可食者而食之，岂天本为人生之？且蚊蚋噆肤，虎狼食肉，非天本为蚊蚋生人、虎狼

生肉者哉!

此与近世所谓弱肉强食，生存竞争，优胜劣败，即生物进化论之思想，隐隐相通。在当时观之，不可谓非一卓见也。此种思想以较儒教之以人为中心，而观天地万物者，又基督教之一派或西洋哲学之一派之目的观、意匠观，即谓为适人类之要求而造成天地万物者，固不失为别开生面之见地矣。

综而论之，其怀疑论也，无差别论也，虚静主义也，冷眼主义也，宿命主义也，绝对的服从主义也，厌世思想也，非社会的倾向也，存养论也，解脱观也，无一不由老子之根本思想而来，而皆较老子更达于极点。但其偏于出世的个人的消极的态度一面，故谓为伦理主义，究亦有所未安。且列子亦非如释迦、耶稣等常抱一种热诚，欲以己所体得之解脱观救济一切众生也。彼于其主义思想，又于其性行态度，要皆偏于个人的。虽然，列子之学说，与谓为伦理说，宁谓为一种神秘哲学或悟道观，而于东洋思想史上放一异彩者也。若夫其言论之洒脱轻妙，其解悟之缥缈空灵，其解脱方法论之详密，其存养工夫之亲切，能使读其书者惝乎离现实之世界，而入理想之天地焉矣。

（刊于1906年8月《教育世界》131、132号）

孟子之学说

第一章　传及其著书

孟子之生卒年月，古来诸说纷纷不定。第一，以孟子自言“君子之泽五世而斩，小人之泽五世而斩，予未得为孔子徒也，予私淑诸人也”观之，则其不及子思之门可知。《史记·列传》曰：“受业于子思之门人”是也。蔡孔炘《孟子年谱》定孟子之生年月日，为周烈王四年己酉四月二日，即去孔子之卒一百零七年也。

孟子邹人也，名轲，字子舆。幼受母教，长而受业于子思之门人。道既通，适魏，惠王不能用。事齐宣王，位在三卿之中，说宣王以仁政王天下。时天下方合从连横，以攻伐为贤，孟子乃述唐虞三代之德，人皆以为迂远而阔于事情，不遇而去。曰：“夫天未欲平治天下也，如欲平治天下，当今之世，舍我其谁也！”访滕文公，文公当世之贤君，其信孟子亦最笃，然以国小，不能行其志。孟子与苏、张同时游于诸侯之间，而其所说则冰炭不相容，视苏、张之徒如豚犬耳。景春曰：“公孙衍、张仪岂不诚大丈夫哉！一怒而诸侯惧，安居而天下息。”孟子曰：“是焉得为大丈夫乎！子未学礼乎？丈夫之冠也，父命

孟子像

之。女子之嫁也，母命之，往送之门，戒之曰：‘往之女家，必敬必戒，无违夫子！’以顺为正者妾妇之道也。居天下之广居，立天下之正位，行天下之大道，得志与民由之，不得志独行其道，富贵不能淫，贫贱不能移，威武不能屈：此之谓大丈夫！”当天下混乱之时，以正自持，屹然而不动，足以想见其有豪杰之风。孟子之名声既洽于诸侯，四方之士相与谈论者颇多。淳于髡责孟子以“援天下”，与告子论性尤盛。孟子既不遇时，往来宋、鲁，滕、薛之间，不得行道之地，乃以阐明孔子之教、排斥杨墨之徒为己任，曰：“能言距杨墨者，圣人之徒也。”

孟子之卒，一曰周赧王二十六年正月十五日，然则距烈王四年之生，八十四年矣。

第二章　本论

第一节　人之性善也

（一）孟子之继承子思之学说，决无可疑者。孟子曰：“悦亲有道，反身不诚，不悦乎亲矣。诚身有道，不明乎善，不诚其身矣。是故诚者天之道也；思诚者人之道也。至诚而不动者，未之有也；不诚未有能动者也。”（《离娄》上）此与《中庸》之文正同。《中庸》第二十章，曰：“顺乎亲有道，反诸身不诚，不顺乎亲矣。诚身有道，不明乎善，不诚乎身矣。诚者，天之道也；诚之者，人之道也。”孟子又曰：“尽其心者，知其性也，知其性则知天矣。存其心，养其性，所以事天也。”又曰：“万物皆备于我矣，反身而诚，乐莫大焉。”皆渭人之性即天之性也。而《中庸》亦云：“唯天下至诚为能尽其性，能尽其性则能尽人之性；能尽人之性则能尽物之性；能尽物之性则可以赞天地之化育；可以赞天地之化育，则可以与天地参矣。”亦谓天之性与人之性一，即与孟子之言，其所归，一也。孟子曰：“动容周旋中礼者，盛德之至也。”此与《中庸》所谓“诚者不勉而中，不思而得，从容中道，圣人也”，其意正同。由是观之，则《史记》谓孟子“受业于子思之门人”，非无据之言也。即孟子与子思同以“诚”为人之性。然“诚”者何？毕竟谓伦理的法则之渊源耳。伦理的法则，社会之所谓善也，故孟子从师说而断人性为善。

（二）孟子不但用演绎法以证人性之善，又以归纳法证明之，即于经验上证人性之善，曰："今人乍见孺子将入于井，皆有怵惕恻隐之心，非所以内交于孺子之父母也，非所以要誉于乡党朋友也，非恶其声而然也。由是观之，无恻隐之心非人也，无羞恶之心非人也，无辞让之心非人也，无是非之心非人也。"此世俗之所谓人情，而孟子名之曰："不忍人之心。"更进而论之曰："恻隐之心，仁之端也；羞恶之心，义之端也；辞让之心，礼之端也；是非之心，智之端也。人之有是四端也，犹其有四体也。"即谓仁义礼智四者，人先天中所具有也。故曰："万物皆备于我矣。""物"者非谓具体的物象，而谓伦理的法则也。高诱《淮南子》注曰："物，犹事也"，即孟子先天良心论者也。曰："人之所不学而能者其良能也，所不虑而知者其良知也。孩提之童无不知爱其亲者，及其长也，无不知敬其兄也。亲亲，仁也；敬长，义也。无他，达之天下也。"

第二节　欲

如此立论，于是孟子之说又不得不与子思生同一之矛盾。夫人性固善，然人类日常之行动，何以往往逸于伦理之轨范乎？天下之变乱纷纷不已，非证明此事实乎？若此等变化之根柢不在吾人之心性上，则社会的现象何以有此方面乎？孟子亦认之，曰："山径之蹊间，介然用之而成路，为间不用，则茅塞之矣。"其意以为人性虽善，然有蔽之者，则不能发挥其善。然则所以蔽之者何？曰：欲也。故曰："养心莫善于寡欲。其为人也寡欲，虽有不存焉者寡矣；其为人也多欲，虽有存焉者寡矣。"然孟子自其先天良心论观之，（一）以欲为比良心，非根本的。（二）以欲虽有蔽善之消极的性质，而无现于行动之积极的性质者也。荀子则不然，以欲为积极的性质，而伦理之法则不过制抑之之消极的作用耳。

第三节　修身论

至此，吾人得知修为之为何。吾人之修为毕竟在发挥我本心之善耳。苟能发挥之，则凡人化而为圣人。此发挥之之方法，在养"浩然之气"。所谓"浩然之气"，善化之意志也。能陶冶意志而与性之善融合，则谓之曰"浩然之气"。然性绝对、无限也，故此气亦不可不绝对、无限。故曰："其为气也，至大至刚，以直养而无害，则塞于天地之间。其为气也，配义与道，无是馁也。是集义所生者，非义袭而取之也。行有不慊于心，则馁矣。"孟子又用牛山之喻，曰：

> 牛山之木尝美矣……此岂山之性也哉？虽存乎人者，岂无仁义之心哉？其所以放其良心者，亦犹斧斤之于木也。旦旦而伐之，可以为美乎？

孟母三迁

> 其日夜之所息，平旦之气，其好恶与人相近也者几希。则其旦昼之所为，有梏亡之矣。梏之反复，则其夜气不足以存。夜气不足以存，则其违禽兽不远矣。人见其禽兽也，而以为未尝有才焉者，是岂人之情也哉！”

此言本心之自发的活动者，以为人心之向善，如木之萌蘖，待时而出。然若多行不善，则不能发之。虽不能发，然其势滋生而不已。何以知之？曰：今人睡醒，目未见恶色，耳未闻恶声，怳然独坐，当是时，精神洒落如冰释，所谓“夜气”也。扩而充之，则自无不善。故曰：“苟得其养，无物不长；苟失其养，无物不消。”孟子又认发挥本心之困难，故曰：“一日暴之，十日寒之，未有能生者也。”要之，其全体之说皆立于性、欲二元论之上者也。

第四节 政治论

个人之精神，社会现象之渊源也。然个人之精神之焦点则在其生活之欲望，衣食住之欲望即是也。人类为满足此欲望而活动者也，不达此欲，则如伦理何？管子曰：“仓廪食而知礼节，衣食足而知荣辱。”故希求衣食之欲，与尊重伦理之念，人间精神之两极端也。两者之中不能全其一而禁其他。孟子曰：“无恒产而有恒心者，惟士为能。若民则无恒产，因无恒心。”而欲使有恒心，必先制民之产，故又曰：“是故明君制民之产，必使仰足以事父母，俯足以畜妻子，乐岁终身饱，凶年免于死亡，然后驱而之善，故民之从之也轻。”

然则“制民之产”之道如何？举其主要者如左：（一）勿夺民时，（二）设数罟斧斤之禁，（三）应人口而颁土地，（四）轻赋敛。此其大纲也。然孟子又知行政机关之运转，必不可不征相当之租税，故白圭欲二十而取一，孟子以为非尧舜之道：

> ……孟子曰：“予之道，貉道也。万室之国，一人陶，则可乎？”曰：“不可，器不足用也。”曰：“夫貉，五谷不生，惟黍生之，无城郭宫室宗庙祭祀之礼，无诸侯币帛饔飧，无百官有司：故二十取一而足也。今居中国，去人伦，无君子，如之何其可也！”

而所以行如此之政治者，不忍人之心之发现也。曰：“人皆有不忍人之心。先王有不忍人之心，斯有不忍人之政矣。以不忍人之心行不忍人之政，治天下可运诸掌上。”故孟子之政治说得约之如左：（一）不忍人之心，（二）不忍人之政。右［盖］以人类生活之欲为根柢而出发者，于此生欲之满足后，始修礼讲乐，以发挥彝伦，以复其本心之善也。

第三章　结论

以上所论述，孟子所极力主张者，所谓孟子之本领也。于一面主张人性之善，一面主张生欲之必然。甲，伦理上之假定，乙，政治上之假定也。此外有所谓欲者，乃与善性相对立，而妨碍其发现。“生欲”与“欲”：一必然的，一偶然的也。偶然之欲可制，必然之生欲不可制。故生欲之横溢者即欲也。故善与欲可视为心理上之二元。生欲之胜者常人，而善性之胜者士人也。此孟子学说之系统也。

（刊于1905年7月《教育世界》104号）

荀子之学说

第一章　传及其著书

荀卿名况，赵人也，后孟子数十年。年十五，始游学于齐。当是时，齐田骈之属皆已死。齐襄王之时，荀卿最为老师。先是齐（致）天下之士于稷下，淳于髡、邹奭、田骈之徒皆来，齐王以为列大夫，置第康庄之衢，尊宠之。齐修列大夫之缺，而荀卿三为祭酒焉。齐人或谗荀卿，荀卿乃适楚，春申君以为兰陵令。复去适赵。游秦，说秦昭王，不能用。春申君复，固谢荀卿，乃行，复为兰陵令。春申君废，乃述仲尼之意，论礼义之治，卑五伯之业，阐明微理，排击异学，著书三十三篇。叹曰：

> 嗟我何人，独不遇时当乱世。欲衷对，言不从，恐为子胥身离凶，进谏不听，到而独鹿弃之江。观往事，以自戒，治乱是非亦可识，托于成相以寓［喻］意。

第二章　伦理论

第一节　人之性恶也

既如孟子学说中所论，性恶之论以生欲为根柢而立论者也。荀子谓："今人之性生而有好利焉，顺是，故争夺生而辞让亡焉；生而有疾恶焉，顺是，故残贼生而忠信亡焉；生而有耳目之欲，有好声色焉，顺是，故淫乱生而礼义文理亡焉。然则从人之性，顺人之情，必出于争夺……然则人之性恶明矣。"又曰："今人饥，见长而不敢先食者，将有所让也；劳而不敢求息者，将有所代也。夫子之让乎父，弟之让乎兄，子之代乎父，弟之代乎兄：此二行者皆反于性而悖于情也……故顺情性则不辞让矣，辞让则悖于情性矣。用此观之，然则人之性恶明矣，其善者伪也。"此求人性之所以恶者于生活之欲，易言以明之，人若放任其性，则各逞啮噬之欲，社会在生存竞争之里者也。

荀子又以为性者，抽象普遍的名称也，不可无具体的方面。此具体的方面，荀子以为生活之欲也。然则其抽象的方面有如何之意义乎？荀子曰："凡性者，天之就也，不可学，不可事。"又曰："性者吾所不能为也。"又曰："生之所以然者谓之性。"又曰："不事而自然谓之性。"故自其抽象的方面观之，则生之自然，无善不善之可言。若自具体的方面观之，则生活之欲常破坏社会之调和，故断言性恶也。

第二节　礼

人性既恶，则社会之自然的状态，生存竞争之状态也。而檃栝此人性之活动，不使有争乱之患者，礼是也。苟行礼，小足以治身，大足以治天下，此礼之二用也。

然礼自外束缚人者也，故人之所视为苦痛，而非自然的也，故名之曰“伪”，伪者人为之义也。圣人，伪之成功者也。荀子曰：伪积而化之谓圣。圣人积伪之所化，然则圣人与凡人之别，只程度之差而非性质之差也。

抑修为之问题，自子思孟子之立脚地观之，到底不能视为必要，即令认之，亦不过有消极的意味耳。然及荀子，始认积极的修为之必要。

礼者修为之唯一工夫也。是不独于个人为然，国家亦有之。故曰：“隆礼贵义者其国治，简礼贱义者其国乱。”（《议兵》篇）又曰：“礼者，治辨之极也，强国之本也，威行之道也，功名之总也，王公由之所以得天下也，不由所以陨社稷也。故坚甲利兵不足以为胜，高城深池不足以为固，严令繁刑不足以为威，由其道则行，不由其道则废。”（同上）所谓社会者，人民之簇聚也。社会之调和与否，则治乱之所以分也。故曰：“天行有常，不为尧存，不为桀亡。应之以治则吉，应之以乱则凶。强本而节用，则天不能贫；养备而动时，则天不能病；修道而不贰，则天不能祸。”（《天论》篇）此与墨子之“非命”，其意相同。以上实自人性上论礼之必要者也。更进而自社会生存上论之，曰：“人力不若牛，走不若马，而牛马为用，何也？曰：人能群，彼不能群也。人何以能群？曰：分。分何以能行？曰：义。故义以分则和，和则一，一则多力，多力则强，强则胜物，故宫室可得而居也。故序四时，裁万物，兼利天下，无他故也 [焉]，得之分义也。”（《王制》篇）荀子以礼为治天下之大法，痛击墨子之非乐、节葬、节用之说，以使果如此说，则使天下贫弱，且震荡人心者也，曰：“我以墨子之非乐也，则使天下乱；墨子之节用也，则使天下贫。非将堕之也，说不免焉。墨子大有天下，小有一国，将蹙然衣粗食恶，忧戚而非乐。若是则瘠，瘠则不足欲，不足欲则赏不行。墨子大有天下，小有一国，将少人徒，省官职，上功劳苦，与百姓均事业，齐功劳，若是则不威，不威则罚不行。”（《富国》篇）荀子虽未知墨子之真意，然于《正论》篇非难当今之骄奢，又与墨子同意也。

第三节　礼之所本

人性恶也，礼外也，然则礼何所本乎？此当研究之问题也。然荀子对此问题，非有积密之解答，唯曰：“人生而有欲。欲而不得则不能无求，求而无度量分界则不能不争，争则乱，乱则穷。先王恶其乱也，故制礼义以分之，以养人之欲，给人之求。使欲必不穷乎物，物必不屈于欲，两者相持而长，是礼之所起也。”然先王之制礼果何所本乎？《礼论》篇曰：“天地者，生之本也；先祖者，类之本也；君师者，治之本也。无天地，恶生？无先祖，恶出？无君

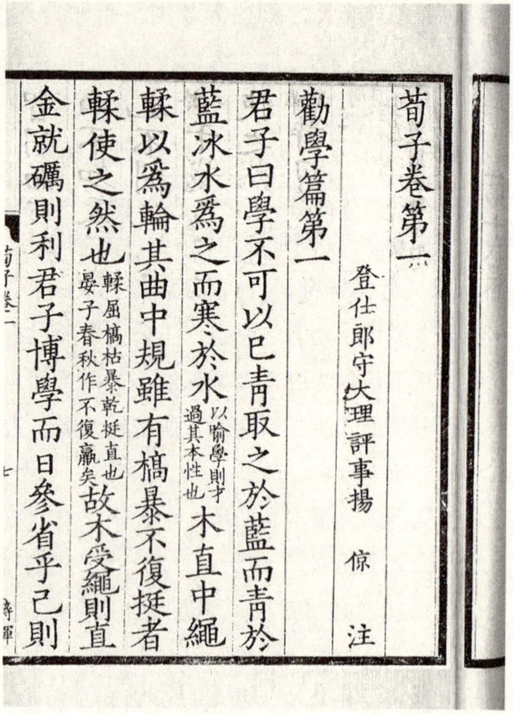

荀子卷第一

登仕郎守大理評事楊 倞 注

勸學篇第一

君子曰學不可以已青取之於藍而青於藍冰水爲之而寒於水以喻學則才過其本性也木直中繩輮以爲輪其曲中規雖有槁暴不復挺者輮使之然也輮屈槁枯暴乾挺直也晏子春秋作不復贏矣故木受繩則直金就礪則利君子博學而日參省乎己則

《荀子》书影

师，恶治？三者偏亡，焉无安人。故礼，上事天，下事地，尊先祖而隆君师：是礼之三本也。”然此所谓“本”者乃报本追远之意，而非谓礼之所自出。考荀子之真意，宁以为（礼）生乎人情，故曰：“称情而立文。”又曰：“三年之丧，称情而立文，所以为至痛之极也。”荀子之礼论至此不得不与其性恶论相矛盾，盖其所谓“称情而立文”者实预想善良之人情故也。

第三章 政治论

第一节 国家系统

人民之归往者谓之王。王者即德之所在，故大功德之后，非必常为王。王非位也，故天子无禅让放伐。尧舜皆有德之人也。尧以有德之故而为天子，人民不以尧之人而以其德也。然舜之德又与尧无异。尧之死也，舜继而为天子，是以尧代尧也，以德代德也。人虽有尧舜之别，而德则无异，同为人民之所归往，何禅让之有？故曰：“天下厌然，与乡无以异也，以尧易尧，夫又何变之有矣！”桀纣失其德，邦家分崩，人民离散，是已无天下矣。汤武修其道，行其义，兴天下之同利，除天下之同害，而天下归之。故汤武非夺天下，而桀纣非被夺。故曰：“天下归之之谓王，天下去之之谓亡。故桀纣无天下，而汤武不弑君，由此效之也。”（《正论》）盖以为天下［子］非位也，非自人而授之，而自己得之者也。身无功德者不能为天子，曰：“以桀纣为常有天下之籍则然，亲有天下之籍则不然。”是亦与孟子“一夫纣”之意同也。

诸侯则不然。诸侯位也，避诸侯之位与否，在天子之命。故诸侯之本质，非德而在命。天子命甲为诸侯，及致仕，更命乙为诸侯：此与天子异者也。故曰：“诸侯有老，天子无老。有擅国，无擅天下，古今一也。”此之谓也。

第二节　政治术

“君子之德风，小人之德草，草上之风必偃。”是孔子政治论之主意也。以身先天下，则天下无不化。《大学》之言治国平天下本于修身，可谓善得其意也。故此派之政治非政治术，而自己之人格为政治之中心。荀子亦谓政治在以身先天下，曰：“主者，民之唱也；上者，下之仪也。彼将听唱而应，视仪而动。唱默则民无应也，仪隐则下无动也……故上者下之本也。上宣明则下治辨矣，上端诚则下愿悫矣，上公正则下易直矣。”（《正论》）所谓政治术者道也，曰：“道者古今之正权也。”（《正名》）道者何？礼乐刑政是也。荀子以礼乐为致治平唯一之道，如上所论，并用刑政，先王然也，孔子亦然，唯欲其刑之中耳。荀子亦曰：“刑称罪则治，不称罪则乱。”（《正论》）

然荀子亦斥小惠而主信赏必罚，曰：“人或触罪矣，而直轻其刑，然则是杀人者不死，而伤人者不刑也。罪至重而刑至轻，庸人不知恶矣，乱莫大焉。”（《正论》）荀子又信法所以制之于既发之末，而严刑所以束民心，曰：“凡刑人之本，禁暴恶恶，且惩其末［未］也。”（《正论》）又曰：“故治则刑重，乱则刑轻。”

第三节　正名

惠施公孙龙之徒，驰辩弄文以混乱真伪。荀子疾之而作《正名》篇，曰：“王者之制名，名定而实辨。”先就人类述“性、情、虑、伪、为、事、行、（知、）智、能、病、命”等字之定义。次言名实之乱，使思想混杂，事务纷错。更进而谓人之辨同异，由于天官。天官者何？耳目口鼻心体是也。此六官各有所思［司］，而各有别，辨别。同者同名，别者别名。

第四章　结论

荀子之非子思孟子也，曰：“犹然而材剧志大……幽隐而无说，闭约而无解。”于是关穷理之事，则唾而不顾，唯先王之礼是由。其言曰：“其于天地万物也，不务说其所以然，而致善用其材。”其主义可见也。又曰：“道不过三代，法不贰后王。”故其所言，止于经验界，且但关于礼耳。是故责荀子以哲学，非得其正鹄者也。然其思想之精密正确，实从来儒家中所未尝有，而开韩非子法家之论者也。

（刊于1905年7月《教育世界》104号）

周秦诸子之名学

学问之发达其必自争论始矣，况学术之为争论之武器者乎？其在印度，则自数论声论之争，而因明之学起。在希腊，则哀利亚派之芝诺（Zeno）因驳额拉吉来图（Heraclitus）之万物流转说，而创辩证论。至诡辩学派起，而希腊学术上之争论益烈，不三四传，遂成雅里大德勒（Aristotle）完备之名学。我国名学之祖是为墨子。墨子之所以研究名学，亦因欲持其兼爱、节葬、非乐之说，以反对儒家故也。（见《大取》篇）荀子疾邓、惠之诡辩，淑孔子之遗言，而作《正名》一篇，中国之名学于斯为盛。暴秦燔书，学问之途绝。至汉武之世，罢斥百家，而天下之学术定于一尊，学术之争绝于此矣。辩论之事绝，而欲求辩论之术之发达，是欲购今日之巨炮坚舰于华胥之国，夫固不可得已。然勿以吾国名学发达之止于此，而遂谓此数子者无研究之价值也。如《墨子》、《经》上下之论定义（Definition），《大取》、《小取》二篇之论推理之谬妄（Fallacy of Reasoning），荀子及公孙龙子之论概念（Conception），虽不足以比雅里大德勒，固吾国古典中最可宝贵之一部，亦名学史上最有兴味之事实也。今特比而论之，世之学者以览观焉。

墨子之名学说，见于《经》上、下，《经说》上、下、《大取》、《小取》六篇。《经》下、《经说》上、下，及《大取》篇，其属辞引类，皆当时熟语故事，又多夺句、误字，今不可解。可解者唯《经》上及《小取》二篇耳。而《经》上但下“名”之定义，而不论下定义之法则，故可不论。《小取》一篇列举推理之真妄，而亦不论推理之法则，然其述谬妄之种类，颇有足观者。以为一切谬妄皆起于比类（Analogy），故曰：

> 夫物有以同而不，率遂同，辞之侔也。有所至而正。其然也，有所以然也。（其然也）同（句），其所以然也不必同。其取之也，有所以取之。其取之也同（句），其所以取之不必同。是故辟、侔、援、推之辞，行而异，转而危，远而失，流而离本，则不可不审也。（《小取》）

由是而分推理为“是而然”、“是而不然”、“一害而一不害”、“一是而一不是”四者。第一种如：

白马，马也；乘白马，乘马也。骊马，马也；乘骊马，乘马也。获，人也；爱获，爱人也。臧，人也；爱臧，爱人也。此乃“是而然”者也。

然应用此法于他处，则生种种之谬妄。如

获之视（毕注云：当为“事”。愚按：当作“亲”），人也；获之事亲，非事人也。其弟，美人也；爱弟，非爱美人也。

由名学上言之，前者言辞暧昧之谬妄（Fallacy of Equivocation），后者偶然性之谬妄（Fallacy of Accident）也。又如

车，木也；乘车，非乘木也。船，木也；人船（愚按：疑“入船”之误），非人木也。盗，人也；多盗，非多人也；无盗，非无人也。奚以明之？恶多盗，非恶多人也；欲无盗，非欲无人也……此乃“是而不然”者也。

此背名学上之规则，而前提（Premise）中所未定之辞，至结论（Conclusion）中而忽一定，即雅里大德勒所谓Fallacy of illicit Process of major term者也。盖前提中之“人”，指人之一小部分，而结论中之“人”则指人类之全体故也。而但自形式上观之，则与“白马，马也；乘白马，乘马也”等之推理，无甚差别。故应用此形式，而不考事实之如何，其不陷于此谬妄者鲜矣。至所谓“一害而一不害”“一是而一不是”者，亦由此类而起。曰：

爱人，待周爱人，而后为爱人。不爱人，不待周不爱人，不（愚按：此字当衍）失周爱，因为不爱人矣。乘马，待周乘马（愚按：当作“不待周乘马”），然后为乘马也。有乘于马，因为乘马矣。逮至不乘马，待周不乘马，而后（为）不乘马，而后不乘马（愚按：此五字当衍）。此“一周而一不周”者也。（愚按：此墨子自主张其兼爱说：“爱人”指无人不爱。而“不爱人”指不兼爱者，非指兼不爱者也。“乘马”之例反是。乘马不待其人全乘于马上，然后谓之乘马。“不乘马”必俟其下马后，方可谓之不乘马。此由一家之学说及一时之习惯立论，非纯由名学上观察者也。）居于国则为“居国”。有一宅于国，而不为“有国”。桃之实，桃也。棘之实，非棘也。问人之病，问人也；恶人之病，非恶人也。人之鬼，非

白马非马

人也；兄之鬼，兄也。祭人之鬼，非祭人也；祭兄之鬼，乃祭兄也。之马之目盼，则为（毕注当作“谓”）之“马盼”；之马之目大，而不谓之“马大”。之牛之毛黄，则谓之“牛黄”；之牛之毛众，而不谓之“牛众”。一马，马也；二马，马也。马四足者，一马而四足也，非两马而四足也。一马，马也。马或白者，二马而或白也，非一的而或白。（原按，此由吾国言语中无全称特称之区别，故有此谬）此乃“一是而一非”者也。

然墨子非谓推理中有“是而然”“是而不然”“一害而一不害”“一是而一不是”之四种也。不过前二节分之，后二节合而论之耳。而不是之源，由于见一推理之形式之有时而真，而遂应用之于他处，一切谬妄皆由此而起。然墨子虽列举事实，而不能发见抽象之法则，以视雅里大德勒之谬妄论，遂不免鲁卫之于秦晋，是则可惜者也。

墨子之定义论、推理论，虽不遍不赅，不精不详，毛举事实而不能发见抽象之法则，然可谓我国名学之祖，而其在名学上之位置，略近于西洋之芝诺者也。然名学之发达，不在墨家，而在儒家之荀子。荀子之《正名》篇虽于推理论一方面不能发展墨子之说，然由常识经验之立脚地，以建设其概念论，其说之稳健精确，实我国名学上空前绝后之作也。岂唯我国，即在西洋古代，除雅里大德勒之奥尔额诺恩（Organon）外，孰与之比肩者乎？兹录其首章而释之如左：

> 后王之成名，刑名从商，爵名从周，文名从礼，散名之加于万物者，则从诸夏之成俗曲期；远方异俗之乡，则因之以为通。

此谓名之与物非有必然的关系，但沿习既久，而既有一定之意义，则从之因之而已。

> 散名之在人者：生之所以然者谓之性。性之和所生，精合感应，不事而自然谓之性。性之好、恶、喜、怒、哀、乐谓之情。情然而心为之择谓之虑。心虑而能为之动谓之伪。虑积焉能习焉而后成谓之伪。（原按：荀子此处所下心理学上学语之定义，最为精确。"性"者，人心之抽象的名称。"情"字于感情外兼有冲动（impules）之意。而"虑"则与英语之Deliberation相当，即意志本部Will Proper之作用也。下"伪"字；行为Conduct之义；下"伪"字，品性Character之义，与今日心理学伦理学家之说全合。）正利而为谓之事，正义而为谓之行，所以知之在人者谓之知。知有所合谓之智。智所以能之在人者谓之能。能有所合谓之能。性伤谓之病。节遇谓之命。是散名之在人者也，是后王之成名也。

此皆沿习既久，而有一定之意义，后王所当因袭之者也。但就性情等言之，举一例耳。

> 故王者之制名，名定而实辨，道行而志通，则慎率民而一焉。故析辞、擅作名以乱正名，使民疑惑，人多辨讼，则谓之大奸；其罪犹为符节、度量之罪也。故其民莫敢托为奇辞以乱正名，故其民悫。悫则易使，易使则公。其民莫敢托为奇辞以乱正名，故壹于道法而谨于循令矣，如是则其迹长矣。迹长功成，治之极也，是谨于守名约之功也。今圣王没，名守慢，奇辞起，名实乱，是非之形不明，则虽守法之吏，诵数之儒，亦皆乱也。若有王者起，必将有循于旧名，有作于新名。

此以正名为治天下之道，与孔子所谓“名不正则言不顺，言不顺则事不成，事不成则礼乐不兴，礼乐不兴则刑罚不中，刑罚不中则民无所措手足”，墨子所谓“夫辩者将以明是非之分，审治乱之纪，明同异之处，察名实之理，处利害，决嫌疑焉”，公孙龙子所谓“至矣哉，古之明王！审其名实，慎其所谓。至矣哉，古之明王！”意相同，盖当时一般之思想也。希腊苏格拉底(Socrates)之所以汲汲于明概念、正定义者，岂不以当时诡辩学派说真理之不可知，道德之无根据，而人人以自己为万物之标准，故发愤而起欤?

荀子更进而论制名之目的，与名之缘起及标准，曰：

> 然则所为有名，(与)所缘有［以］同异，与制名之枢要，不可不察也。异形离心交喻，异物名实玄纽，贵贱不明，同异不别。如是，则志必有不喻之患，而事必有困废之祸。故知者为之分别制名以指实，上以明贵贱，下以辨同异。贵贱明，同异别，如是，则志无不喻之患，事无困废之祸。此所为有名也。

此谓制名之目的，在区别同异以交通思想。然则同异何缘以别之乎？此自“名”之问题而入“知”之问题，易言以明之，则自名学上之问题而转入知识论上之问题者也。荀子曰：

> 然则何缘而以同异？曰：缘天官。凡同类同情者，其天官之意物也同，故比方之疑似而通。是所以共其约名以相期也。形体、色、理，以目异；声音清浊，调竽奇声，以耳异；甘苦、咸淡、辛酸、奇味，以口异；香、臭、芬、郁、腥、臊、洒、酸、奇臭，以鼻异；疾、养、沧、热、滑、铍、轻、重，以形体异；说、故、喜、怒、哀、乐、爱、恶、欲，以心异。

所谓“天官”者即耳目口鼻体与心也。前五者外官，而心，内官也。凡有相同之感觉者，天官视其感觉之原因之物之相同，而以同名名之。而心者，非徒自己为一天官，又立于他天官之上而统一之者也。故曰：

> 心有征知。征知，则缘耳而知声可也，缘目而知形可也。然而征知必待夫天官之当簿其类然后可也。五官簿之而不知，心征之而无说，则人莫不然谓之不知。此所缘而以同异也。

按荀子此节之言，非于知识论上有深邃之知识者不能道也。自西洋古代哲学家以至近世之汗德Kant，皆以直观（Perception）但为感性（Sensibility）之作用而无悟性（Understanding）之作用存乎其间。易言以明之，但为五官之作用，而非心之作用也。唯叔本华（Schopenhauer）于其充足理由之论文中，证明直观中之有睿知的性质（Intellectual character）。曰："贫哉感觉（Sensation）！即其最高尚者（如视觉）亦不过人体中所起一种特别之感应耳。故感觉，主观的，绝不似直观之为客观的也。盖感觉之作用行于吾人之体内，而决不能超乎其外。感觉有愉快有不愉快，但表其与吾人意志之关系，而无关于客观的外物。唯悟性之作用起，而主观的感觉始变而为客观的直观，即悟性以其因果律之先天的形式，而视五官之感觉为一果，而必欲进而求其因，同时空间之形式助之，遂超吾人之身体外，而置此原因于客观的外物，经验之世界由此起也。于此作用中，悟性利用感觉中所供给之材料，而构其因于空间中，故五官但供我以材料，而由之以构成客观的世界者，则悟性也。故无悟性之助，则直观不得而起也。"此叔本华所自矜为空前绝后之大发明，复征诸生理、心理上之事实以证明之。然要之，其充足理由论文第二十一章之全文，不过荀子此节之注脚而已。又其所谓"五官簿之而不知，心征之而无说"者，岂不令吾人唤起汗德所谓"无内容之思想，空虚也；无概念之直觉（谓感觉），盲瞽也"乎？则荀子之知识论的名学上之价值如何，自可推而知也。

> 然后随而命之：同则同之，异则异之；单足以喻则单，单不足以喻则兼；单与兼无所相避则共，虽共，不为害矣。

杨倞注曰："单，物之单名；兼，复名也。喻，晓也。谓若止喻其物，则谓之马；喻其毛色，则谓之白马、黄马之比也。"由此观之，则与名学中所谓单纯名辞（Simple term）复杂名辞（Conpound term）相当，即单名但表一概念，而复名则表二概念以上者也。然有时但着眼各物之公共点，而不必问其特别之状态时，则单用一单名或一兼名表之，亦无不可。故曰："单与兼无所相避则共，虽共不为害矣。"然荀子固深重同异之别，虽说共名，犹以异质而同名者为不可，故继之曰：

> 知异实者之异名也，故使异实者莫不异名也，不可乱也，犹使异［同］实者莫不同名也。（杨注："或曰'异实'当为'同实'"）故万物虽众，有时而欲遍举之，故谓之"物"。"物"也者，大共名也。推而共之，共则有共，至于无共然后止。有时而欲偏举之，故谓之"鸟兽"。"鸟兽"也者，大别名也。推而别之，别则有别，至于无别然后止。

共名与别名即西洋名学上类概念（Genus）与种概念（Species）之区别。然以“鸟兽”为别名，实其疏漏之处，吾人亦不能为之讳饰也。

名无固宜，约之以命，约定俗成谓之宜，异于约谓之不宜。名无固实，约之以命实，约定俗成谓之实名。名有固善，径易而不拂，则谓之善名。

此分名为“宜名”“实名”“善名”三者，谓名本无宜不宜之别，唯合于古今沿用之习惯者谓之宜名，不合者谓之不宜名。又本无实不实之别，唯指外界实在之事物，而有事物以为之内容者，谓之实名。若有名而无实当之外界之事物，或不尽与事物相副，则不过一空虚之概念而已。柏庚（Bacon）所谓“市场之偶像”，汗德所谓“先天之幻影”，皆指此也。而实名之呼其名而即晓其意者，又谓之善名。此名之价值之分也。

物有同状而异所者，有异状而同所者，可别也。状同而为异所者，虽可合，谓之二实。状变而实无别而为异者，谓之化。有化而无别，谓之一实。此事之所以稽实定数也。此制名之枢要也。

“同状异所”，杨倞注谓“若两马同状，各在一处之类”。“异状同所”，注“谓如蚕蛾之类”。窃谓杨倞所引例稍有未妥。前例如驴、马，后例如蚕蛾。前者“二实”，而后者“一实”也。可见荀子论制名之标准，全立于经验论之上，而与公孙龙、惠施之徒逞诡辩者，全相异也。

（刊于1905年4月至5月《教育世界》98、100号）

希腊圣人苏格拉底传

苏格拉底事迹，散见其门人柏拉图之《问答篇》，与芝诺芬之《纪念录》。顾二书所载间有不同。如柏拉图言，则苏格拉底重思想者也，理想的之人物也；如芝诺芬言，则苏格拉底重实事者也，平民的之道德家也。柏拉图常自以其理想，假其师之名而出之，故其说或不如芝诺芬之得真。然芝诺芬历史家也，非哲学家也。故亦有不善解其师说者，未可尽为训。今以芝书为主，以柏书为助，而略传苏氏梗概，其庶无大误乎！若夫苏氏一生之性行学问，固非读全书不足以尽之矣。

苏格拉底，希腊之雅典人，纪元前四百六十八年生，或云纪元前四百七十年生。父曰锁福罗尼斯哥，业雕刻术，为人诚实，颇有贤声于时。母曰法讷烈底，业产婆。家贫。苏格拉底幼时，受普通教育于家庭，亦尝学雕刻术，冀绍父业，然非其所好，稍习即弃去。其学哲学也，说者不一，或言曾师事巴穆尼底。巴穆尼底者，以转变之理说万物者也。然苏氏似仅读巴氏之书，未尝亲受业于其门。又当时诡辩派诸名儒，如普罗达哥拉斯、葛高斯、普罗底戈等，苏氏亦未尝师事之。苏之所以为学，实恃一己之力所得之者也。大抵苏氏幼年曾学自然哲学，然以其说之不完全，遂辍而不讲。斯说固信而有征者矣。苏娶克商琪培为妻。克商琪培性悍，而苏善忍受之。一日，其妻盛怒，倾水泼苏，自顶至踵俱湿。苏坦然语曰："迅雷之后，必有急雨。"其天性之温和盖如此。或问苏："何故娶悍妇？"曰："御马者先御悍马，然后善其术。吾欲御人，是以娶之也。能忍而御其妻，则亦处世而无怨尤矣。"

苏格拉底壮年尝三从军（纪元前四百三十一年波奇达亚之役，纪元前四百二十二年狄里匋之役，纪元前四百二十四年安福婆利之役），以武勇著。体坚实，善耐劳苦，他人叹弗及。军中粮绝，经日不食，不自知其饥渴也。严寒之日，他人非袭重裘，以毛蔽踝，未敢外出，而苏则单衣跣足，行于疾风大

苏格拉底雕刻

雪之中，见者至自愧无勇。其居军中也，多异闻逸事。一日盛暑，苏自朝立于庭中，若有所沉思，自作问答状；及午，兵卒有携枕簟眠于树阴者，见苏仍鹄立不动，窃异之，曰：“苏格拉底非自晨既立于此者乎？”如是至暮不去，入衣［夜］亦不去，及其去也，朝暾已在林间矣。有少年曰阿克毕第者，苏之友而后年之门弟子也，尝负伤，苏救之。阿克毕第感其义，及论功，为言于上官，乞赏苏格拉底，苏辞不受，卒归功于阿克毕第。其后七年，雅典军败，退向狄里匈，苏格拉底殿，毅然不稍却。柏拉图假阿克毕第之言以记其事曰：“其时予（阿克毕第自谓）为骑兵，而苏为步兵。及退军，予犹见彼，与为礼，观其从容指挥，慎思周虑，觉英迈之色转有过于临战者。”

苏格拉底之勇毅匪独于战阵见之也，其为评议官、为司法官，亦持正不阿，守义不屈，所言者必躬行之，所既行者，虽强之而不改。纪元前四百六年，为元老院议长时，曾以事与众议全戾，卒不为之下。其丰裁之峻厉可想见矣。苏氏中年以后，始集弟子讲学。雅典之人闻之，相引以为异，观者如堵。盖苏氏面目奇陋，鼻低而上向，睛凸唇厚，腹大如五石瓠。见者辄目笑之，故居民争欲瞻其丑状也。然苏氏貌虽不扬，而其思想之高尚，其行为之坚固，其辞令之明达而条理，实有出人意表者，此所以趍［趋］聆其教者若水之就壑欤？苏氏教人不索酬，故犹有议其所教为无足取者。苏格拉底有子三人，其恃何者以资生，今不可考。然观于苏之居家日少，又观于其妻权势之强，则意者衣食之费皆其妻任之。苏氏所自以为职者，破［则］在力破当时学者之妄，而教导后进，纳之于智德之轨耳。一言以蔽之，曰：意在改良雅典之道德是也。

苏格拉底巧于立言，故有误以诡辩派目之者。虽然，苏格拉底非诡辩派，且当时之诡辩派正彼之所深恶而痛绝之者也。初，诡辩派之肇兴也，本以崇尚德义为旨，教后进以持身涉世之道。其所讲者，道德也，哲学也，雄辩学与修辞法也。其所以增长人知而为功于希腊者，良非浅鲜。然以承其流者之不善，至苏格拉底时，而名实已相远矣。若辈以口给自夸，以修饰自喜，以好名射利为主义，党同伐异，傲然往来于雅典之市，此所谓俗儒也。苏格拉底独以救时济世为怀抱，乐育英才，匡扶真理，至以身殉之。视彼诡辩派，夫固日月之于爝火，江河之于沟浍矣！

苏格拉底之教人也，和易可亲，不示人以矜岸之概，其所言者又皆切实易行之事，浅近可解之理。微论男女老幼贫富贵贱，有愿学者，未尝拒之也。阛阓之中，通衢之间，皆其设教之地也。其所教者有宗教，有教育，有政治，有军事，有美术，有论辩法，有处世之术、摄生之方，要在使国民得为国民之道而已。其教法钝以问答出之，大抵先消极法而继以积极法。其始也，佯为不知而诘之；其既答也，则迎而导之，转其向而叩之；及言者悟所说之矛盾，则虚骄之气以挫，而自耻其无学；知耻则知奋，知奋则向学殷；于斯时也，醒之以知识，有心悦诚服以去者矣。人以苏氏之母之术喻苏氏之教法，曰："产婆法"。盖不自外而注之，而自内而导之，其助人以生产思想，与助孕妇之产子无异也。苏格拉底以一种实验论为主义者，故其法纯用归纳。苏氏之归纳法固不如后世柏庚之精确，且其范围亦专于人事而不及于自然，虽然，未可以是咎二千余年前之先哲也。

苏氏告诫门人之言多新颖可喜者，试举一二事以见例焉。一日，苏格拉底与门人欧几第穆论判断正邪之法。苏曰："人能无诈乎？"欧曰："人固多诈。"曰："行诈者正乎？"曰："不正。"曰："为恶而害人者正乎？"曰："不正。"曰："鬻公民为奴隶则如何？"曰："是亦不正。"曰："为大将者攻敌国而取其土地，虏其人民，则如何？"曰："是则正也。"曰："为将者而欺敌，正乎？"曰："正。"曰："蹂躏敌军，掠粮糒牲畜，亦可谓之正乎？"曰："是亦正，然加之于朋友则为恶。"曰："然，吾知之矣！行为之正者，亦有时而不正。正邪之所以变，由于对敌人与对朋友之不同也。且问子：'假如师败气馁，而为将者诈称寇至以鼓舞军心，正乎？'"曰："正。"曰："婴儿畏药，其父母欺之，以为羹也，然服之而疾愈。其亲之伪言，正乎？"曰："正。"曰："有友恚而欲自戕者，夺其刀，俾不至于死，正乎？"曰："是亦正。"曰："吾子自思之，从子之论，则人之交友，不必常守直道。而有时可用诈术。"于是欧几第穆颇自觉其说之不安也，心为之皇惑。苏格拉底更问之曰："以故意欺人者与无意欺人者，孰最不正？"欧几第穆惊所问之出于意表，谢不能答。苏格拉底晓之曰："吾子数易其意见，此所以自穷也。今有教人以真理者而前后殊其词，子谓之何？告迷途者而既曰'之东'，又曰'之西'，子谓之何？"曰："此愚妄无知之徒也。""愚妄无知"是欧几第穆之自白也。

格罗坤者有为之士也，而性轻躁，年未弱冠，欲以一己之力左右雅典政府，所至演说，痛诋政府，意气逼人。有以持重之就谏者，勿听也。苏格拉底惜其才，而谆谆教之，卒以悛其行。问于格罗坤曰："吾子有统治雅典共和国之意乎？"曰："有之。"曰："子所志远矣大矣！他日功成，则令名且遍于国中而及于海外。"格罗坤闻之，适中其自负之心，则岸然以喜也。苏格拉底继语之曰："欲见敬于众者必不可不有利于国，吾子欲有利于国，将谓以（何）事始？"格罗坤默思有项，未及答。苏谓之曰："非欲富其国乎？"曰："然。"曰："国何以富？其增岁入之谓乎？"曰："然。"曰："然则吾国之岁入几何？其取之也何自？物价之骤变，操何道之［以］救之？吾子其究心有年矣，盍以语我？”曰：“未能知也。”曰：“子向主节流说者，然则岁出之额必知之。”曰：“亦未能知也。”曰：“不知岁出入者，是未可与言富国之术也。”曰：“富国亦自有术矣，不如灭人之国而夺其利。”曰：“是固善也；虽然，必其强于敌而后能之，不然，则未有所得而反有所失。今欲用兵，必较两国之兵力，而决胜负进退之谋。盍语我以吾国海陆兵士之数？”曰：“是不能答。”曰：“忘之乎？平日必为表以记之，且视之。”曰：“未有也。”曰：“不知国之兵力者，是未可与言用兵也。且不与子言战而言守。今吾国之堡垒孰扼形胜耶？守卒几何人耶？其有待于增设者耶？”曰：“不然，余欲毁其垒而尽去其兵，是假口国防而徒剥削土地者也。”曰：“寇至何以御之？且子谓其剥削土地，目击之耶？”曰“想当然耳。”曰：“想当然者未可据以立论，俟精察而得之，而后言之政府未晚也。”又转语而诘格罗坤曰：“吾意子必未尝身至银矿，故不知产银所由以减之故，然乎？”曰：“然。”曰：“银矿之间不宜摄生，故吾子不得往，不然，必既勘究之矣。虽然，若谷食，则吾子之所知也。今雅典之产谷以供民食，盈绌若何？苟欲储所盈者以备干潦，则其数若何而后足一年之食？”曰：“至其时自知之，今无暇留意及此。”曰：“不知供求之率者，不能治一家也。吾雅典之民万有余家，一旦而留意察之，诚不易易。虽然，子之叔父，其家业非日就衰敝欤？是正吾子觇试长才之日也，不能治一家者何以治一国？而子顾欲握雅典之政权，岂未能任舆薪之载者而能举千钧之重欤？”曰：“使吾叔父从吾言，则家政既治矣，其如彼不从何？”曰：“子不能见信于其叔，而谓欲见信于国民欤？吾子善思之！愿大而力不逮，则人蔑视之；己所不知，不如不言；轻举妄动贻后世羞者，古今比比然也。子之欲尽瘁于国家则善矣，然不可不有实力，有实力则功成名遂矣。”

苏格拉底之教法如此。是以能使辩者口塞，慢者气沮。故其时名流硕士殆无不与辩论，而未有能胜之者。然苏氏非徒以攻击他人为旨，其折人也，亦非徒以善词令故。盖其意诚而情笃有以使之然也。阿克毕第尝赞其师于宴会之际，时苏亦在座。阿曰：

> 吾欲赞苏格拉底，而若无以拟之，则以雕像拟之。苏格拉底其将以吾言为谑也。苏格拉底，其市所鬻之瑟立洛耶？瑟立洛者滑稽之像也，而神也；其弄笛之玛西亚耶？玛西亚者半人半兽之像也，其弄笛也，天地为之动容，万物为之变色。苏格拉底所为笛，则言语而非器械也。闻其声者，或不自闻而得自他人者，皆若醉若狂，若自快若不自快。吾尝欲充耳而去其前矣，而其言语之吸力制我而不使动也。吾闻言而内疚，忽忽焉若此身

之自九天而坠九渊。然攻其说，而不自知已为其说之奴隶也。吾一日不见苏格拉底，则人世功名之念浡然兴焉，故吾不欲见苏格拉底，见则欲遁。吾不能从其命而为之，故见之则神志瞀乱也。吾尝闻辩论于培里噶利之徒矣，然感动之力至微。培里噶利，可拟之鼐斯特安德诺耳。伯剌希达，可拟之亚希列武耳。若苏格拉底，则人无得而拟焉，拟之者惟瑟立洛与玛西亚也。

从苏格拉底讲学者，其人不一：有老者幼者，有工有商有兵，有文士，有处女。其性行亦不一：有气骄者，有志决者，有严谨自持者，有放诞行乐者，有热心时事者，有冲淡寡营者，有天真烂漫如婴儿者。其中如柏拉图，则孔门之有颜渊也。今略举诸弟子事实，亦以见苏格拉底之伟大已。

欧克勒的者，美加拿人，性好哲学，诸家之书多所流览。慕苏格拉底之名，将负笈而从游焉。会雅典与美加拿不睦，禁美加拿人至雅典，违者锢之终身。欧克勒的不以禁令为畏，伪为女装，日跋涉二十英里之遥而叩苏氏之门。及有所得，归而思之，遂创美加拿学派。后苏格拉底遇难后，诸弟子多避难美加拿者，欧克勒的厚遇之，盖以报之也。又有阿里斯奇博者，富人也，性躁急，其学说以求乐为旨归，世称克猷列奈学派。克猷列奈（即埃及）者，阿里斯奇博之故里也。苏格拉底戒之曰："吾辈教育少年，而欲其成就伟业，则莫如授之以艰难辛苦，以养其坚忍克己之性质。吾闻诸海希鄂德（按，前8—7世纪，希腊哲学家）矣，曰：'为恶之道，近而平坦，故人多就之。为善之道，高而远，故非劳其力者不能至，非造其极者不得食报。此天之所定也。'又尝闻诸哀比赫穆矣，曰：'神视下民苦劳之度，以定其赏之厚薄。'"

安齐斯迭鼐者，初师事葛高斯，后设帐授徒。及闻苏氏之名，遂撤皋比，自请为弟子，又命其门人亦从学焉。安齐斯迭鼐之为学，主于坚苦自克，其初谒苏氏也。衣敝衣，有自矜色。苏讽之曰："吾自汝衣之破绽中，而窥见汝之好伪矣！"安齐斯迭鼐之弟子中，有曰狄鄂格奈者，奇人也，尝白昼携灯，徘徊于市；又尝蹲踞盆中，傲然与亚历山德［大］大王相语。一日为海寇所虏，将鬻为奴。寇问何能，曰："吾能治人。如鬻我，必择诸欲得主人之家。"柏拉图招之饮，则昂然入室，以污足践华裀，曰："吾以足压柏拉图之骄慢也。"柏拉图曰："子之骄慢乃倍于我。"其人天性诡异如此，后亦从安齐斯迭鼐而受业于苏。

芝诺芬未师事苏氏时，一浊世美少年也。偶逅苏氏于途，苏问之曰："欲沽美食，于何求之？"芝告以其所。又曰："欲为善人，于何求之？"芝踌躇不能答。曰："然则从我而学耳。"于是芝诺芬遂执贽请业焉。

苏格拉底主知德合一之说，其言曰："夫人未有不欲其身之善者。人之欲善，无异其好乐而恶苦也。人惟欲善，是以能善；既曰能之，则可求而得之。故欲实行道德者，在知道德之于人之为善。其为不善者，以不知善之为善也。"或问于苏格拉底曰："何以有明知善恶而行戾于言者？"曰："是未可谓真知也。知己之利，而不求其利，吾未见其人也。"虽然，自今世言之，则苏氏此言，义犹有未尽者。夫道德上之所谓善，与人身之所谓善，不必其同。人非必知道德之善而好之乐之也。故有知之而不能行之者矣。必道德上之善与人身之善一致，而后能如苏氏之言耳。（原按，苏格拉底之知德合一论与阳明之知行合一论，似同实异。）

"知己"一语，苏格拉底格言中之最置重者也。欧几第穆问苏格拉底以善知事物之道，苏移地福义神社之榜语以告之，曰："在知我。"且曰："知我者，非仅仅自知姓氏之谓也，返求诸身，而知其宜于何事，夫如是之谓知己。知己则知所以利己者，而推己及人，则又知所以利人者。己利人利而功成矣。治国者亦然，不自知其国力者，自亡之道也。"

苏格拉底信神者也，以意匠论证明神之存在。尝谓雅里斯德第穆曰："谁为子所赞美者？"雅举诗家鄂谟尔、雕刻家濮留克立特、画家瑞武格希以对。曰："子谓技术中何者价值最贵？其能造无精神无动作之雕像者乎？抑有能造

雅典帕特农神庙

有精神有知力有运动之动物者乎？”曰：“不待言而知其为后者也。”又问曰：“于此有不知目的而为之者，与能合目的而为利于人世者，孰为偶然之结果？而孰为睿智之结果乎？”曰：“亦不待言而为后者也。”曰：“始作人者，授之以五官，又随其目的而备物以应其求，是故目有可得而视之色，耳有可得而闻之声，皆与人为利焉。此非为人世谋，而出意匠以作之者乎？”

苏格拉底尝说天地万物之善美，与人间身体之构造，而推论造物主宰。又尝说其善与爱，然所以为证明者固不完全，仅由事实之半面立论，而与世间事物之矛盾、冲突、害恶等，未思及之也。苏格拉底信灵魂不死之说，又以为世有一种灵体，不可见，不可闻，不可思议，名之曰：“太蒙”。“太蒙”者所以呵止不善之言行之声也。

苏格拉底之说固亦近于宗教，虽然，非欲攻事物之深奥，而窥宇宙之秘密也。彼嘲当时之理学家，目之为狂，曰：“研究自然现象者，岂其能行云施雨变化气候乎？”要之，苏氏所究者人事，所尚者道德，是故希腊哲学之向以探讨外象为主者，至苏氏一变而求诸内，遂以开柏拉图及雅里大德勒之先声，而为希腊哲学之祖。基开禄论之曰：“若苏格拉底者，是挈天上之哲学而致之地上，以分馈于人者也。”

苏格拉底之学主在实用，故尝教人以孝弟友义。为其长子兰普禄克烈谆谆说事亲之道。有兄弟不睦者，苏氏和解之，告以兄弟为不可求之宝。又尝说益友之义。其待人也诚挚，过则规之，善则劝之，有不幸者慰藉之。其教人也，重体育，以为勇健之精神必栖于强壮之身体，曰：“由运动以强其身者，对国家之本务也。”苏每晨必散策于外，或至运动场习体操。天性活泼，五十岁，犹舞蹈以自娱。又常学琴（雅典名琴曰：“利拉”）于昆洛云。

或问苏格拉底：“奚不为政？”曰：“吾之责既重于为政矣，教导少年自尽其责，非所以致力于国家乎？”教育家之自任为自重，盖当如此。虽然，苏氏非有卑视为政之意也，观其与小培里噶利所言，多涉军旅之事，治民之道，知其悲祖国之陵迟，而忧时济世之怀，有未尝一日去者矣。方是时，雅典国政日非，奸党专恣，怒苏格拉底之直言攻讦也，遂诬以乱俗惑众，且指其倡导“太蒙”之说为倾覆国教者，拘之，论以死罪。苏格拉底昂然立于大廷，自明所说之为真理，不肯枉意求免，谓人曰：

> 呜呼！邦人兄弟！吾实爱汝敬汝。虽然，吾与其从时人之命，毋宁从神之命，一息尚存，吾必昌言吾说，而不懈其实行也。且夫我雅典，文明之邦而智识之渊薮也。居是邦者乃徒錮心于名利，不顾真理，不求知识

与精神之进步，岂不以为耻辱乎！邦人兄弟！德义者不可以财帛求之，而公私诸善之源泉也。吾之教人如是。说者必以是为败坏人心之道，则余滋罪矣！呜呼！邦人兄弟！尽汝辈以阿纽德斯等之所欲，待我苦我，骨碎肌裂，而我不枉正道也。死亦何所畏！苟无未来世界则已，有之，则我至其间，得与古之英雄握手对语，其快也奚若哉！神必不舍善人，吾深知死之优于生，故"太蒙"不阻我之死也。吾所望于诸君者，苟吾子孙不遵吾教，不尚德义，而惟贪黩与虚伪之是事，则邦人其以罪我者罪之。今也，余与诸君永诀之时至矣！死生异路，孰优孰劣，惟神知之。

观于苏氏此言，其伟大而不可逾，坚卓而不可拨，虽千载以下，犹觉万丈光芒，直射人目也！

苏格拉底定罪之翌日，律当行刑，会翌日为垤罗斯祭期，须停刑三十日，故苏格拉底系狱以待死。此三十日中举止如常，神情静肃，其谆谆劝戒他人，未尝倦也。距行刑之前二日，克里敦劝其脱狱，且云："易为计。"克里敦者盖苏之老友，义其门人也。苏不纳，曰："未得许于雅典人而逃狱者，可谓之为正乎？以为正，则从命；不然，则死于此耳。昨日以前，犹自谓循真理，一朝背道而驰，所不忍也。克里敦君！今将示子以真理之不变矣！"至行刑日，其

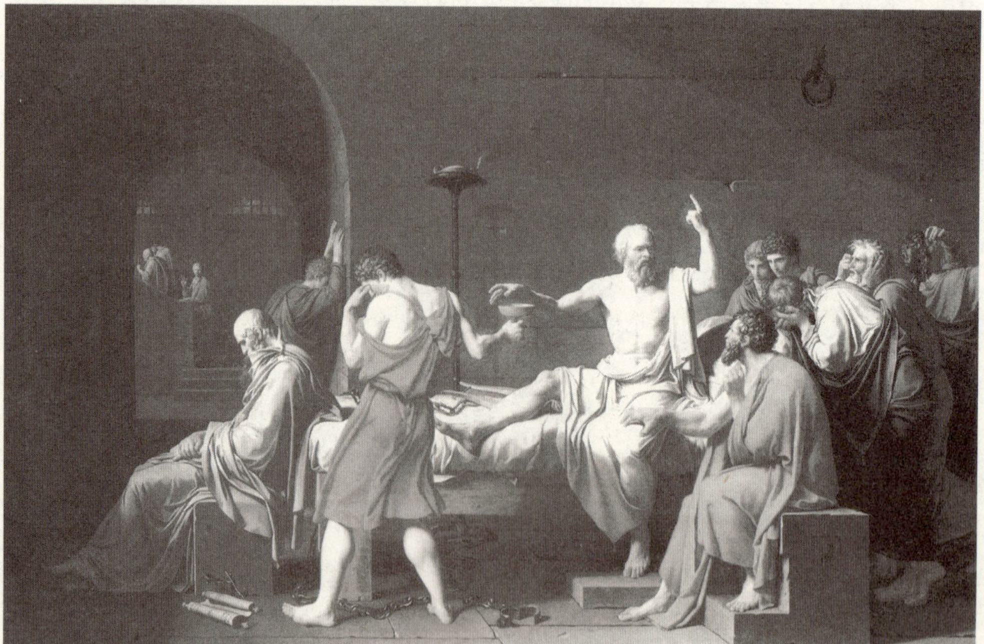

[法]雅克·路易·大卫　苏格拉底之死

友人与弟子等皆入狱吊之，独柏拉图以病不能至。及妻孥来与之永诀，涕泣不能仰，苏嘱人劝之归。盖以是强制情怀，不愿见家人之悲痛也。是时苏格拉底既脱桎梏，心身畅然，抚创痕而说乐生于苦之理。其次更论德义、讲哲学，无异于平日。克里敦问家人后事，苏答之曰："吾子善守德义，如顷所语于子者，而身体力行之，则所以惠于吾与吾家人者多矣。若夫悖德义之道，则其他非所望于子也。"已而狱吏告时至，以毒进。苏格拉底神色自若，举药一饮而尽。诸客各以衣掩面，哭失声，举室营扰。苏格拉底徐谓客曰："公等何为如是？将德义之谓何！始吾命妻孥归家，正虑此耳！吾闻之，神命人以从容就死，故当从其言。愿公等勿作妇女子态！"自是未几，渐觉体不能支，以布掩面而卧。忽复揭布谓克里敦曰："吾鬻一鸡于阿士克列比俄神社，未偿其值，愿子为偿之，勿忘！"语次，目瞑。时则纪元前三百九十九年某日之夕也，年七十二岁。

芝诺芬曰："世有以坚确不拔之精神，为真理而死，如吾师苏格拉底者乎！吾师死，而其名垂于天壤，争光于两曜矣！然则吾师之死，其幸也夫！"芝氏《纪念录》之终篇又论之曰："苏格拉底敬天威［畏］神者也，非神所命者不为；义人也，故不利于人者不为之；仁人也，故利于人者无不为之；勇者也，故能自制而屏嗜欲；智者也，故不假人力而别善恶。处事则断，知人则明，劝善规过，数十年不稍辍。是故苏格拉底实诸德具备之人物也。故吾谓苏格拉底，人世之最有幸福者也！谓予阿所好，盍以他人之行较之。"

（刊于1904年12月《教育世界》88号）

希腊大哲学家柏拉图传

柏拉图，雅典人。父曰雅里斯敦，母曰培利克却奈。或谓其世系出自濮瑟敦之神，经葛德洛、美兰特斯等若干世，而及于柏。其母则立法家梭伦之后，亦濮瑟敦神之远裔也。先世有名人，若克礼底亚，号为三十专制家之一，亦于柏为同族云。传者又谓其母培利克却奈感于亚波罗之神而生柏，斯则古史家言，荒唐不可信者矣。柏以纪元前四百二十九年生于雅喀拿，一说则谓纪元前四百二十七年生。原名雅里斯脱各烈，柏拉图其诨名也。希腊语谓"阔"为柏拉图，是或以肩与额之阔而得名欤？抑以其见识之广大而得名欤？柏氏有兄弟二人：曰亚底曼德，曰格罗坤；有姊妹一人，曰卜德甭。

柏拉图幼年受教完善，颇究心于体育。其体术之精，至能与褒的俄斯及地峡之擅长游戏者相争竞。盖希腊人之风尚使然也。然心鄙时人之只尚武勇，而他无所知，故于诗歌、音乐、修辞术亦潜心研究。旋自恨所作叙事诗不逮鄂谟尔，悉毁其稿。洎识苏格拉第［底］后，叹戏曲为无用，更举旧作诣狄俄纽沙神社焚之，由是终身不复言戏曲。年二十，始受业于苏格拉底之门，嗣后十年间皆师事苏氏。及苏遇害系狱，诣法庭辩其冤，乞许其师纳锾赎罪，而自与同门诸子为之证人，审官不容其说。苏格拉底卒后，柏氏乃从学于海拉克勒德派之哲学家克拉邱陆与巴穆尼底派之哲学家谐谟格奈。旋与同门诸友访欧克勒的于美加拿。自是遂至非洲之克猷列奈，而学于数学家第奥多禄；又至义大利而学于毕达拉哥拉斯派之弗禄老斯及欧留德。一说则谓柏氏此时尝偕欧利毕第入埃及，就学于预言者。然观于柏氏之书，未一述及埃及事，则斯说固在疑信之间矣。

柏氏既遍游名山大川，恢拓其眼界，又获与诸宿儒交游，聆其言论，而造诣日精，不独于苏氏之学深有心得，又参以新义而大成之。然要其为学之大体，则恪守苏氏之说，未敢有以渝也。会亚细亚乱事起，道途梗阻，不得已归雅典。于是四方志士皆不远千里，风从云集，请业于柏氏之门，至有女子伪男装而至者。柏氏欲竟其师之宿志，以委身教育为任，设学校于海考第模之森林，名其校曰“阿考第密”。来学者概不索酬。今欧洲之专门学校犹称“阿考

柏拉图在学园

特密”，盖肇称于是。校之四周皆植枫及橄榄树，苍翠蔽空。其间有神社，有塑像，极观瞻之美。清泉一泓，环流校外，细响潺潺，盖最宜于静思冥想之地。是以十［千］载而下，诗人学者访古至海考第穆［密］之森林，未尝不仰溯前徽，而悠然神往也。

闻阿考第密风景之幽邃，读柏拉图《问答篇》而见其文字之优美，几疑柏氏设教，第专就哲学问题而骋雄词、表空想已耳。不知其所讲论者真理也，非虚饰也；研究也，非娱乐也；论理的也，非文学的也。柏氏尝榜其门曰：“非已通几何学者不得入”。

柏氏三至细细利。其初适也，年既四十岁，曾往眺厄特讷火山而归。时君临休克萨拉者，曰德俄纽削斯一世，以专制为政，于希腊诸邦中最擅势力。王问于柏曰：“今之最膺幸福者谁欤？”意欲柏氏之谀己也。柏氏答曰：“莫如苏格拉底。”王不怿，曰：“政治家所宜为者何事？”曰：“在善其国民。”曰：“其次为何？君谓听讼公平者为小事耶？”盖王固以善听讼称于时者。曰：“然，小事耳。听讼公平者如治衣而补其缺。所谓政治家固自有远者大者在。”又问：“专制之君其可谓勇者耶？”曰：“否！是怯懦之尤者也，日虑人戕其生，虽剃刀之微亦惮之。”由是更以进德修身勿顾私利之义谏于王，王怒曰：“子之言，老耄者之言耳。”柏不屈曰：“王之言，暴君之言耳！”王怒，将杀之。王之义弟曰第奥恩者，哲学家而柏之弟子也，说王免其罪。适斯巴达使臣卜里斯来，王遂以柏氏交卜，卜将鬻之为奴，为克猷列奈人安尼凯黎所知，购而归诸柏之友。友集金以酬安，安不受曰：“思柏拉图者，非仅其友也。”德俄纽削斯闻柏氏无恙归雅典，心窃不安，命人致言于柏，勿声其罪。柏漠然答曰：“安有暇与德俄纽削斯计较者！”

柏氏之再至休克萨拉，则在德俄纽削斯一世故后。盖柏氏于著作中自抒政治法律之创见，为德俄纽削斯二世所悦，允假以殖民地，俾实施而试验之也。假地之约甫成，而第奥恩谋叛，柏以师弟之谊，致受嫌疑。幸德俄纽削斯二世敬其人，获返雅典。后柏氏三至休克萨拉，则为第奥恩与德俄纽削斯二世调解衅隙，然其说不行，几濒危难，遂决意归国。柏既归雅典，乃屏居阿考第密，专以陶育后进为志，不复他为。讲授之余，则从事著述，如《问答篇》一书尤其晚年所恃为娱乐者也。年八十三，卒于飨宴之席，或云实八十四岁，亦有谓为八十一岁、八十二岁者，不可考矣。雅典人以至尊之礼，葬之于阿考第密，铭其墓曰：

惟亚克斯烈比与柏拉图，皆亚波罗神之子孙：一则救世人之形骸，一则疗吾辈之灵魂!

柏氏之学传于雅里大德勒。雅里大德勒之于柏，犹柏之于苏格拉底也。柏氏故后，其侄司别武希波继为阿考第密之长，司亦柏之弟子也。柏氏之书今传于世者共三十余种，或云四十余种。其间有确出柏氏手笔，毫无疑义者，亦有明系伪书者，有真伪不可辨者。近世批评家或更指向之所谓真书，亦为赝所(混)。彼等或比较其生平之著作，而以优者为真，劣者为伪；或以其思想之矛盾，而指其远于己所想象者为伪；或以其不合于苏格拉底之说者为伪；或又以雅里大德勒中所未载者为伪：然是皆臆断之说，其不足信凭，无论也。

(刊于1904年12月《教育世界》89号)

希腊大哲学家雅里大德勒*传

雅里大德勒以西历纪元前三百八十四年，生于斯塔忌拉。斯塔忌拉者，希腊斯德拉穆尼克湾之一良港也，希腊人多植［殖］民于此。其地距马基顿国境不远，又近马基顿王阿门塔斯之首府彼尔拉。故此地之民多往来于马基顿及其首府者。雅氏所生之地虽不在希腊国内，然其家族实纯粹之希腊人，常贱他国之风俗，而重本国之思想，守本国之礼仪，其意常见于雅氏之著书中。某学者以雅氏之文体，其优美远不及柏拉图，谓此实受他国之影响之证也。然雅氏之文体之缺点实不以此故，即（一）氏富于科学的精神，而柏拉图之精神则诗歌的也；（二）今日所传雅氏之著书，皆其遗稿，而非成于一人之手者也。

雅氏之父名尼哥麦克斯，马基顿国王阿门塔斯之侍医也。故其幼时常与父出入宫中，受王子斐利白之知遇，二人者年相若也。雅氏少时即自父受动植物学及种种格物上之知识。至纪元前三百六十七年，氏年十七岁，其父尼哥麦克斯没。父友某为雅氏之保护者，监督其教育，使雅氏往当时学问之中心之雅典府，以卒其业。雅氏从之，直入柏拉图之学舍，研究学术，二十年如一日。氏所以得专心于学，而无生事之忧者，实以其父之遗产颇富故也。以勤学故，同门呼之为“读书家”，其师柏拉图呼之曰：“学舍之精神”，又足以知其知力之卓绝也。相传氏夜间读书，必手握一球，而置铜盂于其下，若睡则球坠于皿中，戛然有声，醒而复读如故。及纪元前三百四十七年，柏拉图没，氏与学友名芝诺拉底者，去雅典而适小亚细亚之阿台尔尼斯，此即其父友所常居，又其学友海尔米亚斯之属地也。

*雅里大德勒，今译亚里士多德。——编者注

[法]拉斐尔 《雅典学派》壁画

抑雅氏于柏拉图之死后，所以即去雅典府者，以氏于柏拉图在时，已不尽服柏氏之学说，且时时批评之，故不能代柏氏而为同学派之首领。又，代柏氏而为其派之首领者，柏氏之甥斯彼西仆斯也，其学识断非雅氏之匹，故不利于雅氏之在雅典。此后居阿尔台斯［阿台尔尼斯］者凡三年，与学友海尔米亚斯王之侄（或云其妹）名普地亚斯者结婚。未几，海尔米亚斯王为波斯人所杀，不得久于其地，乃与友人芝诺拉底归雅典府，又与其妻移居亩梯列奈之地。居二三年，马基顿王斐利白招氏为其王子阿历山大之傅，此即后日之阿历山大王，时年才十三岁也。至纪元前三百三十四年，斐利白王被弑，阿历山大即位时，凡五年间，从事于其职。阿历山大之受教于氏也，其性质上大得雅氏之影响。至其明年，阿历山大热心于东方远征之准备，无受教之余暇，雅氏乃复归雅典府，专从事于学理之研究。此时得阿历山大王之厚遇，于雅典府设雅氏之雕像，且赠以研究学术之资八百他伦德（约值金货百万圆）。此说固不足尽信，若果有之，可谓古今无类之奖学金也。雅氏归雅典时，前柏拉图之学舍尚存，然其首领斯彼西仆斯既没，友人芝诺拉底代之而为同学派之首领。其学舍在雅典西部阿克特穆斯之森林中，故时人称其学派曰“阿克特美亚”。雅氏乃立学舍于雅典之东部亚波罗祠宇之侧，与柏拉图学舍相对，而开哲学之讲筵。以氏常讲学于此地之逍遥所，故时人呼其弟子曰“逍遥学徒”；或云雅氏讲学时，常好逍遥步行，故有此名，未知孰是也。雅氏流寓雅典，既非此府之公民，故不关系于府内之政治，十三年间，但以研究学术为务。今日所传雅氏之著书，大抵此时之作也。或谓雅氏此时曾贻书于东方远征中之阿历山大王，然其说颇无证据。而王之远征也，颇自矜其功，又习东方专制之风，其气质一变而为残忍放恣，与雅氏之交日疏。雅氏之甥喀尔利台奈斯在王军中，一日王以小愤杀之，足以知大王与雅氏之交非前日之比已。然雅典府民不知此事，尚以雅氏为大王之所亲厚者，又大王之暴政皆雅氏之所与闻也，苦大王之暴政者，恒向雅氏鸣其不平。雅典府民之视氏为马基顿党，非一日矣。纪元前三百二十三年夏，阿历山大王没于东方军中。府民闻之大喜，府内之排马基顿党大得势力，遂代马基顿党而执政权。于是雅氏一身之安全不能自保。且自能辩家衣蒲格拉底及其徒党与柏拉图派之学者，素不满于雅氏之批评，遂乘此机而肆攻击之锋。雅氏终受对国家大不敬之控告，遂于纠问之前一日，去雅典而往欧维亚之喀尔吉斯。盖以当时雅典之法律，先纠问日而他去者免其纠问。雅氏又恐蹈苏格拉底之故辙，不得不急去。至氏所以往喀尔吉斯者，因其祖先尝居于此，颇多氏之属地，又为马基顿军队之屯驻处故也。氏虽暂居此地，然欲待马基顿党之再得势，复归雅典，而从事于学术之研究，故以其藏书及家具，委之高弟弟子台哇甫拉图斯。然于纪元前三百二十三年，即去雅典之后一年，没于喀尔吉斯，永为不归之客，享年六十三岁。雅氏之死，或以为服毒药自杀，然不可信；或以为氏夙有胃疾，至是以夙疾死，较为近之。雅氏之遗产凡金货二万五千圆，遗言尽传诸亲族云。氏有子女各一。女与其母同名，名普地亚斯。子后妻贵女侯彼利斯之所生，多［名］尼哥麦克斯。妻与子得其遗产之大半。生前之妇仆，各与以自由，其未成丁者，至成丁时解放之。皆雅氏之遗令所载者也。就雅氏之容貌风采，有种种之传说：或谓氏目小而股脊长，大声而嘶，皆无确证；或谓其常好美服，嗜美味，又壮年之时品行不方正，皆全无根据之传说也。突尔列尔氏就雅氏之性行断之如左：

> 古来政治上或学术上与雅氏之意见异者，往往非刺其品性。然就其著书考之，则决不然，氏之为品性高尚之人物，明白而无可疑也。
>
> 又，雅氏之学问之特色，在其学殖之该博，判断之独立，观察之锐敏，思辨之阔大，议论之齐整，古今学者中殆无与之比肩者，独近世德国之拉衣白尼志，于此等处稍近似之耳。

此论可谓得其真者也。

就雅氏之著述，其传于今日者，其目录如左：

（一）名学上之著书　　凡六种

（二）自然科学之书（兼博物学书、心理学书等）

（三）实践哲学之书（伦理学及政治学）

（四）形而上学书

（五）文学之书（诗歌论及修辞论）

以上各书之外，雅氏之著作甚多，然不传于今日。于西历纪元前二百年，距雅氏之没百年之时，阿历山大利亚图书馆所编纂之书目，凡书百四十六种，皆标以雅里大德勒之著作，然此等书无一传于今日者。雅氏之他书所以传于今日者，实哲学史上之一大轶事。兹述其经历之大略如左：

雅里大德勒之生涯得分为三大期。第一期自十八岁至三十八岁，此二十年间，雅氏在雅典之柏拉图学舍研究之时代也。第二期自三十八岁至五十岁，即居于府外之时代。第三期自五十岁至六十三岁，再居于雅典之十三年间是也。第一期为雅氏学术准备之时代，然此期所著论文批评等颇多，列记于阿历

断臂的维纳斯

掷铁饼者

山大利亚图书馆之目录者，大抵此期之著作也。第二期乃欲构成哲学之系统而搜集材料之时代，非着手于著作之时代也。第三期则雅氏构造自己哲学系统之时代，世所传雅氏之书皆此期中之所作也。顾雅氏之书，其文体上与他缺点颇多，又无一完结者。此当由雅氏仓卒出雅典府以后，不能续其著作，而此等书皆不过其草稿故也。此不完全之草稿与其藏书，雅氏没后，皆由其高弟台哇甫拉图斯监督之。于是台氏与其同门校订其遗稿，而编雅氏之全集，然其目的非欲梓而公诸世，但欲保存其著作耳。其后殆三十五年，台氏临死，以雅氏之藏书及遗稿付诸亲爱之弟子奈留斯。奈氏携归其故乡小亚细亚之斯开普西斯。适俾尔额穆斯国王设王室之图书馆，发令征民间之藏书，奈留斯恐雅氏之遗稿之为所夺也，与他书共藏之于土室。由是此遗稿隐于土室者凡百五十年。然其后雅氏学派中之雅典人名阿彼林肯者，购访土室中之遗稿，持之而归雅典，实纪元前百年之顷也。未几雅典为罗马人所占领，于是遂入罗马之图书馆。当是时，驻罗马之希腊学者，如基开禄之友体兰尼哇及禄毒斯之安特禄尼克斯者，得政府之许可，而校订其原稿，以出版雅氏之哲学书。今世所传雅氏之书大抵据安氏之所校订者也。由今日学者之所论定，其真属氏之著作如左：

（一）名学（凡五种）

（二）形而上学

（三）物理学（凡五种）

（四）伦理学

（五）政治学

（六）雄辩学及诗学

（刊于1904年6月《教育世界》77号）

德国哲学大家汗德*传

自来哲学家，其一生行事大抵寥寥无可特纪者，汗德尤然。终其身，足未越凯尼格斯堡一步，受普通教育者于是，受高等敎育者于是，为大学教授者亦于是。自幼至老死，与书籍共起居，未尝一驰心于学问之外，宜其无甚事迹授后世史家以纪载之便也。然自汗德建设批评学派以来，使欧洲十九世纪之思潮为之震荡奔腾，邪说卮言一时尽熄。近代硕儒辈出，而视其所学，殆未有不汲彼余流者。故汗德之于他哲学家，譬之于水则海，而他人河也；譬之于木则

*汗德，今译康德。——编者注

干，而他人枝也。夫人于伟人杰士，景仰之情殷，则于其一言一行之微，以知之为快，不惮征引而表彰之。汗德传之作，乌可以已乎？且汗德不惟以学问有功于世也，其为人也，性格高尚，守正而笃实，尚质朴，食则蔬粝，居则斗室。严于自治，定读书作事之规条，日日奉行之，不稍间懈。方其为大学教授之时，天未明而兴，以二小时读书，二小时著讲义，既毕仍读书，午则食于肆。不论晴雨，食后必运动一小时，然后以二二小时准备次日讲义，以余时杂读各书。入夜九时而寝。三十年间，无日不如是。尝语人曰："有告予过者，虽濒死必谢之。"其砥行力德若此，则夫读其传者可由之以得观摩兴感之益矣。

康德像

汗德名伊默尼哀，一千七百二十四年生。其先世自苏格兰来，今苏格兰多有以汗德为氏者，其一族也。汗德之父以售鞍辔之属为业，始徙家于凯尼格斯堡。初生三子皆早殇，汗德其第四子也。凯尼格斯堡之乡人奉耶教而自为一宗派。其派之人，多温厚和蔼，解宗教真义者。汗德之母，及后所师事之休尔兹，皆属此派。汗德之性行笃实，盖受感化于是者多也。年十岁，入高等学校肄业，初有研究神学之志，且欲专攻古典，嗜读拉丁书籍，常试作拉丁文字，第于希腊文则逊之。一千七百四十年，入本乡之大学，于数学、物理学，为所最好。其间亦尝听神学讲义，自说教者二三次，然固不欲以宣教师为职也。居大学日，尝于学业之暇，教授私人，以助学费。一千七百四十六年，其父殇[殁]后，又尝受近地富家之聘，为塾师者八九载。然迫于境遇，非所志也。一千七百五十五年，以友之荐，得为无给讲师，初专讲物理学，后乃兼讲哲学。未几，膺监理图书馆之聘。一千七百七十七年，进为哲学教授。其为讲义也，义奥词玄，闻者骤不易解，且语音低，殆不易听取。然时亦以明辨称，且间以谐语，令人忍俊。

一千七百八十七[一]年，所著《纯粹理性批判》上梓，初以词旨未明显，且多用新字，评者颇诋之。逮书出后十二年，而各大学乃争用之为讲义。学生负笈来游其门者络绎不绝，誉之者至推为古今哲学家之冠。然汗德不自以为荣，修德力学，淡泊如故也。时或言汗德所说道德与路得教会之教旨抵牾，因是见非于政府。此间尝著一书，论宗教与哲学之关系，其前卷载在柏林杂志，后卷为政府所禁。汗德请于大学之神学部，卒获许刊行其书焉。政府滋不悦。普王斐礼特力威廉二世与之为约，谓嗣后讲学，勿涉宗教。汗德大恚，而未如之何也。由是只主讲哲学及物理学。一千七百九十七年，遂辞教授职。是时体渐羸，智力亦衰，健忘，有所著述，亦无甚新义。一千八百四年卒，年八十。汗德躯短小，体质脆弱，而生平未遘重疾，卒享遐龄，善摄生则然也。终身鳏居，性冷淡，不嗜音乐游戏等事，以笃于好学，少习成性故也。其为学也，非必专于哲学，若天文，若物理，若历史舆地之书，莫不涉猎及之。亦尝攻古典，读新闻杂志，谈政治，则皆为慰藉计也。著作至夥，不可备举，而《纯粹理性批判》、《实践理性批判》、《判断力批判》等，则今世海内哲学家所相与奉为宝典者也。

论曰：古今学者，其行为不检，往往而有。柏庚以得赂见罪；卢梭幼窃物，中年有浪人之名：论者重其言，未尝不心非其人也。若夫言与人并足重，为百世之下所敬慕称道者，于汗德见之矣。然其生前犹有毁沮之者，至使不能安于教授之位。及其殁也，真价乃莫能掩焉，则甚矣舆论之不足言也！

（刊于 1906 年 3 月《教育世界》120 号）

德国哲学大家叔本华传

叔本华以千七百八十八年生于德之唐栖克。其人意志刚强，性质略近执拗，盖有精神病而遗传于其外戚者。父母俱豪商所出，一千七百七十八年，其父四十岁而娶，时其母甫二十岁也。新婚后，尝拟偕游欧洲各土，以妇病，不果。及叔本华生，父名之曰“亚撒”，以此名为德英法各国所通用也。有妹一人，性情肖乃母，善记忆，耽文学，而亦有偏戾之质。

叔本华五岁以前，随母居于鄂利法别墅，地在唐栖克之西约四里。饮食教诲皆其母一人任之，父惟以休沐日一归家而已。一千七百九十三年，徙家汉堡，先后居十二年。九岁时曾随父一游法国，二载而后归，故操法语至熟，几并本国语而忘之。归汉堡后之四年，佚居无事。年十五，始有志于为学，以请于父。父生平轻视儒者，故不好奖励学术，命于游历与就学两事中自择其一为之，则以愿游历对。一千八百三年以后，遍历荷兰、法兰西、奥地利，其间勾留于英国者六阅月。以英人过严谨，不适其嗜好，仍归里。一千八百五年，曾受佣于某商廛，三月而辞去。会其父发狂自杀，母乃留叔本华于汉堡，而挈其妹别往法麦尔。至是，叔本华嗜好文学之性情乃大著，交游日广，与格代诸人日相往来。然以孑身独处为苦，心常怏怏。又以无父母约束故，时有浮躁之行。母不得已，仍召归身旁，而托友人某教以希腊及拉丁语。二年余，尽通其义。

一千八百九年，母乃割其父遗产三之一以与之，由是获拥巨资。入格庆肯大学肄业，专攻哲学，尤好汗德、柏拉图之书，昕夕不去手。然时时感慨人生，隐抱厌世之思想。后二年，赴柏林，搜讨各种学术。初于哲学一种，喜听斐希台休来哀摩谐之讲义，心诚服之。然未几，忽反对其说，转加蔑视。见当时之柏林实为无裨学问之地，故郁郁不适。屡赴病院，以讲求人世之道德及身体之健否，为自慰计。其时举国上下方以抗拒拿破仑为说，故叔本华亦为所动，曾欲投效充义兵，然不久复寝其志，竟归法麦尔附近。著论一篇，呈之厄讷大学，以学位为请，遂得受博士之称。是即《充足理由论》，盖叔本华生平第一次著述也。

叔本华像

一千八百十三年，再至法麦尔，与母氏同居者二三月。母子性质相殊，故颇不和，此后遂终身不复与母相见。此次叔本华之寓居法麦尔也，实为其学问上一大转变之时。一日，与朋辈谈及印度哲学，始立意研究之。此后去法麦尔而徙居德烈斯丁，遂终日以著述哲学为事，兼讨求美术。一千八百十八年春，著述告成，与某书肆订约付梓，以细故争执而止。是年之冬，始别与他肆约。书既梓成，爰游义大利，义国各地足迹几遍。旋得其妹来书，知经商不利，致己身之财产全失，乃怅然失望，愤其妹之措理不当。其后十余年间竟与之绝音问，第其后仍稍稍收回财产云。

斯时叔本华以家业尽隳，颇有欲为大学教授之志。先后谋诸哈迭堡、格庆肯、柏林诸大学，终于柏林大学应试中程。遂就教职，与海额尔一时并立。其讲义痛斥海氏哲学，不遗余力。然叔本华生性躁急，不耐精剖详说，故卒无成功。一千八百二十二年辞职。再游义大利，途次罹病，愈后而右耳为之聋，行旅不便，仍归柏林。柏林为其事业失败之地，故虽栖迟客馆中，而终日抑郁，有触辄怒。一日，自他所归，见一妇立于己之居室前，厌见之，迫逆旅主人逐之去，告以后勿复尔。他日归，则妇立室前如故，大怒，推妇倒地。妇负伤，控之有司，有司判为有罪，责令此后十五年间养赡该妇。盖自一千八百二十五年至一千八百三十一年，实叔本华生平最不得志之时也。此间亦尝欲恢张其哲学之势力，然时人方动于海额尔之说，举世靡然相推重，故己之哲学终无刮目相视者，以是弥增厌世之感。一千八百三十一年，柏林疫疠盛起，卜居夫兰克福德以避之。自是遂不复他徙。时闻母妹在波恩市，境遇殊窘，始贻书相问慰。叔本华固生而有贵族思想者，高自位置，菲薄常人，兼以己之哲学不见重于时，诸事又皆失败，故殆视时人如仇敌，不与人交往，人亦无与之亲近者。一千八百三十九年，脑威学士会征文，题曰：《人之自由意志能由自觉以证之否》，叔本华著一论答之，见者惊服，畀上等赏，遂推为该国学士会员。是年丹麦学士会亦以《道德之基础》命题征文，然于叔本华所著不甚称赏，且斥黜之。叔本华大怒，以为皆海额尔派为之也，益攻击海氏不已。直至一千八百四十三年，时人始稍稍读其书，其诸著作中已有至于再版者，英人复译印之，颂扬者日众。故叔本华晚年以往，亦稍能自制其感情而优游安居矣。

叔本华生平至以卫生为重。冬夏之间，晨兴以七八时，既兴，则先拭体盥目，自制咖啡而饮。饮后则读书。午后辄游王家图书馆，纵览群籍。夜则食于市肆。读书甚迟缓，而常好希腊拉丁等古典，与印度哲学，及一切文学之书。且好读原文，必原文不能解者，始手译文。读书而外，喜观剧，或自弄笛以为乐。亦时携所蓄犬，散策于郊外。壮岁，品性颇不修，曾有欲娶女优为室之事。只以性情异于常人，不为妇女拭所爱悦，故转而嫉视女子，至谓女子者特为生活所必需，而非有可尊敬之价值，竟鳏居一世以终。生平多寄宿于逆旅，无所谓家室。年近五十岁，始稍稍购家具以饰其居室。居夫兰克福特［德］时，曾徙易旅店者数次。室中列小几，几上一侧供释迦像，旁置拉丁译本之《优婆尼沙土》经文，时时讽诵；又一侧则设汗德像：盖其所最景仰者也。

叔本华颇长于言语之才，音朗而词快。年七十，犹矍铄如少壮。其时戚友多致祝词者，自亦大喜。不图一千八百六十年，俄然罹病，呼吸维艰，遂成不治之症。二十一日，犹强起朝食，及医师来诊，则凭几而气绝矣。遗言以其财产赠诸柏林之恤贫会，又以遗稿之版权畀门人弗罗蔼列斯大德。著述甚多，不能备举，举最要者有五：一、《充足理由原则论》（一千八百十三年）。二、《意志及观念之世界》（一千八百十七年）。三、《自然中之意志论》（一千八百三十六年）。四、《伦理学之二大根本问题》（一千八百四十一年）。五、《随笔录》（一千八百五十一年）。

（刊于1904年10月《教育世界》84号）

德国文化大改革家尼采传

十九世纪末之德国之大哲学家兼文学家尼采，名腓力特威廉，一千八百四十四年十月十日生于留镇附近之兰铿。父某，田舍之牧师，有恭敬温顺之德。尼采生日，与德皇腓力特威廉同日，故名之曰腓力特威廉，为纪念也。

尼采之（先）世，故波兰之贵族也，谓之尼芝开。尼采常自云波兰人，而非德意志人。有兄弟三人，其一早死，其一即尼采之妹哀利萨倍德，与尼采共作亲睦之家者也。

尼采之家故多不幸。一千八百四十九年，尼采才六岁，其父以脑病死。后育于祖母及后母之手，故尼采幼时，家中唯妇人而已。其一家之权力萃于严肃之祖母、温顺之母妹、恳切之叔母之间。尼采生长于是，故能洞见女子之缺点，他年轻蔑女子，或本于此，然其然否亦不能定也。

一千八百五十年，尼采迁居于那温堡，入其地之小学校，以被教于老成之祖母与叔母之手，故常有大人之风。一千八百五十八年，入波尔塔之中学校，渐有放纵自尊之气概，不喜与普通之人受同一之待遇。在寄宿舍时，亦罕与人交，唯与保罗德意生（今为印度哲学之大家）及地斯尔德尔甫男爵亲善。以勤学故，遂为此校之特待生。然未几渐不满于学校之课业，厌规则，嫌束缚，终舍学业而沉溺于音乐。故卒业试验时，数学之成绩甚为不良，惟优于希腊拉丁之语学，遂以“怜悯及第”之特典予以卒业。可知尼采于中学校时代已现文学上之天才者也。此时与友朋等开研究会，以研究文学为主，又随意多读古典及文学，又研究音乐。时适有俄土之战，尼采表同情于俄人，作诗以颂之，尊强者之意见已现于此时矣。其卒业之论文，书希腊诗人地哇额尼斯之说，地氏固唱贵族主义之道德，谓贵贱之别即善恶之别。尼采晚年之思想实本于此。此时尼采与德意生之交情甚为亲密云。

尼采像

一千八百六十四年，尼采卒中学校之业，入仆恩大学，研究言语学及神学。未几，专从事于言语学，尤笃嗜音乐。入大学时，与普通之学生同入学生总会，然以众学生多饮麦酒，好佚游，尼采厌此“麦酒唯物主义”之恶习，遂断然脱学生总会之籍。此亦半由其议论过激，不见容于同学故也。尼采后追忆此时之事，谓少年若嗜麦酒与烟草，则德意志之国民不能发达，则其恶当时学生之风气，可揣而知也。未几，其师利采尔去仆恩，而为拉衣白地希之大学教授，尼采亦从之。居二年，就兵役，入炮兵联队，不废学业，军事之暇，常研究所好之古典。时人谓之“天马伏枥”，非溢美也。然尼采之自由之精神常苦军中之严肃。未几，复除兵役而反就学。

一千八百六十八年，再归拉衣白地希，不入大学而独习。此时尼采之思想渐倾于哲学。一日，偶于旧书肆，得叔本华之《意志及观念之世界》一书，灯下读之，大叫绝，遂为叔本华之崇拜家。此时有致德意生书，谓虽大苦痛之中，读叔氏之书，亦得慰藉云云。明年，尼采自其师利采尔之推荐，为瑞士之白隋尔大学教授，时年二十五岁，亦未得学位，实未有之奇遇也。五月，自拉衣白地希大学赠博士之学位。未几，即进为正教授。此时尼采之得意，可由其书翰知之。

尼采虽以盛年为教授，然以勤于其职故，人人颂之。然一则为福，一则为终生之不幸，彼以勤劳大损其身体。至一千八百六十九年，普奥战争之起也，有从军之志，然以瑞士为中立国，不得已而为视疾扶伤之事，益害其身体。又归而就教授之职。未几，尼采始公其第一之著述，此即《由音乐之精神所产之悲剧》一书是也。此书一出，其奇拔之见解与卓越之思想，大振于学界。然其研究法与从来言语学者之研究异，大受学者之非议，遂有禁学生至白隋尔大学听尼采之讲义者。然尼采不屈，犹唱导自己之研究法。千八百七十三年，更著《非时势的观察》一书，攻击当时流行之学者斯德拉斯氏等，又非难当时之文明，极崇美术与文艺。要之，悲剧论称扬“美术的文明”，而斯德拉斯论贬斥有害之“学究的文明”者也。二论皆识见警拔，笔锋锐利，昔之攻击之声，渐变而为赞颂。于是尼采始自觉自己之天才。尼氏既自负其能，又不慊于当时之学者，欲罢教授之职而从事于著述者数矣，为友人所劝，卒不果。至一千八百七十六年，更续《非时势的观察》之书，论历史，颂叔本华，崇拜音乐家滑额奈尔。尼采始闻滑氏之音乐，大感服之，及为白隋尔教授，近滑氏之居，遂为亲友。

一千八百七十七、八年以来，尼采之思想全移于正反对之位置，即称颂前所极口诋骂之学究，而贬美术家。此亦由交友之关系使然也。初，尼氏感叹滑额奈尔之音乐，以为发挥最上之美术者，谓德国之文明，因学者故而卑劣，故不解高尚之美术，使滑氏亦遂见弃于世。及音乐渐发达，世人对滑氏之关系一变，尼采遂疑滑氏忘美术固有之本分，而取媚于世。至滑氏以宗教的趣味引入音乐，又大诋毁之。滑氏亦不屈，二人之交遂不终。读尼采后日所著之《尼采之于滑额奈尔》，可以知其概矣。尼采之友，除滑额奈尔外，则保罗利、伽瓦尔格、白兰地斯、克龙、德意生等是也。尼采与彼等之交际，不似与滑氏之变动。保罗利夙奉英国之经验哲学，尼采由保氏而窥英国学说，遂一变其思

拉奥孔

想，此时与保氏极亲善。后弃英国流（行）之主义，其交亦疏。白兰地斯之于尼采，但为书翰上之交际。克龙，尼采之弟子，大崇拜尼采，佐其出版事业者也。德意生性情温顺，与尼采虽有时不和，然以亲善终。

尼采之思想自一千八百七十八年以来起一大变化后，因病数休大学之讲义，养病于意大利等国。其明年遂辞教授之职，距尼采之就职殆十年矣。辞职后，居那温堡，每遇四时之变，辄移居于温和之地。一千八百八十二年，病少闲，力疾从事于著述，至是尼采之思想又起一大变化，著书数种。以积劳之故，又损其体。至一千八百八十九年正月，全为精神病者，受母与妹亲切之视疾，终不能恢复旧时之精神。至一千九百年八月二十五日卒，年五十六岁。尼采之病之渐剧也，一日，方出，卒倒于多林道上，医断之为非常之麻痹。自是尼采不能自觉，虽母与妹，亦不能知其意。一日，其友德意生访之，见其呼母为伧父，又不能认总角之友。德氏于是执手而述当年所话叔本华之事，彼唯解其一语曰："叔本华生于唐栖克。"德氏又述当年与尼采游西班牙之事，尼采曰："咄！西班牙！当年彼德意生常游此。"德氏即曰："我即德意生也。"尼采早不解其意，但相对凝视而已。至千八百九十四年十月十五日，德意生持花环往祝尼采之生日，彼暂置于手，即弃而不顾，此尼采与德意生之最后之相会也。

尼采之罹精神病，其原因如何，颇有异说。据诺尔陶之说，则尼采之著述皆在精神病室时之所作也，即谓尼采素有精神病。此实与事实相反。据崔尔克之说，则其著述不必限有精神病时之作，然其思想之内已有精神病之原质。萨禄美之说则反是，谓尼采旷世之天才，彼愤世人之不能解彼，遂退隐而发精神病。公平论之，则尼采之病当在此两极端说之中，即尼采虽久病，然精神如故，此明白之事实。尼采亦自惊罹如此病，而精神及知力全无异状，其言虽不足尽信，然不能视为全误也。然则尼采精神病之由来如何？或疑其父以脑病死，而视为遗传者。然其父之脑病乃偶然之结果，非遗传症，又兄弟一族皆无此疾，故未足信也。由额斯德之说，尼采先有不眠症，渐入神经病。夫此病固本于气质，而气质固自得诸遗传，且尼采之平日多病，亦未始非精神病之一因也。然则尼采自何时得此病欤？梯列尔曾由尼采之著述研究之，谓其文章思想完备而有秩序者，乃康健时之作；其文失秩序与含极端之议论，又文章前后之关系不明者，病时之作也。从此标准，则一千八百八十四年所著《可悦之科学》之第四篇，条理甚备，至千八百八十五年之第五篇，已有精神异常之迹。又一千八百八十五年所著《善恶之彼岸》，条理紊乱，思想错杂，已有病之征兆。由此观之，则自一千八百八十二年至八十五年之间，视为已有病兆，似非不稳当也。再就尼采之病源，又有一说。即由利尔之所言，尼采从战役时，有目疾甚剧，其妹在前，亦不能见之。此目疾可视为脑病之一征候，则又似本有此病者也。

尼采之著述虽不容于当时之学界，然亦有大赏叹之者。其友德意生之同僚，有一少年讲师，一日，问尼采之近状，德意生告以其家计之不裕。此讲师曰："我等力所能及者，当补助之。"德意生赞之，然疑其以一讲师之身，未必有此力。居二日，其人致德氏书及二千马克，嘱匿名而赠尼采，此实德意生所不及料也。尼采得此知遇，大喜，不欲以此金投之家计，更以此为他书之出版费。然此书广售于世，偿其出版费且有羡，遂以此金反某讲师，某讲师拒之，乃以制尼采之油画，悬之尼采文库，盖可谓文坛之美事云。

（刊于1904年6月《教育世界》76号）

第四编　论世

哲学辨惑

甚矣，名之不可以不正也！观去岁南皮尚书之陈学务折，及管学大臣张尚书之复奏折：一虞哲学之有流弊，一以名学易哲学。于是海内之士颇有以哲学为诟病者。夫哲学者，犹中国所谓理学云尔。艾儒略《西学（发）凡》有“费禄琐非亚”之语，而未译其义。“哲学”之语实自日本始。日本称自然科学曰“理学”，故不译“费禄琐非亚”曰理学，而译曰“哲学”。我国人士骇于其名，而不察其实，遂以哲学为诟病，则名之不正之过也。今辨其惑如下：

一、哲学非有害之学。今之诟病哲学者，岂不曰自由平等民权之说由哲学出，今弃绝哲学，则此等邪说可以熄乎？夫此等说之当否，姑置不论。夫哲学中亦非无如此之说，然此等思想于哲学中不占重要之位置。霍布士之绝对国权论，与福禄特尔、卢骚之绝对民权论，皆为哲学说之一。今以福禄特尔、卢骚之故而废哲学，何不一思霍布士之说乎？且古之时有倡言民权者矣，孟子是也。今若举天下之言民权，而归罪于孟子，废孟子而不立诸学官，斯亦过矣！欲废哲学者何以异于是！且今之言自由平等、言革命者，果皆自哲学上之研究出欤？抑但习闻他人之说而称道之欤？夫周秦与宋代，中国哲学最盛之时也。而君主之威权不因之而稍替。明祖之兴，而李自成、洪秀全之乱，宁皆有哲学家说以鼓舞之欤？故不研究哲学则已，苟研究哲学则必博稽众说而唯真理之是从。其视今日浅薄之革命家，方鄙弃之不暇，而又奚惑焉！则竟以此归狱于哲学者，非也。且自由平等说非哲学之原理，乃法学、政治学之原理也。今不以此等说废法学、政治学，何独至于哲学而废之？此余所不解者一也。

二、哲学非无益之学。于是说者曰：哲学即令无害，决非有益，非叩虚课寂之谈，即骛广志荒之论。此说不独我国为然，虽东西洋亦有之。夫彼所谓无益者，岂不以哲学之于人生日用之生活无关系乎？夫但就人生日用之生活言，则岂徒哲学为无益，物理学、化学、博物学，凡所谓纯粹科学，皆与吾人日用

[法]罗丹　思想者

之生活无丝毫之关系。其有实用于人者，不过医、工、农等学而已。然人之所以为人者，岂徒饮食男女，芸芸以生，厌厌以死云尔哉！饮食男女，人与禽兽之所同，其所以异于禽兽者，则岂不以理性乎哉！宇宙之变化，人事之错综，日夜相迫于前，而要求吾人之解释，不得其解，则心不宁。叔本华谓人为形而上学之动物，洵不诬也。哲学实对此要求，而与吾人以解释。夫有益于身者与有益于心者之孰轩孰轾，固未易论定者。巴尔善曰："人心一日存，则哲学一日不亡。"使说者而非人，则已；说者而为人，则已于冥冥之中认哲学之必要，而犹必诋之为无用，此其不可解者二也。

三、中国现时研究哲学之必要。尤可异者，则我国上下日日言教育，而不喜言哲学。夫既言教育，则不得不言教育学；教育学者实不过心理学、伦理学、美学之应用。心理学之为自然科学而与哲学分离，仅曩日之事耳；若伦理学与美学则尚俨然为哲学中之二大部。今夫人之心意，有知力，有意志，有感情；此三者之理想，曰真、曰善、曰美。哲学实综合此三者而论其原理者也。教育之宗旨亦不外造就真善美之人物，故谓教育学上之理想即哲学上之理想，无不可也。试读西洋之哲学史、教育学史，哲学者而非教育学者有之矣，未有教育学者而不通哲学者也。不通哲学而言教育，与不通物理、化学而言工学，不通生理学、解剖学而言医学，何以异？今日日言教育，言伦理，而独欲废哲学，此其不可解者三也。

四、哲学为中国固有之学。今之欲废哲学者，实坐不知哲学为中国固有之学故。今姑舍诸子不论，独就六经与宋儒之说言之。夫六经与宋儒之说，非著于功令而当时所奉为正学者乎？周子"太极"之说，张子"正蒙"之论，邵子之《皇极经世》，皆深入哲学之问题。此岂独宋儒之说为然，六经亦有之。《易》之"太极"，《书》之"降衷"，《礼》之"中庸"，自说者言之，谓之非虚非寂，得乎？今欲废哲学，则六经及宋学皆在所当废，此其所不解者四也。

五、研究西洋哲学之必要。于是，说者曰：哲学既为中国所固有，则研究中国之哲学足矣，奚以西洋哲学为？此又不然。余非谓西洋哲学之必胜于中国，然吾国古书大率繁散而无纪，残缺而不完，虽有真理，不易寻绎，以视西洋哲学之系统灿然，步伐严整者，其形式上之孰优孰劣，固自不可掩也。且今之言教育学者，将用《论语》、《学记》作课本乎？抑将博采西洋之教育学以充之也？于教育学然，于哲学何独不然？且欲通中国哲学，又非通西洋之哲学不易明也。近世中国哲学之不振，其原因虽繁，然古书之难解，未始非其一端也。苟通西洋之哲学以治吾中国之哲学，则其所得当不止此。异日昌大吾国固有之哲学者，必在深通西洋哲学之人，无疑也。今欲治中国哲学，而废西洋哲学，其不可解者五也。

余非欲使人人为哲学家，又非欲使人人研究哲学，但专门教育中，哲学一科必与诸学科并立，而欲养成教育家，则此科尤为要。吾国人士所以诟病哲学者，实坐不知哲学之性质之故，苟易其名曰"理学"，则庶可以息此争论哉！庶可以息此争论哉！

（刊于1903年7月《教育世界》55号）

论哲学家与美术家之天职

天下有最神圣、最尊贵而无与于当世之用者，哲学与美术是已。天下之人嚣然谓之曰"无用"，无损于哲学美术之价值也。至为此学者自忘其神圣之位置，而求以合当世之用，于是二者之价值失。夫哲学与美术之所志者，真理也。真理者，天下万世之真理，而非一时之真理也。其有发明此真理（哲学家），或以记号表之（美术）者，天下万世之功绩，而非一时之功绩也。唯其为天下万世之真理，故不能尽与一时一国之利益合，且有时不能相容，此即其神圣之所存也。且夫世之所谓有用者，孰有过于政治家及实业家者乎？

世人喜言功用，吾姑以其功用言之。夫人之所以异于禽兽者，岂不以其有纯粹之知识与微妙之感情哉？至于生活之欲，人与禽兽无以或异。后者政治家及实业家之所供给，前者之慰藉满足非求诸哲学及美术不可。就其所贡献于人之事业言之，其性质之贵贱，固以殊矣。至就其功效之所及言之，则哲学家与美术家之事业，虽千载以下，四海以外，苟其所发明之真理，与其所表之之记号之尚存，则人类之知识感情由此而得其满足慰藉者，曾无以异于昔。而政治家及实业家之事业，其及于五世十世者希矣。此又久暂之别也。然则人而无所贡献于哲学、美术，斯亦已耳，苟为真正之哲学家、美术家，又何慊乎政治家哉！

披我中国之哲学史，凡哲学家无不欲兼为政治家者，斯可异已！孔子大政治家也，墨子大政治家也，孟、荀二子皆抱政治上之大志者也。汉之贾、董，宋之张、程、朱、陆，明之罗、王无不然。岂独哲学家而已，诗人亦然。“自谓颇腾达，立登要路津。致君尧舜上，再使风俗淳。”非杜子美之抱负乎？“胡不上书自荐达，坐令四海如虞唐。”非韩退之之忠告乎？“寂寞已甘千古笑，驰驱犹望两河平。”非陆务观之悲愤乎？如此者，世谓之大诗人矣！至诗人之无此抱负者，与夫小说、戏曲、图画、音乐诸家，皆以侏儒倡优自处，世亦以侏儒倡优畜之。所谓“诗外尚有事在”，“一命为文人，便无足观”，我国人之金科玉律也。呜呼！美术之无独立之价值也久矣！此无怪历代诗人，多托于忠君爱国劝善惩恶之意，以自解免，而纯粹美术上之著述，往往受世之迫害而无人为之昭雪者也。此亦我国哲学美术不发达之一原因也。

夫然，故我国无纯粹之哲学，其最完备者，唯道德哲学与政治哲学耳。至于周、秦、两宋间之形而上学，不过欲固道德哲学之根柢，其对形而上学非有固有之兴味也。其于形而上学且然，况乎美学、名学、知识论等冷淡不急之问题哉！更转而观诗歌之方面，则咏史、怀古、感事、赠人之题目弥满充塞于诗界，而抒情叙事之作什佰不能得一。其有美术上之价值者，仅其写自然之美之一方面耳。甚至戏曲小说之纯文学亦往往以惩劝为旨，其有纯粹美术上之目的者，世非惟不知贵，且加贬焉。于哲学则如彼，于美术则如此，岂独世人不具眼之罪哉，抑亦哲学家、美术家自忘其神圣之位置与独立之价值，而葸然以听命于众故也。

至我国哲学家及诗人所以多政治上之抱负者，抑又有说。夫势力之欲，人之所生而即具者，圣贤豪杰之所不能免也。而知力愈优者，其势力之欲亦愈

[清]石涛　金山寺龙游图（之二）

盛。人之对哲学及美术而有兴味者，必其知力之优者也，故其势力之欲亦准之。今纯粹之哲学与纯粹之美术既不能得势力于我国之思想界矣，则彼等势力之欲，不于政治，将于何求其满足之地乎？且政治上之势力有形的也，及身的也；而哲学美术上之势力，无形的也，身后的也。故非旷世之豪杰，鲜有不为一时之势力所诱惑者矣。虽然，无亦其对哲学美术之趣味有未深，而于其价值有未自觉者乎？今夫人积年月之研究，而一旦豁然悟宇宙人生之真理，或以胸中惝恍不可捉摸之意境一旦表诸文字、绘画、雕刻之上，此固彼天赋之能力之发展，而此时之快乐，决非南面王之所能易者也。且此宇宙人生而尚如故，则其所发明所表示之宇宙人生之真理之势力与价值，必仍如故。之二者，所以酬哲学家美术家者，固已多矣。若夫忘哲学美术之神圣，而以为道德政治之手段者，正使其著作无价值者也。愿今后之哲学美术家，毋忘其天职，而失其独立之位置，则幸矣！

（作于1905年，收入《静庵文集》）

述近世教育思想与哲学之关系

古来学者多欲就自然人类及社会等疑问而解决之，如：人所以为人之价值存于何点乎？人何为而生斯世乎？心与物体之关系如何乎？人何由而得认识外界乎？又真伪之判决于何求之乎？凡此之类皆是也。而由此等疑问，遂生所以教人之目的、方法之疑问。此乃势所必至，谓后者之解决，专待诸前者之解决可也。

然吾人之于自然于人类，其未能明了者尚复不少。往往有一代所信为正确者，至他时代，复以为虚伪而舍之。殊如理想上之问题，乃随吾人之进步而变迁无穷者，决不能见最后之决定。此哲学上之研究所以终无穷期，而教育思想之所以不能固定也。人或以无确实不动之教育说，引为慨叹。虽然，亦奚足慨叹哉！教育不能离历史的条件。人类之发展促教育之进步，而教育之进步又助人类之发展。二者循环相俟，而无限发达。此理之固然耳。以下约略述之，以见近世教育变迁之次第，无不本于哲学的思想之影响者。

在近代之教育界，其初虽以模仿古人言文，为教授上最要之练习，然尚实主义起而反对之，一以实事实物之知识为贵，遂于十七八世纪之教育界大擅势力。此倾向之起原，固由于时势之变化，然柏庚之经验主义，实亦大与有力也。柏庚对眩惑上古文学之徒，以现在三字警告之，大声疾呼曰：汝勿盲信传来之说，而躬就自然研究之。向来之科学，不使自然发言，特以任意构成之观念，加诸自然界，而由之以成虚伪之思想。不观于旧来之论理乎？其推测式由命题而成，其命题由言词而成，而言词则概念之符牒也。然若此根据之概念，出自任意构成，而并不正确，则筑于此基础上者，何以保其坚实乎？故吾人一线之希望，在真正之归纳法。惟由此法，而后可得正当之概念耳。此法由感觉的知觉，由具体物，而抽出定理，且由渐近完全之进步，而达于最普遍之域。向来就自然界之思考，不过预定云耳。然以事实为基础，而成立于正确之次序之结论，则可视为自然界之说明焉。是故无根据而预定之之虚伪的概念，必一扫而空之，使吾人之悟性得全脱其束缚。柏庚又谓虚伪的概念之所由生，有四端焉：一、欲以己之感觉为准，己之性质为基，而考察事物之一般倾向。二、由气质、教育、习惯等而出之个人特性。三、人于日常交际，以言词表事物，后则竟忘原物，而惟保持其符号。四、传来之种种独断说，犹存于哲学系统及虚伪的论理故也。反而言之，则构成正当概念之道非他，心常止于物之本身，而受纳其形象，如在其真。且也，不依赖教权，而尽舍得自传授之意见，一以无垢无邪之心，考察世界是已。居今之日，物质界天体界既扩张无量矣，而于知识界，犹限于古代之狭区域，人类之辱也。故必以立于观察及实行上之经验，为研究之唯一方法。又曰：人为自然之从属者，又为其说明者，其所能知、所能行，限于能由观察与思索以知之者耳。人之知识技能决不能超越之。夫知识者，力也。原因之不能认知者，则不能见结果。自然者，惟由顺从而后得征服之耳。要之，尚实重理之倾向，独立的研究及多方的知识之要求，于柏庚著作中往往见之。在教育界，直接受柏庚之影响者，廓美纽司也。廓氏虽有强固之宗教的倾向，然以为人性非腐败，而具有知德及信仰之种子者，欲发展之，俾得登天国。此其准备，可求之于现在世。氏以为教人之法，首在观察自然界，而从其化育万物之法则。如曰：自然以春季为动植生育之时期，故一生之教授始于幼，一日之教授始于晨。自然先实而后形，故教授亦体之，必先认识而后记忆。自然以普遍为基础，而后进于特殊，故必定学术之一般的基础，而后移于特殊之教授。自然必有次序，故教授亦不可躐等而进。自然必有根底，故教授不当求知识于书籍，而当求之于实物云云是也。

实学之倾向，于十七世纪之教育界，其势力既渐强，于是持宗教主义者，不但不能防止之，又自服从之。观于佛兰楷之学校，多授实科，以练习实用的技能，及其后信念派之创立实科学校，可以证也。但此种新倾向，非仅受柏庚一人之影响，亦由物理、天文、地理上之新研究，促人生观世界观之变化，有以致之。其在法国，则拉普烈既谓教授者以得自实地观察之知识为必要，又如孟德尼、夏尔伦，亦力斥注入知识徒劳记忆之教授法。故教育及教授界，既机

［法］米勒
雏菊花束

轴一新，特经柏庚、廓美纽司之鼓吹，而其势力更隆盛尔。至于重理贵法之倾向，所由发达，则吾人不得不归之特嘉尔德。

法国学术界之怀疑的精神，于孟德尼、夏尔伦既表见之，至特嘉尔德而尤著。孟德尼以为一切科学，有不能利于人生行为者，宜排斥之。吾人非为科学而学科学也，为欲完理性、正思想而利用之也。脑之善锻炼者，优于脑之充满者远矣。夏尔伦亦谓科学之与知能，不但相异，且不相容。富于智者无学，长于学者无智。人之价值，不在记忆丰富，知识赅博也。知自己，从自然，能保持一身之自由，而于道德上发见真正之满足，有此智能，则价值存焉矣。导儿童者宜善诱其好奇心，常活动其耳目作用，以为培养心力之用。且勿仅由依赖之情，及敬慕之意，不择何事，而盲信之。必凭一己之理性，以探究一切事物，而自选择之。不能选择，则以使之怀疑为得。要之，谓疑惑宁优于盲信是也。特嘉尔德之说，与是略同，谓向之所信者，宜尽疑之，且凡为疑之对象者，宜尽除之。曰：感觉屡欺人，故吾人不得信赖之；即理性，吾人亦不能以无条件而信用之也。何则？难保其不陷谬误也。醒觉时之思考与梦寐中之思考，其区别果何在？以前者为正确，其理由究何在乎？从氏之说，则使向之所信为确定者，悉退而立于不确定之地位。然特氏又谓此不确定者之中，却有一确实不可动者，即怀疑益深，则此怀疑之我之存在，益不得不确实。疑也者，不外思考之一形式。故可曰：“我以思考故而存在也。”是吾人以单简之直觉，于疑问自身所得之真理也。我虽疑一切，然其思考之不止，明甚；思考若止，则纵令其他一切存在而我之存在与否，未可信矣。故当知吾人之本体，在思考之上。自我确实，则为一切认识之根据。吾人所明确认知，恰如我身之存在之事，斯可谓之为真耳。氏从此根本思想，而于方法论中，谓知觉理解之力，人皆同等，其所以区别之原因，则由养成之法不同。又谓人各有自由思考之权利，人之所信者即其所自决者，故学习上最宜重个人之自由。至方法上之规定有四：一曰，明确之法则。即明确认知者外，不可采以为真是也。二曰，分解之法则。即处置难事时，剖大为小，逐次分之，至分无可分而已是也。三曰，总合之法则。即从由简渐繁之次序，以导思考之绪是也。四曰，包括之检查。即广而计之，期于确无遗漏是也。由是观之，特氏于排盲信而贵自思之一点，与柏庚同，又于重实事实物之知识，亦略与柏氏近。惟特氏不置重实质的知识之自身，则与柏庚迥异。氏盖以实质的知识，为增进心力之手段，以使人能达于自求真理之域，为其主要之目的。教育论者之置重形式的陶冶即此义也。

卜尔罗怀尔之学风及教育，明由特嘉尔德之思想而出。此派一反蔼瑞脱派教会偏重古语之弊，而本由既知及未知之原则，取普通经验上之事实为题，先以国语讲谈之，以国文记述之，而后使之学拉丁语，期养成其恰当之判断力。又其使之学古语也，其旨归不在偏于形式，而专以模仿为事，特欲从古学者之例，善能发表其正确之判断与适切之思想而已。如弗理约利、斐奈伦、罗尔兰之徒，皆从特嘉尔德之思想者。弗理约利曰：在文艺复兴时代，有委其一身以学习希腊拉丁语，至仅为言语故而泛览一切学子之书者，斯诚可谓奇人矣。若辈以为欲利用古学者，在谙诵古人文字，如其所言而言之，是实误甚。古之人择适切彼等之事实，而以正确愉快之方法，善表之于言语。吾人亦当择适切吾人之事实，如古人之法，而以吾人之言语叙述之。此即善学古人者也。弗理约利此言，实足表示新人文主义之根本思想。故特嘉尔德之思想不但助成近世之实学的合理的倾向，即谓人文主义亦由是而得改造之根据可也。

方法之过重，此新教育家之一般倾向也。拉德楷既谓各种言语，当以同一之方法处理之，廓美纽司亦谓一切科学及言语，当以同一之方法教授之，至欲编定教科书，使教者奉为定范。今谓此倾向之增进，亦承特嘉尔德之思想而来，非臆说也。至是，论者竟以为不问教师优劣，但同用一书籍，同一方法，即可同获成效。如贝斯达禄奇，谓良善之教法，惟一而已，简易其教法，则凡为母者皆可以教其子云云，即此义也。要之，轻视教师之人格技能，与生徒之个性，而循严密之方法而进，则不问养成何等生徒，皆可如愿以偿。此合理主义之教育家所均谓然也。

以感觉为高尚之心的发展之基础，更说实地的观察感觉的经验之必要，且稍加以功利思想者，洛克也。洛克否认天赋的观念之存在，以一切知识为获得者。虽人人所一致认定者，然非自始而存于精神。又即矛盾法、相同法等，为论理上之根本定理，然人非自始而有之。观于儿童及无意识者之绝无意识，可以知也。个人及国民间，其道德心、宗教心，不相一致，然则有何理由，可信为先天的存在者乎？要之，人心之初，如一幅洁白之纸，其有观念及其思考之材料，惟由对外界事物及内界活动之观察而得之。故人知之根源非他，一则感觉，一则内省。由是以得单独之观念，及其合之也，而后全体思考及知识系统，乃以成立。此与结合字母而组织为言语，无以异也。洛克本此思想，而述教育上之注意，曰：满足儿童之求知心，此最必要。人惟有此心故，而后能知世界。故吾人对幼者之发问，宜本亲切之情，与以正确之答。又必语以他人求知之法，以刺激之。又曰：凡学习，不宜以之为课业，而宜以为名誉、娱乐、休养上之事，俾为对他活动之赏励。如此，则儿童欲自进而受教矣。游戏之际，以使之多学自然为善，如刻字母于骰，俾幼儿弄之，则自然记忆字母，兼知拼法是也。至见读书力之发生，则与以简易而有味之书籍，又务择其有插画者。物之观念，由实物或其写象而得之，非由言词而得之也。洛克于言语教授，谓宜以国语为先，至外国语，则宜先法语而后拉丁语。又谓言语教授上，须注意其内容之价值，既养其言语之能力，兼畀以科学之知识。如就无益之知识技能，而徒劳记忆者，不可也。是故彼谓图画一事，当由实用的见地而练习之。又以诗歌音乐为无用，曰：诗歌与放荡同行，苟不欲其儿放荡者，决不可使之为诗人。若夫欲就音乐而得普通之技能，则不独多耗实力，又其练习之上，有导儿童于恶社会之危险。要之，吾人之生活也甚短，事物之获得也甚难，而吾人之精神又非能永劳无间者，故不可不节其时与力，以向最有益之事物，而于最捷最易之道，以求得之也。

卢骚之教育思想，其由洛克而出，明甚。彼于《爱弥耳》中，首重实物之知识，以先学其符号为不可，曰：必使于十二岁前，不知书籍为何物，而惟就自然之书籍读之。夫然，故卢氏亦重感觉之练习，曰：一切能力，其发生最早且成育最先者，感觉也。故不可（不）及早完成之，仅练习儿童之活力者，未为足也。宜利用各感觉，使由一感觉而得之印象，更由他感觉以试验之，测算之，比较之。吾人认识之广延，关于观念之数，其悟性之正确，则以观念之纯粹且明了也。比较观念之技能，称之曰理性。感觉的理性，乃由种种感觉之相合，而构成简单的观念者。而真正之理性，则由许多之简单的观念，构成复合

[法]雷东　维奥蕾特·海曼像

观念者。欲后者之发达，则不可不先求前者之进步。又曰：儿童自其身之四周，而得感觉的印象，须育成之，俾至于为观念。然由感觉的事物，突然而移于悟性的事项，则不可。知力最初之活动，在感觉指导之下，故舍世界外无书籍，舍事实外无教授也。儿童不可仅习言语，其知某事之为何事者，非由汝以之语彼，而彼之自了解之也。不可使彼学习科学，而宜使彼发见之。若汝不与彼以根据，但使之由威权而生信仰，则彼既不能自思，终为他人思想之玩弄物而已。洛克、卢骚之思想，经泛爱派之手，而感动于德国教育界。至由此思想，而有何种倾向之发生，以下试陈述之。

感觉主义也（以感觉经验为重），合理主义也（以自由之思考、独立之判断为重），自然主义也（排斥人工的方法，循自然之进路），此三者，至十八世纪，令德意志之精神界为之大动，而“哲学时代”或“启蒙时代”之名生焉。伏尔夫，其最初之代表者也。伏氏以自然之法则有神圣之起原，且由吾人之理性而始得发见，始得理会者也。凡事实中，有难构成明了的概念者，勿就而论之。苟无证明，则何事亦不可信。惟有永远的一般的价值者，乃有纯粹、真实、健全之质。其他一切，皆无价值而不必要也。彼又谓宗教之为宗教，必于理性上无矛盾点，不问何时何处，皆可认为真实，又不问何人，皆得而信仰之者。彼以理性为知识及生活一切范围之最高判决者，又最高主宰者云。此种思想，在当时之宗教界，大招非议。各大学于伏氏哲学，皆痛斥之，旋逐氏出普国境。及弗礼特力大王即位，始召还，仍为大学教授。于是启蒙的倾向之胜利，乃由之确实矣。

启蒙时代之第一特点，在力戒盲信盲从，而务于一切范围内，以求赅括一般之理论。其于教育界也，则有芝拉普氏，著《教育学试成》，以期一般的教育理论之成立。彼谓独立之考察，及良心之自由，最有势力。若不待证明，而遽采传来之意见与信仰判断者，则偏见以生，而心镜为之晦矣。泛爱派之教育，盖皆由此思想而出也。又启蒙时代之第二特点，在个人主义。即对寺院、社会、国家之制限及区别，而维持个人之权利。以国家诸制度，为束缚个人者。是故启蒙时代，自然倾于世界主义。又由个人的倾向之关系，遂生自己保存及自己幸福之希望，曰：世界之存，为吾人之生存与幸福故，凡足助利益之增进者，即其为道义的者也。是故泛爱派之教育家，专以增进生徒之最大幸福，为教育之目的。排斥严酷之教法，而专以友爱之情，接近生徒，务令为学于愉快之中。又于卫生体育上，注意周密。为欲应实地生活之必要也，则置重近世语，教授实科，使练习实用的技能，以拓利用厚生之道焉。至置重感觉经验之意见，于启蒙时代亦甚著。如泛爱派，即主张自然的教法者，谓宜从儿童自然发育之次序，以排列教材，由易及难，由近及远，且须预立一定之方案云。至于缺感觉之基础之概念，超出经验之世界之理想，为美术之本体之理想界，则彼等轻视之。以为人之天性，皆能发展，而其发展之也，以善于培养故。教授学术者，须足以扩充其识见，丰富其记忆力，锐敏其判断力，若仅刺激其想像力，则危险矣。巴瑟德于其学校之宗教科，唯统括诸宗派一致之点，而用之，名以自然的宗教。又谓构造的童话优于事实的谈话，而对诗歌文学美术则淡然视之。当时之倾向如何，从可知已。

泛爱派之意见，其接触于卢骚之思想者甚多。巴瑟德于其初步教科书，既多引《爱弥耳》之说矣，但竟谓泛爱派全自卢骚思想之结果而生，亦不可。班罗希论两者之关系曰：由卢骚之《爱弥耳》，而使十八世纪之德国教育界生伟大之事业。但人谓此书之价值，在其发表之理论。予谓不然。彼之理论，不足使永续的教育系统因之成立，于法国然，于德国亦然也。惟其时独断的宗教，既经德国哲学者加以激烈而巧妙之攻击，且于精神界，经伏尔夫、莱马克一辈之手，而宗教的宽容思想，既有所准备于前，此书适乘其后而出，所以大有价值也。要之，《爱弥耳》真正之效果，在以既存在既有力之见解，移向教育方面之一点耳。顾仅仅如此，未足促实地教育上之改良也。欲从合理的思想，而

[法]卢梭　荒原中的沼泽

一反当代之所为，别立教育组织，必有富于计划之人，始能为功。其人必有胆力，敢辩护其改革的理论；有伎俩，能使君相士庶，皆赞成其新奇之企图；又有确信，能实行其思想，而不至中途挫折。如巴瑟德，即其人也。

一时大擅势力之实学的合理的倾向，至十八世纪末，复渐减其势力，即于哲学界，于美术界，亦对之而生反动焉。向视为认识的能力之理性，今则加以限制，从理法而出之造作，今则加以轻视，而谓内部之有机的发展，自有可贵重者在。盖合理主义，专于有用无用之程度，计事物之价值。其所常致问者，曰：此于增进幸福之上，果有几何效力是也。彼等于国家、权利、科学、技术、哲学、宗教等，皆由此标准考察之。然新思想则异是，彼以事物自身之有价值者，为最高者，而不置利益于目中。因以为吾人之价值，非以其知其能故，亦非以其为人类之行为，而实际有所作为故，惟以其存在故耳。申言之，即以人之自身，本有目的，故贵重之也。而使人于其自身，所以得有价值者，一以为在于道德，一以为在于人类的天性之发展。前者于汗德之严肃道德主义发表之，后者于新人文派之思想显示之。

汗德以为人常进步而不已，今日开化之人类，其在太古时代，生活与动物同。一切心的能力，今视为人类所固有者，实则经时渐获者耳。而如此发展，即吾人自身活动之结果，非出诸神秘也。人既有动物的禀性，兼有天赋的理性。由其发动，而人类价值之存在，始表现焉。氏又以为人之完成无限，故其发展无终局，个人自身，虽不得遂完全之发展，然于人类的种族或于社会的团体，得进于改善之道。但人类进步之度已高，而个人之初生也，犹存粗野之状态。故人类有待于教育之力也。

以汗德为一教育论者观之，则彼力主教育势力之大，曰：生物中有以教育为必要者，惟人而已。人惟由教育而始得为人。故教育之事，宜时时谋其改善，必使时代各有进步，以谋人类之完成。又曰：教育之背后，有完全人性之秘密。设能由教育之助，使人性常善发展，至有适于人类之形式，则愉快为何如哉！望人类的种族之未来幸福者，以是为其筦钥矣。汗德既于一方面，最重个人意志之自发的活动；又于他方面，含有今日所谓社会的教育之思想，以为教育之目的有四：一、在调和人之动物性，以抑制其自然的粗野之倾向。二、在增进其才能，俾有足赴一切目的之能力。三、在培养其智识，俾能应时处世，而为自己之目的，使用他人。四、使知人为道德的，由是而达其最高之目的。最后一端，则汗德所最注重者也。从彼之伦理说，则道德云者，非由利益幸福等客观的标准，而当求之于意志之自身，曰：有能应种种目的之才能，未为已也，又必有选择善目的之意志。而所谓目的之善者，即既为各人所承认，又可为各人之目的者是也。

汗德于其哲学，由二方面以观人类，于其教育也亦同，即：一、以人为现象，为从自然之法则者；二、以其具一定能力即实地的理性，而以之为睿知的，为立于自然法则之上，而离脱自然的强迫者。人之预定理想，为实现其理想而活动，此当视为实地的理性之活动。人于此点，盖全在自由之状态者也。故氏之论教育之理也，区为“自然的教育”与“实地的教育”二面。于前者中，以人为从自然之法则者，于后者中，则以之为自由之本体。而氏于自然的教育一面，所述养护及训练上之注意，实采卢骚及泛爱派之思想。彼就心的能力中，以悟性、判断性、理性为最高尚者，而感觉、记忆、想象等能力，则为此高尚性之发展之补助。又以为吾人之心，一面为受动的本体，一面为自动的本体。而即以此哲学的心理的意见，适用于其教授论之上，曰：外物虽生种种感应，然附以整理之条件者，心之自动力为之也。其条件，乃心之先天的所有者，而种种表现由悟性而联关之之形式，亦吾人之先天的所有也。汗德由此思考，故惟承认教授之形式的价值，而以苏格拉底之教授法为最适当，曰：汝勿徒授知识，而当用意于所以开发之术。

汗德之视理性也，一以为理论的能力，一以为实地的能力。前者虽限于现象界，而后者则向他世界，而决定人之意志行动。官能的人类，由愉快或不快之情，而导之于动物的冲动与偏性等，因而倾于利己，使己与他生物不能相容。如斯状态，与本为理性的本体之人类之运命，至相冲突。故人于意志行动，必有一必然的且具普遍的价值之要素，以保持人类之一致。要素何？实地的理性是也。此理性，与官能的冲动反对，由无上之命令，使人排自爱及幸福之动机，而纯然欲善。故吾人之意志，不由经验的事物决之，乃超越自然界之法则，而脱离其制限者也。如是思想，虽使道德益进于尊严，然欲由是解决德育问题，则不免甚难。谓为道德之基础之意志，有超绝的自由之性，而不从经验之法则，不受外界之影响者，则品性果如何陶冶乎？所谓教育势力，能使道德的性格以次发展云云，不几成无意义之言乎？汗德屡以德育为至难解决之一问题，又谓人之改善，以其心情之突然变动，而生更新之状态故。由是观之，汗德实自觉其哲学的心理的思想之结果之困难者也。然氏于他方面，亦深信德育之可能，以为道德的陶冶，当使之从道德的规范而行。不从道德的规范而出之习惯，经年渐失。然道德的规范，足以规定其心性。若吾人之行为，从其所信为正当者而进，则是既有坚确之品性者也。故教育者，于教授道德的规范，最宜致力焉。

汗德谓当时之教育说，仅与人以实地上之忠告，为大不可，欲变机械的教育术为一科学，而以学术的研究之。故纵令彼之所论，与其哲学思想往往不免冲突，然于其心理的伦理的根据，则固能保持勿失也。况当汗德哲学风靡一世之秋，诸家之欲本其思想以组织教育学者，一时辈出。如尼爱摩尔、休怀尔兹其最著者也。即至现代，而新汗德派，尚不惟于哲学界伦理界见之，于教育界亦见之焉。

由合理的实利的倾向之反动，更进而见诗的倾向之勃兴。此倾向一以自由为主，置自然于法则以上，谓世界有不可以理解之者，且于其不可解之点，有真可贵重者在。如威凯尔曼、兰馨以为美术非从法则而造作者，乃由内部而生育者，天才者出，自能以正确之步武，发见正道。如海尔台尔，就自由之人类的性质，说其尊严与美。又如格代谓诗的造作，非由勤劳而得，亦非由理法而立。凡此皆是也。此时之人，于论国民的生活，亦谓为大国民者，非生活于勤劳及理法之中，美术之于人，虽无直接的必要，然实其生活上所必不可缺者也。此倾向与启蒙时代之关系，巴尔善论之最详。

巴尔善曰：启蒙时代，与海尔台尔、格代时代，有根本的区别，称前者为机械的，则可称后者为有机的。在启蒙的精神，以合理的且机械的思考之，而其起原，则在数学的物理学。由格里辽、霍布士、特嘉尔德、斯披洛若而发之新萌芽，经洛克、拉依白尼志、伏尔夫而发展，遂至见启蒙的精神之成立。以为人若视世界，为建筑家之工作，则是先由神明，案出实在，次则由其全能之意志，而使之成立者也。彼于历史的世界，亦以合理的机械的说明之，谓言语、宗教、法律、国家，皆由悟性而案出者，造作者，即美术的制作，亦不外就目的及方面之合理的研究而已。而是时实地教授之状况，亦颇适应其理论。大学及高等学校有教授官，教人以作诗建筑绘画之法，举示其有用之材料及方便，且使生徒等，自为技术的练习焉。然至于次时代，则于一切范围皆舍此工作的思想而不顾矣。海尔台尔、格代与罗曼的克及推究哲学，皆谓从目的之制作，非真知实在之法式。彼为造作之原之自然及人心，有非工作家之计量之考察之且实行之者，所得而比拟焉。曰“有机的成立及生育”，曰“内部的开发”，此即所以观人类的历史界及神明之世界之法式。想象上真正之务作，非以人力为之者，由天才而受胎、而产出者也。若夫以工作的考察之、成就之者，则小细工之类耳……因判定事物价值上之变化，而理论上美术上之思想亦随之而变焉。至新时期，既不由必要上评量物之价值，谓作业不过为某目的之

[法]布歇
梳妆的维纳斯

方便故，不足以决定人之价值，其决之者，吾人闲暇时之自由游戏也。此与雅里大德勒重闲暇之作业，命意相同。此时之人，于哲学、诗歌、技术、宗教，皆以使人心力自由活动之一点，视为心的生活之最高内容，即自身本有价值之内容，而谓此内容不能由利益以计之，亦不因之而生何等利益，故附加一属性焉，即谓最高者之本体，乃无用者是也……此时代，以为人类心的天性之十分发展，自有绝对的价值，吾人本体之完全的构成，于其美之精神认见之，而由质素之自然的风气，与智情意之最高尚最自由之陶冶，两相结合，而始得之者也。如是思想，尝于希腊时代一表现之。从希腊国民之人生观，则自由之人，非目的之方便也，非职业之奴隶也，不可为仪式及规约所束缚，亦不可为信仰之形式与修学之强迫所制限也。以我为自由之我，与世俗对立，而以存在内部之完全形象印于其生活及本体之上，是即真可谓为人者也。此等人物，可于希腊伟人中求之，政治家之培里格烈斯、诗人之琐福克烈斯、哲学家之柏拉图，是皆受最高之陶冶，而有自然的圆满性之人物也。由斯以观，则人道的陶冶，实即以希腊为模范焉耳。

此新思想，由兰馨、海尔台尔、格代、希尔列尔、芬博德之徒，而鼓吹于时，于是“人道教育”一语遂为教育之理想矣。古语、诗歌、哲学、历史、地理，遂为一重要之学科矣。彼等谓上古世界（就中如希腊）实立人类心的发育之基础，而于其精确完熟之嗜好，及使用言语之最美技能，足为永久之模范。故吾人之考察上及言语方法上，须仿此模范而构成之。于是视古代书籍为美学之真源，为永久之纪念矣。启蒙时代，以人为合理的生物，惟以时地之关系，而偶然相隔相分者。然新人文主义则反之，以一国民为一特殊之有机的本体，于其一切活动，可认见固有生活法之贯通，如言语、宗教、诗歌、风俗习惯及人生观，俱有国民的之特别倾向。故直以他国民之生活移植于本国者，有害也。故其所置重者，不徒在模仿古人。如霍禄邱士之歌而歌，如基开禄之言而言，不足以为名誉也。应现代之时势，从国民之思想，而以今世言语记述其事，使见之者以为基开禄辈复生，亦必如此，斯真足贵重矣！是故在此时代，其教上古文学技术也，欲发扬人道，而使人得人之理想也。其教历史也，为明人类开化之迹，使人知敬爱其所当敬爱者，与憎恶其所当憎恶者而已也。其教地理也，亦然，欲示地球与其国民之教化及风俗习惯，互有关系故也。

新人文派之思想，对彼启蒙的实利的之人生观，实为一有力之反动，而二者之争执，迄于今日，犹未已也。至人文的倾向之直接的效果，不亟及于中等以下之教育者，是以其性质为贵重之学科，故在所不免。当时之格母拿吉姆及大学，虽既从新倾向而决定教育之方针，然于普通国民之教育及教授上，犹未显见变化者，良有以也。然其后人道教育之精神，亦既以渐推广，不仅擅势力于社会之一隅。故于普通教育上，已有本是为理想者，如贝斯达禄奇，即是从此倾向，而谋实地教育之改良者也。

以上所述，不过教育思想与哲学之关系之一端。至最近世，因哲学思想之发达，而其关系益复杂，有未易殚述者矣。

（刊于1906年7月《教育世界》128、129号）

论教育之宗旨

教育之宗旨何在？在使人为完全之人物而已。何谓完全之人物？谓人之能力无不发达且调和是也。人之能力分为内外二者：一曰身体之能力，一曰精神之能力。发达其身体而萎缩其精神，或发达其精神而罢敝其身体，皆非所谓完全者也。完全之人物，精神与身体必不可不为调和之发达。而精神之中又分为三部：知力、感情及意志是也。对此三者而有真美善之理想："真"者知力之理想，"美"者感情之理想，"善"者意志之理想也。完全之人物不可不备真美善之三德，欲达此理想，于是教育之事起。教育之事亦分为三部：智育、德育（即意育）、美育（即情育）是也。如佛教之一派，及希腊罗马之斯多噶派，抑压人之感情而使其能力专发达于意志之方面；又如近世斯宾塞尔之专重智育，虽非不切中一时之利弊，皆非完全之教育也。完全之教育，不可不备此三者，今试言其大略。

一、智育　人苟欲为完全之人物，不可无内界及外界之知识，而知识之程度之广狭，应时地不同。古代之知识至近代而觉其不足，闭关自守时之知识，至万国交通时而觉其不足。故居今之世者，不可无今世之知识。知识又分为理论与实际二种；溯其发达之次序，则实际之知识常先于理论之知识，然理论之知识发达后，又为实际之知识之根本也。一科学如数学、物理学、化学、博物学等，皆所谓理论之知识。至应用物理、化学于农工学，应用生理学于医学，应用数学于测绘等，谓之实际之知识。理论之知识乃人人天性上所要求者，实际之知识则所以供社会之要求，而维持一生之生活。故知识之教育，实必不可缺者也。

二、德育　然有知识而无道德，则无以得一生之福祉，而保社会之安宁，未得为完全之人物也。夫人之生也，为动作也，非为知识也。古今中外之哲人无不以道德为重于知识者，故古今中外之教育无不以道德为中心点。盖人人至高之要求，在于福祉，而道德与福祉实有不可离之关系。爱人者人恒爱之；敬

［法］雷夫波维尔
真理女神

人者人恒敬之。不爱敬人者反是。如影之随形，响之随声，其效不可得而诬也。《书》云："惠迪，吉；从逆，凶。"希腊古贤所唱福德合一论，固无古今中外之公理也。而道德之本原又由内界出而非外铄我者。张皇而发挥之，此又教育之任也。

三、美育　德育与智育之必要，人人知之，至于美育有不得不一言者。盖人心之动，无不束缚于一己之利害；独美之为物，使人忘一己之利害而入高尚纯洁之域，此最纯粹之快乐也。孔子言志，独与曾点；又谓"兴于诗"，"成于乐"。希腊古代之以音乐为普通学之一科，及近世希痕林、希尔列尔等之重美育学，实非偶然也。要之，美育者一面使人之感情发达，以达完美之域；一面又为德育与智育之手段，此又教育者所不可不留意也。

然人心之知情意三者，非各自独立，而互相交错者。如人为一事时，知其当为者"知"也，欲为之者"意"也，而当其为之前（后）又有苦乐之"情"伴之：此三者不可分离而论之也。故教育之时，亦不能加以区别。有一科而兼德育智育者，有一科而兼美育德育者，又有一科而兼此三者。三者并行而得渐达真善美之理想，又加以身体之训练，斯得为完全之人物，而教育之能事毕矣。

- 教育之宗旨
  - 体育
  - 心育
    - 知育
    - 德育
    - 美育
- （以上）完全之人物

（刊于1903年8月《教育世界》56号）

教育小言十二则

（一）

学部之职，各国所谓伴食大臣也。今朝廷立学部，而以亲贤之枢臣领之，上之视学部如是其重也，学部之足以有为，如是其易也。学部立二月矣，而不闻发一号施一令，部臣之于学事如是其慎也。处甚重之地，乘易为之势，而又临之以谨慎，其有所为也，则世之所以颂祷学部者，当如何？其无所为也，则世之责备之者，又当如何矣？

（二）

今人日日言初等教育，至中等教育则往往谢不敏，若进而主张高等及专门教育，未有不惊其河汉者也！夫以学生修学之次序言之，则先初等、中等，而后及高等教育，固甚当也。若论学问之根柢与教师之所自出，则初等教育之根柢存于中等教育，中等教育之根柢存于高等教育，不兴高等教育，则中等及初等教育亦均无下手之处。世人之主义，余曩者谓之平凡主义，既而思之，此名尚未适当，彼等实苟且主义也、颠倒主义也，曰师范传习所、曰私塾改良会，尤苟且主义中之苟且者也。

（三）

吾国之所素乏及现在之所最需要者，高等及中等教育也。若夫初等教育，则夫城市村落之蒙塾，虽其卤莽灭裂实甚，然仅可谓之不完全，未可谓之绝无也。至高等教育，则在今日谓之无也，可矣。今之君子动曰小学、小学，然不兴中等教育，则小学之教师其能贤于昔之蒙塾者几何？不兴高等教育，则中学之教师又安从得乎？兴高等教育，则食其利者不独初等及中等教育，而二者实于是立其根柢。若但言初等小学，则虽平凡乎，苟且乎，恐平凡苟且之成绩，亦终不可得也。

（四）

吾人之主义谓之贵族主义，但所谓贵族主义者，非政治上之贵族主义，而知力上之贵族主义也。夫人类知力之不齐，此彰明较著之事实，无可讳也。初等教育以普及全国为宗旨，故虽下愚之人，亦有受教育之权利，而国家亦有教育之之义务。初等教育之所以为最难之事业者，其故半由于此也。若高等教育，其性质则全与此异。今举我全国中学生而行选拔试验，集其知力之优胜及稍有普通学及外国文之知识者约可得数千人，然后与以一二年严密之预备，而授以专门之学，吾知其成迹［绩］较之外国之蹈小学、中学之次序而按格而入大学者，必有优无劣也。以今日人才之取乏如彼，而国家待用之亟如此，则育才之方法未有适于此者也。故贵族主义，今日最适之主义也，况其余润所及又足以立中学、小学之根柢乎！

（五）

难者曰：如子之说，则今之小学、中学既无教师矣，则高等教育之教师又乌乎取之？曰：此非用外人不可。夫外人者，当事者之所患也，患其侵教育权也，患其不得其人也，患得其人而不为用也。夫用舍之权在我，则权何自而侵？至后二者，唯监督者之不得其人，斯有之耳。然以观今日监督学堂之人，则其于本国人未必能用之，况外人乎！以监督者之不得其宜，而谓外人之不可用，则未免因噎而废食也。

（六）

高等教育既兴，则外国留学可废。以后海外留学生限于分科大学卒业生中选之，以研究学术之阃奥。全国官费生以百余人为额，私费者听之。其大学中未设立之科，则亦得委托外国大学教授，以后分科大学之教师渐以大学卒业后之留学生及学力与之相等者代之。如此十年，则分科大学中除授外国语学外，可无以外国人而担任讲座者矣。此永久之策也。

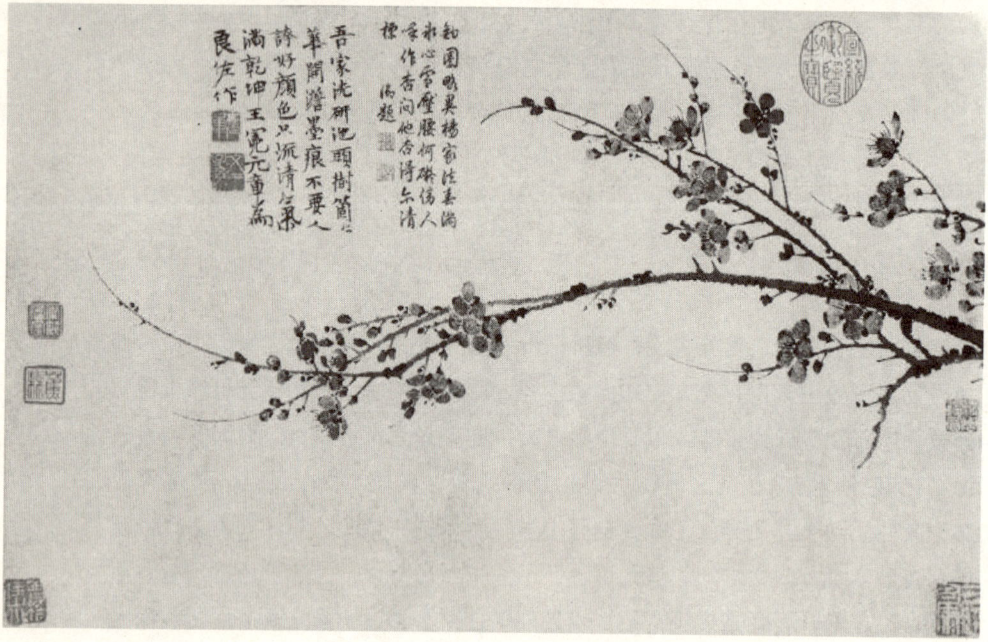

[元]王冕　墨梅图

（七）

留学生之数之多，如我中国之今日，实古今中外之所未闻也。通东西洋之留学生数不下万人，每人平均岁以五百元计，则岁需五百万元，以此五百万元兴国中之高等教育，不虞其不足。即令稍有不足，其受教育之人数必倍于今日之留学生之数无疑也。且留学生之大半所学者，速成政法耳，速成师范耳。以不谙外国语之人，涉数千里之外学至粗浅之学而令东京之私立学校得因之以为市，此日本文部省限制私立学校令之所以发也。而我国留学生之大半起而争之，曰停课，曰归国，其问题悬至今日而未有所决，此足以窥留学生多数之知识，而昔之勇于派遣者亦不得不分任其责也。既派遣者已无可如何，后之谋教育者不可不知所变计矣。

（八）

异哉，我国绅士之势力竟如此其大乎！吾非谓绅士之不可有势力也，以绅士之不知教育之无异于官也，则不能不惊其势力之大矣。夫教育之事，以明教育者为之，则可耳，官可也，绅亦可也。苟一为绅士而即可以任教育之事，吾不能知绅之有以异于官否也。以今日之某省学会之所陈议观之，余始知绅士之为万能之人也。

（九）

世之勇于任教育者，有四途：有以为公益者焉，有以为势力者焉，有以为名高者焉，有以为实利者焉。为公益而为之者，圣贤也。为势力而为之者，豪杰也。为名与利而为之者，小人也。圣贤不可得，得豪杰而用之，斯可矣。若夫小人，则以教育为一手段，而不以为目的，虽深明教育之人，犹不可用，况乎以群盲而聚讼乎！

（十）

去岁之冬，我中国学界最多事之时代也。于东京，则有留学生多数之停课；于南京，则有苏学生与赣、皖学生之争额；于苏州，则有苏、松太学生与常、镇、淮、扬、徐、海学生之争。东京之事，既如上文所论矣；南京之事所争者，犹省界也；苏州之事，则浸而及府界、县界矣。曾谓我国最有望、最可爱之学生，而量如是狭隘乎！人类同胞之思想在今日固有所不可行，至于中国人之思想，则凡书左行字而说单独语者，当无不有之，乃以我国最有望、最可爱之学生而所争者如此。此不能不为教育前途惜者也。

（十一）

管理学堂者湘人，则湘籍之学生居其半额矣。若为闽人、浙人，则闽若浙籍之学生居其半额矣。管理学堂者，以同乡之谊取学生。学生以同乡之力抵抗之，十七省非同乡会之独摈苏人，则亦同乡会之一种也。故我中国，无中国人也，有湘人、浙人、苏人……而已。人初相见，必问贵省，省乎、府乎、县乎？此种陋劣根性，其根柢远存于千百年以前，欲一旦扫除而廓清之，吾知其难也，是在有教育之责者，有以渐而化之矣。

（十二）

以中国之大、当事及学者之众、教育之事之亟，而无一人深究教育学理及教育行政者，是可异已。以余之不知教育且不好之也，乃不得不作教育上之论文及教育上之批评，其可悲为如何矣！使教育上之事，余辈可以无言，即欲有言而有人代为言之也，则岂独我中国教育之幸哉，亦余个人之私幸也！

（作于1906年，收入《静庵文集续编》）

教育小言十则

（一）

名与实之相背驰也，久矣。地方自治也，教育普及也，皆天下至美之名，而其实固非一朝一夕之所能几也。今日之时代，乃预备之时代，而非实行之时代，若以预备为实行，是犹伐一年之木而刈五月之禾，必无效矣。今之言政治、言教育者，殆此类也。

（二）

今日教育行政上之官，非不备也；大中小学校之名目，非不具也。苟但以教育为名，则吾不知如欲养成国民之资格、增进国民之知识，以与列国角逐，则天下之学校之不在当闭之列者，盖寡；而关系教育人员之不在当淘汰之列者，盖无几矣。

（三）

今有人籽种未下，而延人食其秋之实；牛羊未字，而约人享其子之肉；未有不笑其愚且妄者也。今未有学校之设备，而设劝学所，此亦前者之类也。

（四）

凡用人之要：一国之中专任一职之人多，而坐论大局之人少，则一国之事鲜不举矣。一校之中实行教授之人多，而名为管理之人少，则一校之成绩必可观矣。今日中学以上之监督、庶务、斋务等员（外国此项职员例以教员兼充），小学之堂长、董事等员（今日各地方小学殆无不有董事，而堂长亦鲜有以教员兼充者），犹苦其冗，而复继之以劝学总董、劝学员，是以冗员为未足，而又益之也。

（五）

甚矣，行政之事牵一发而全身俱动也！今欲核定教育经费，非整理全国之财政不可；欲调查学龄儿童，非作全国人口之统计不可。此系度支部、民政部、学部公共之事业，苟财政之预算未定，警察之制度未备，而欲冀教育之普及，虽圣贤豪杰亦唯有束手坐困而已。

[清]罗聘　兰

（六）

既限制留学，则国内之高等教育不可不兴；既设劝学所，则初等教育之设备不可不亟。而初等教育之设备，其事关于财政户口上之大问题，较之高等教育尤为繁赜，故限制留学之令不必反汗，而劝学所之设自不可不缓之数年之后也。

（七）

欲兴高等教育，则其教员必聘诸外国矣。今有人欲建一大工厂，则其机器锅炉必购诸外国，未有用旧日之器械者也。苟我国自有适用之器械、合格之教员，岂不甚善，其如今日之绝无何。而言者谈及用外人辄以为惧，夫以不习重学、汽学之人而管理机器，则汽炉必有爆烈之患；以不能用人之人而统率外人，则外人之不能用，固其所也。以不能用外人之故，而诋外人为不足用，亦犹不明重学之理，而毁机器也。

（八）

今日上所恃，以为奔走天下之具者，高官耳，厚禄耳。其上者，则知用礼貌矣。善用人者，固不能不用爵禄与礼貌，然其要尤在能尽其用。夫人之有一长者，未有不自知者也，使上亦能知之而能尽之，则知己之感。固有视爵禄、礼貌为重者，此郭子仪所以能以奴隶役浑瑊，而海兰察所以甘受阿桂之怒骂者也。用中人然，用外人亦然。夫彼苟能为我用，则安有揽权旷职之弊，如人人所惧者哉？若以今日之用人者当之，岂徒外人，虽本国人亦乌见其必能用也！

（九）

吾人所悲者，岂独今日专门之教师不能悉求之本国哉！即此寥寥用人之人，而亦不可多得，则天下人才之消乏，何如矣！夫能用人者，必其人之学识等于所用之人，而又有虚心实力之美德，即不然，亦必明白事理而又素有德望者，然后人敬服之。若此寥寥数十人而亦不得其人，则不佞所主张高等教育之计画亦终于失败矣。

（十）

专门学教师之非外人所能胜任者，其他日之文科大学乎？其中之授外国哲学、外国文学者，固聘诸他国而有余，至欲求经学、国史、国文学之教师，则遗老尽矣。其存者，或笃老或病废，故致之不易；就使能致，或学问虽博而无一贯之系统，或迂疏自是而不屑受后进之指挥，不过如商彝周鼎藉饰观瞻而已。故今后之文科大学，苟经学、国文学等无合格之教授，则宁虚其讲座，以俟生徒自己之研究，而专授以外国哲学、文学之大旨；既通外国之哲学、文学，则其研究本国之学术必有愈于当日之耆宿者矣。故真正之经学、国史、国文学之专门家，不能不望诸此辈之生徒，而非今日之所能得也。

（作于1906年，收入《静庵文集续编》）

教育小言十三则

（一）

今有一厂主，集群职工而谕之曰：汝等各勤汝职，数年后，余将使汝治会计，事少而偿多，足以剂汝今日之劳矣。汝等虽不娴，余不汝责也。群职工大喜，日夜以希主人之所以许之者，事益不治。呜呼！如斯厂者，为职工计，诚得矣；其如一厂之资本何？余以为，今之以官爵奖励人才者，实无以异于此也。

（二）

今之世界，分业之世界也。一切学问、一切职事，无往而不需特别之技能、特别之教育，一习其事，终身以之。治一学者之不能使治他学，任一职者之不能使任他职，犹金工之不能使为木工，矢人之不能使为函人也。

（三）

今之用人行政者，则殊异乎是。夫天下之事至繁赜也，所需之人才至纷沓也，而上所以驭之者至简；始则以“洋服”二字括之，继则以“新学”或“新政”二字括之。其所以奔走之者尤简，则以“官”之一字括之。

（四）

夫治官之事而以官奔走之，犹可言也，然必须所与之官与其所治之事相合，然后在上者能收其用，而在下者能尽其职。今则不然，师范生服务期满，则与以官矣；高等教育之卒业者，亦与以官矣。

（五）

夫官之名，至广莫也；种类，至复杂也。以能任一事之才，而与以至广漠之名，使之他日治不可知之事，比之厂主之使职工治会计者，其智之相越，盖不远矣。

（六）

且官之为物，兼劳动与报酬二义。其所受之报酬，即所以偿其同时之劳动，非可以为奖励之具也。如以是为奖励，则人之得之者，必但注意于报酬之一面，而忘其劳动之一面，不然则奖励之谓何矣。且师范生服务期限止于五年，以五年之劳动而于相当之报酬外，又得终身之报酬，为劳动者计则得矣。上之所以报之者，独不虑有所不给乎？

（七）

吾国下等社会之嗜好，集中于“利”之一字上；中社会之嗜好，亦集中于此；而以“官”为利之代表，故又集中于“官”之一字。夫欲以一二人之力拂社会全体之嗜好，以成一事，吾知其难也。知拂之之不可，而忘夫奖励之之尤不可，此谓能见秋毫之末，而不能见泰山者矣。

（八）

教育者，神圣之事业也。日本之不以教员待教员，而以官待教员，吾人之

[清] 恽南田　国香春霁图

素所不喜也。然以今日我国上下之趋势观之，则知彼国之以教员为一官职，而即于其中迁转者，真可谓斟酌于教育之独立与社会人心之趋向之间，而得其平者矣。

（九）

夫教员、医生、政治家、法律家、工学家之学，固职业的学问也。对此等学问家，而以其职业上相当之官与之，则上得以收其用，而下得以尽其长，固非徒奖励之为而已。但美其名曰奖励，曰报酬，而浑其报酬之之物曰官，则于用人之目的已失，而其手段又误，如上文之所批评，其理固人人之所易解也。以职业的学问而犹若是，况于非职业的学问乎？

（十）

非职业的学问何？科学、哲学、文学、美术四者，是已。治职业者，苟心乎职业外之某物（官），则已不能平心于其职，况乎对非职业的学问家，而与以某种之职业（官）乎？故以官奖励职业，是旷废职业也；以官奖励学问，是剿灭学问也。今以官与服务期满之师范生，非所谓以官奖励职业者乎？以官之媒介之举人进士，予卒业生，非所谓以官奖励学问者乎？上之所以奖励之者如此，无怪举天下不知有职业学问，而惟官之是知也。

（十一）

日本当明治七年间，日人谓其大学校曰，官吏制造所。试问我国之制造官吏者，独一大学而已乎？以大学为未足，而又制造之于优级、初级师范学校矣；以国内为未足，而又制造之于国外矣。

（十二）

今之人士之大半，殆舍官以外无他好焉。其表面之嗜好，集中于官之一途，而其里面之意义，则今日道德、学问、实业等皆无价值之证据也。夫至道德、学问、实业等皆无价值，而惟官有价值，则国势之危险何如矣！社会之趋势既已如此，就令政府以全力补救之，犹恐不及，况复益其薪而推其波乎？

（十三）

故为今日计，政府不可不执消极及积极之二方法。消极之法，则不以官为奖励之具是已；积极之法，则必使道德、学问、实业等有独立之价值，然后足以旋转社会之趋势。然用第二方法而一不慎，则世且有以道德、学问、实业为手段而求官者，失之毫厘，差以千里。此又不可不注意也。

（作于1907年，收入《静庵文集续编》）

教育小言十则

（一）

学术之绝，久矣。昔孔子以老者不教、少者不学为国之不祥；闵子马以原伯鲁之不悦学，而卜原氏之亡。今举天下之人而不悦学几何？不胥人人为不祥之，人而胥天下而亡也。

（二）

或曰："今日上之人，日言奖励学术；下之人，日言研究学术；子曷言其不悦学也？”曰：“上之奖励之者，以其名也，否则以其可致用也；其为学术自己故而尊之者几何？下之研究之者，亦以其名也，否则以其可得利禄也，否则以其可致用也；其为学术自己故而研究之者，吾知其不及千分之一也。”

（三）

夫然，故今之学者，其治艺者多，而治学者少。即号称治学者，其能知学与艺之区别，而不视学为艺者，又几人矣。故其学苟可以得利禄，苟略可以致用，则遂嚣然自足，或以筌蹄视之。彼等于学问固无固有之兴味，则其中道而止，固不足怪也。

（四）

治新学者既若是矣，治旧学者又何如？十年以前，士大夫尚有闭户著书者，今虽不敢谓其绝无，然亦如凤毛麟角矣。夫今日欲求真悦学者，宁于旧学中求之。以研究新学者之真为学问欤？抑以学问为羔雁欤？吾人所不易知。不如深研见弃之旧学者，吾人能断其出于好学之真意故也。然今则何如？

（五）

德清俞氏之殁几半年矣。俞氏之于学问，固非有所心得，然其为学之敏与著书之勤，至耄而不衰，固今日学者之好模范也。然于其死也，社会上无铺张之者，亦无致哀悼之词者，计其价值乃不如以脑病蹈海之留学生。吾国人对学问之兴味如何，亦可于此观之矣！

（六）

然吾人亦非谓今之学者绝不悦学也，即有悦之者，亦无坚忍之志、永久之注意。若是者，其为口耳之学，则可矣；若夫绵密之科学，深邃之哲学，伟大之文学，则固非此等学者所能有事也。

（七）

日之暮也，人之心力已耗，行将就床；此时不适于为学，非与人闲话，则但可读杂记小说耳。人之老也，精力已耗行将就木；此时亦不适于为学，非枯坐终日，亦但可读杂记小说耳。今奈何一国之学者而无朝气，无注意力也，其将就睡欤？抑将就木欤？吾不得而知之。吾但祈孔子与闵子马之言之不验而已矣。

（八）

要之，我国人废学之病，实原于意志之薄弱。而意志薄弱之结果，于废学外，又生三种之疾病：曰运动狂，曰嗜欲狂，曰自杀狂。

（九）

前二者之为意志薄弱之结果，人皆知之。至自杀之事，吾人姑不论其善恶如何，但自心理学上观之，则非力不足以副其志而入于绝望之域，必其意志之力不能制其一时之感情，而后出此也。而意志薄弱之社会反以美名加之，吾人虽不欲科以杀人之罪，其可得乎？

（十）

然则，今日之言教育者，宜如何讲求陶冶意志之道乎？然教育家中，其有强毅之意志者有几？诗曰："螟蛉有子，蜾蠃负之。教诲尔子，式穀似之。"此大可为社会前途虑者也。

（作于1907年，收入《静庵文集续编》）

论近年之学术界

外界之势力之影响于学术，岂不大哉！自周之衰，文王、周公势力之瓦解也，国民之智力成熟于内，政治之纷乱乘之于外，上无统一之制度，下迫于社会之要求，于是诸子九流各创其学说，于道德政治文学上，灿然放万丈之光焰，此为中国思想之能动时代。

自汉以后，天下太平，武帝复以孔子之说统一之。其时新遭"秦火"，儒家唯以抱残守缺为事；其为诸子之学者，亦但守其师说，无创作之思想，学界稍稍停滞矣。

佛教之东，适值吾国思想凋敝之后。当此之时，学者见之，如饥者之得食，渴者之得饮，担簦访道者，接武于葱岭之道；翻经译论者，云集于南北之都。自六朝至于唐室，而佛陀之教极千古之盛矣。此为吾国思想受动之时代。然当是时，吾国固有之思想与印度之思想互相并行而不相化合。至宋儒出而一调和之，此又由受动之时代出而稍带能动之性质者也。自宋以后以至本朝，思想之停滞略同于两汉。至今日而第二之佛教又见告矣，西洋之思想是也。

今置宗教之方面勿论，但论西洋之学术。元时罗马教皇以希腊以来所谓

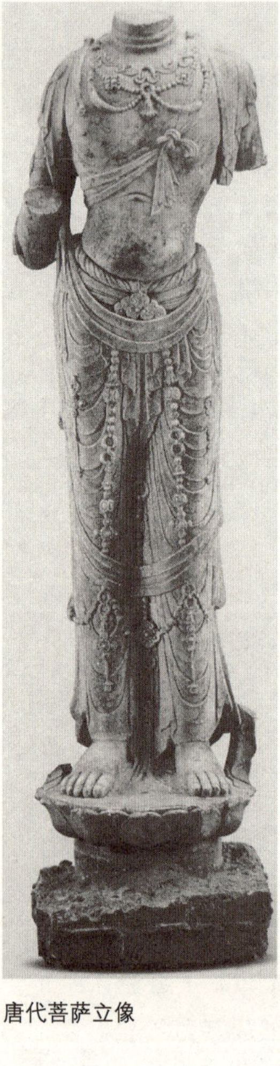
唐代菩萨立像

"七术"（文法、修辞、名学、音乐、算术、几何学、天文学）遗世祖，然其书不传。至明末，而数学与历学，与基督教俱入中国，遂为国家所采用。然此等学术皆形下之学，与我国思想上无丝毫之关系也。咸、同以来，上海、天津所译书大率此类。唯近七八年前，侯官严氏（复）所译之赫胥黎《天演论》（赫氏原书名《进化论与伦理学》，译义不全）出，一新世人之耳目。比之佛典，其殆摄摩腾之《四十二章经》乎？嗣是以后，达尔文、斯宾塞之名腾于众人之口，"物竞天择"之语见于通俗之文。顾严氏所奉者，英吉利之功利论及进化论之哲学耳。其兴味之所存，不存于纯粹哲学，而存于哲学之各分科，如经济、社会等学，其所最好者也。故严氏之学风，非哲学的，而宁科学的也。此其所以不能感动吾国之思想界者也。近三四年，法国十八世纪之自然主义，由日本之介绍而入于中国，一时学海波涛沸渭矣。然附和此说者，非出于知识，而出于情意，彼等于自然主义之根本思想固懵无所知，聊借其枝叶之语，以图遂其政治上之目的耳。由学术之方面观之，谓之无价值可也。其有蒙西洋学说之影响，而改造古代之学说，于吾国思想界上占一时之势力者，则有南海□□□（康有为）之《孔子改制考》、《春秋董氏学》，浏阳□□□（谭嗣同）之《仁学》。□（康）氏以元统天之说，大有泛神论之臭味，其崇拜孔子也，颇模仿基督教；其以预言者自居，又居然抱穆罕默德之野心者也。其震人耳目之处，在脱数千年思想之束缚，而易之以西洋已失势力之迷信，此其学问上之事业不得不与其政治上之企图同归于失败者也。然□（康）氏之于学术，非有固有之兴味，不过以之为政治上之手段，荀子所谓"今之学者以为禽犊"者也。□（谭）氏之说则出于上海教会中所译之治心免病法，其形而上学之"以太"说，半唯物论，半神秘论也。人之读此书者，其兴味不在此等幼稚之形而上学，而在其政治上之意见。□（谭）氏此书之目的，亦在此而不在彼。固与南海氏同也。

庚辛以还，各种杂志接踵而起。其执笔者，非喜事之学生，则亡命之逋臣也。此等杂志，本不知学问为何物，而但有政治上之目的，虽时有学术上之议论，不但剽窃灭裂而已。如《新民丛报》中之《汗德哲学》，其纰缪十且八九也。其稍有一顾之价值者，则《浙江潮》中某氏之《续无鬼论》，作者忘其科学家之本分，而闯入形而上学，以鼓吹其素朴浅薄之唯物论，其科学上之引证亦甚疏略，然其唯有学术上之目的，则固有可褒者。

又观近数年之文学，亦不重文学自己之价值，而唯视为政治教育之手段，与哲学无异。如此者，其亵渎哲学与文学之神圣之罪，固不可逭，欲求其学说之有价值，安可得也！故欲学术之发达，必视学术为目的，而不视为手段而后可。汗德《伦理学》格言曰："当视人人为一目的，不可视为手段。"岂特人之对人当如是而已乎，对学术亦何独不然。然则被等言政治，则言政治已耳，而必欲渎哲学、文学之神圣，此则大不可解者也。

近时之著译与杂志既如斯矣，至学校则何如？中等学校以下，但授国民必要之知识，其无与于思想上之事，固不俟论。京师大学之本科，尚无设立之日，即令设立，而据南皮张尚书之计画，仅足以养成呫哔之俗儒耳。此外私立学校，亦无足以当专门之资格者。唯上海之震旦学校，有丹徒马氏（良）之哲学讲义，

［法］勒穆瓦纳
浴女

虽未知其内容若何，然由其课程观之，则依然三百年前特嘉尔之独断哲学耳。国中之学校如此，则海外之留学界如何？夫同治及光绪初年之留学欧美者，皆以海军制造为主，其次法律而已，以纯粹科学专其家者，独无所闻。其稍有哲学之兴味如严复氏者，亦只以余力及之，其能接欧人深邃伟大之思想者，吾决其必无也。即令有之，亦其无表出之能力，又可决也。况近数年之留学界，或抱政治之野心，或怀实利之目的，其肯研究冷淡干燥无益于世之思想问题哉！即有其人，然现在之思想界，未受其戋戋之影响，则又可不言而决也！

由此观之，则近数年之思想界，岂特无能动之力而已乎，即谓之未尝受动，亦无不可也。夫西洋思想之入我中国为时无几，诚不能与六朝唐室之于印度较，然西洋之思想与我中国之思想，同为入世间的，非如印度之出世间的思想，为我国古所未有也。且重洋交通，非有身热头痛之险，文字易学，非如佉卢之难也，则我国思想之受动，宜较昔日为易，而顾如上所述者何哉？盖佛教之入中国，帝王奉之，士夫敬之，蚩蚩之氓，膜拜而顶礼之，且唐宋以前，孔子之一尊未定，"道统"之说未起，学者尚未有入主出奴之见也，故其学易盛，其说易行。今则大学分科不列哲学，士夫谈论，动诋异端，国家以政治上之骚动，而疑西洋之思想皆酿乱之麴蘖；小民以宗教上之嫌忌，而视欧、美之学术皆两约之悬谈。且非常之说，黎民之所惧；难知之道，下士之所笑。此苏格拉底之所以仰药，婆鲁诺之所以焚身，斯披诺若之所以破门，汗德之所以解职也。其在本国且如此，况乎在风俗文物殊异之国哉！则西洋之思想之不能骤输入我中国，亦自然之势也。况中国之民固实际的而非理论的，即令一时输入，非与我中国固有之思想相化，决不能保其势力。观夫"三藏"之书已束于高阁，两宋之说犹习于学官，前事之不忘，来者可知矣。

然由上文之说，而进疑思想上之事，中国自中国，西洋自西洋者，此又不然。何则？知力人人之所同有，宇宙人生之问题，人人之所不得解也。具有能解释此问题之一部分者，无论其出于本国或出于外国，其偿我知识上之要求而慰我怀疑之苦痛者，则一也。同此宇宙，同此人生，而其观宇宙人生也，则各不同。以其不同之故，而遂生彼此之见，此大不然者也，学术之所争，只有是非真伪之别耳。于是非真伪之别外，而以国家、人种、宗教之见杂之，则以学术为一手段，而非以为一目的也。未有不视学术为一目的而能发达者，学术之发达，存于其独立而已。然则吾国今日之学术界，一面当破中外之见，而一面毋以为政论之手段，则庶可有发达之日欤？

（作于1905年，收入《静庵文集》）

论新学语之输入

近年文学上有一最著之现象，则新语之输入是已。夫言语者，代表国民之思想者也，思想之精粗广狭，视言语之精粗广狭以为准，观其言语，而其国民之思想可知矣。周秦之言语，至翻译佛典之时代而苦其不足；近世之言语，至翻译西籍时而又苦其不足，是非独两国民之言语间有广狭精粗之异焉而已，国民之性质各有所特长，其思想所造之处各异，故其言语或繁于此而简于彼，或精于甲而疏于乙，此在文化相若之国犹然，况其稍有轩轾者乎？抑我国人之特质，实际的也，通俗的也；西洋人之特质，思辨的也，科学的也，长于抽象而精于分类，对世界一切有形无形之事物，无往而不用综括（Generalization）及分析（Specification）之二法，故言语之多，自然之理也。吾国人之所长，宁在于实践之方面，而于理论之方面，则以具体的知识为满足，至分类之事，则除迫于实际之需要外，殆不欲穷究之也。夫战国议论之盛，不下于印度六哲学派及希腊诡辩学派之时代。然在印度，则足目出，而从数论声论之辩论中抽象之而作因明学，陈那继之，其学遂定；希腊则有雅里大德勒自哀利亚派诡辩学派之辩论中抽象之而作名学；而在中国则惠施、公孙龙等所谓名家者流，徒骋诡辩耳，其于辩论思想之法则，固彼等之所不论，而亦其所不欲论者也。故我中国有辩论而无名学，有文学而无文法，足以见抽象与分类二者，皆我国人之所不长，而我国学术尚未达自觉（Selfconsciousness）之地位也。况于我国夙无之学，言语之不足用，岂待论哉！夫抽象之过，往往泥于名而远于实，此欧洲中世学术之一大弊，而今世之学者犹或不免焉。乏抽象之力者，则用其实而不知其名，其实亦遂漠然无所依，而不能为吾人研究之对象。何则？在自然之世界中，名生于实，而在吾人概念之世界中，实反依名而存故也。事物之无名者，实不便于吾人之思索，故我国学术而欲进步乎，则虽在闭关独立之时代犹不得不造新名，况西洋之学术骎骎而入中国，则言语之不足用，固自然之势也。

如上文所说，言语者，思想之代表也，故新思想之输入，即新言语输入之意味也。十年以前，西洋学术之输入，限于形而下学之方面，故虽有新字新语，于文学上尚未有显著之影响也。数年以来，形上之学渐入于中国，而又有一日本焉，为之中间之驿骑，于是日本所造译西语之汉文，以混混之势，而侵入我国之文学界。好奇者滥用之，泥古者唾弃之，二者皆非也。夫普通之文字中，固无事于新奇之语也；至于讲一学，治一艺，则非增新语不可。而日本之学者，既先我而定之矣，则沿而用之，何不可之有？故非甚不妥

[法]莫奈　日出印象

者，吾人固无以创造为也。侯官严氏，今日以创造学语名者也。严氏造语之工者固多，而其不当者亦复不少，兹笔其最著者，如“Evolution”之为“天演”也，“Sympathy”之为“善相感”也。而天演之于进化，善相感之于同情，其对“Evolution”与“Sympathy”之本义，孰得孰失，孰明孰昧，凡稍有外国语之知识者，宁俟终朝而决哉！又西洋之新名，往往喜以不适当之古语表之，如译“Space（空间）”为“宇”、“Time（时间）”为“宙”是已。夫谓“Infinite Space（无限之空间）”、“Infinite Time（无限之时间）”曰宇曰宙可矣，至于一孔之隙，一弹指之间，何莫非空间时间乎？空间时间之概念，足以该［赅］宇宙；而宇宙之概念，不足以该［赅］空间时间。以“宇宙”表“Space Time”，是举其部分而遗其全体（自概念上论）也。以外类此者，不可胜举。夫以严氏之博雅而犹若是，况在他人也哉！且日人之定名，亦非苟焉而已，经专门数十家之考究，数十年之改正，以有今日者也。窃谓节取日人之译语，有数便焉：因袭之易，不如创造之难，一也；两国学术有交通之便，无扞格之虞，二也。（叔本华讥德国学者于一切学语不用拉丁语而用本国语，谓“如英法学者亦如德人之愚，则吾侪学一专门之学语，必学四五度而后可”。其言颇可味也。）有此二便而无二难，又何嫌何疑而不用哉？

虽然，余非谓日人之译语必皆精确者也。试以吾心之现象言之，如“Idea”为“观念”，“Intuition”之为“直观”，其一例也。夫“Intuition”者，谓吾心直觉五官之感觉，故听、嗅、尝、触，苟于五官之作用外加以心之作用，皆谓之“Intuition”，不独目之所观而已。观念亦然。观念者，谓直观之事物。其物既去，而其象留于心者，则但谓之观，亦有未妥，然在原语亦有此病，不独译语而已。“Intuition”之语源出于拉丁之“In”及“tuitus”二语，“tuitus”者，观之意味也。盖观之作用，于五官中为最要，故悉取由他官之知觉，而以其最要之名名之也。“Idea”之语源出于希腊语之“Idea”及“Idein”，亦观之意也。以其源来自五官，故谓之观；以其所观之物既去，而象尚存，故谓之念。或有谓之“想念”者，然考张湛《列子注序》所谓“想念以著物自丧”者，则“想念”二字，乃伦理学上之语，而非心理学上之语，其劣于观念也审矣。至“Conception”之为“概念”，苟用中国古语，则谓之“共名”亦可（《荀子·正名》篇），然一为名学上之语，一为文法上之语，苟

［法］莫奈　睡莲

混此二者，此灭名学与文法之区别也。由上文所引之例观之，则日人所定之语，虽有未精确者；而创造之新语，卒无以加于彼，则其不用之也谓何？要之，处今日而讲学，已有不能不增新语之势；而人既造之，我沿用之，其势无便于此者矣。

然近人之唾弃新名词，抑有由焉，则译者能力之不完全是也。今之译者（指译日本书籍者言），其有解日文之能力者，十无一二焉；其有国文之素养者，十无三四焉；其能兼通西文、深知一学之真意者，以余见闻之狭，殆未见其人也。彼等之著译，但以罔一时之利耳；传知识之思想，彼等先天中所未有也，故其所作，皆粗漏庞杂，佶屈而不可读。然因此而遂欲废日本已定之学语，此又大不然者也。若谓用日本已定之语，不如中国古语之易解，然如侯官严氏所译之《名学》，古则古矣，其如意义之不能了然何？以吾辈稍知外国语者观之，毋宁手穆勒原书之为快也。余虽不敢谓用日本已定之语，必贤于创造，然其精密，则固创造者之所不能逮（日本人多用双字，其不能通者，则更用四字以表之。中国则习用单字，精密不精密之分，全在于此）。而创造之语之难解，其与日本已定之语相去又几何哉！若夫粗漏佶屈之书，则固吾人之所唾弃，而不俟踌躇者也。

（作于1905年，收入《静庵文集》）

去毒篇

（雅片烟之根本治疗法及将来教育上之注意）

人之谨疾也，必审夫疾之所由起。起居之不时，饮食之无节，侈于嗜欲而啬于运动，此数者，致病之大源也。不治其源，而俟其病而谨之，虽旋病旋愈，未为善卫生也。医之治疾也亦然。不告以摄生之道，而惟标之是治，虽百试百效，未为良医也。此不独个人身体上之疾病然也，国民之精神上之疾病，其治之之道亦无异于是也。

今试问中国之国民，曷为而独为雅片的国民乎？夫中国之衰弱极矣，然就国民之资格言之，固无以劣于他国民。谓知识之缺乏欤？则受新教育而罹此癖者，吾见亦夥矣。谓道德之腐败欤？则有此癖者不尽恶人，而他国民之道德，亦未必大胜于我国也。要之，此事虽非与知识道德绝不相关系，然其最终之原因，则由于国民之无希望，无慰藉。一言以蔽之：其原因存于感情上而已。

人之有生，以欲望生也。欲望之将达也，有希望之快乐；不得达，则有失望之苦痛。然欲望之能达者一，而不能达者什佰，故人生之苦痛亦多矣。若胸中偶然无一欲望，则又有空虚之感乘之。此空虚之感，尤人生所难堪，人所以图种种遣日之方法者，无非欲袪此感而已。彼雅片者，固遣日之一方法，而我国民幸而于数百年前发见之，则其骛而趋之固不足怪，顾独我国民之笃嗜之也，其故如何？

古人之疾，饮酒田猎，今人之疾，雅片赌博。西人之疾在酒，中人之疾雅片。前者阳疾，后者阴疾也；前者少壮的疾病，后者老耄的疾病也；前者强国的疾病，后者亡国的疾病也；前者欲望的疾病，后者空虚的疾病也。然则我国民今日之有此疾病也何故？吾人进而求其原因，则自国家之方面言之，必其政治之不修也，教育之不溥及也；自国民之方面言之，必其苦痛及空虚之感深于他国民，而除雅片外别无所以慰藉之之术也。此二者中，后者尤其最要之原因。苟不去此原因，则虽尽焚二十一省之罂粟种，严杜印度、南洋之输入品，吾知我国民必求所以代雅片之物，而其害与雅片无以异，则固可决也。

故禁雅片之根本之道，除修明政治，大兴教育，以养成国民之知识及道德外，尤不可不于国民之感情加之意焉。其道安在？则宗教与美术二者是。前者适于下流社会，后者适于上等社会；前者所以鼓国民之希望，后者所以供国民之慰藉。兹二者，尤我国今日所最缺乏，亦其所最需要者也。

宗教之说，今世士大夫所斥为迷信者也。自知识上言之，则神之存在灵魂之不灭，固无人得而证之，然亦不能证其反对之说。何则？以此等问题，超乎吾人之知识外故也。今不必问其知识上之价值如何，而其对感情之效，则有可言焉。今夫蚩蚩之氓，终岁勤动，与牛马均劳逸，以其血汗，易其衣食，犹不免于冻馁，人世之快乐，终其身无斯须之分，百年之后，奄归土壤。自彼观之，则彼之生活果有何意义乎！而幸而有宗教家者，教之以上帝之存在，灵魂之不灭，使知暗黑局促之生活外，尚有光明永久之生活；而在此生活中，无论知愚、贫富、王公、编氓，一切平等，而皆处同一之地位，享同一之快乐，今世之事业，不过求其足以当此生活而不愧而已。此说之对富贵者之效如何，吾不敢知，然其对劳苦无告之民，其易听受也，必矣。彼于是偿现世之失望以来世之希望，慰此岸之苦痛以彼岸之快乐。宗教之所以不可废者，以此故也。人苟无此希望，无此慰藉，则于劳苦之暇，厌倦之余，不归于雅片，而又奚归乎？余非不知今日之佛教已达腐败之极点，而基督教之一部，且以扩充势力干涉政治为事，然苟有本其教主度世之本意，而能造国民之希望与慰藉者，则其贡献于国民之功绩，虽吾侪之不信宗教者，亦固宜尸祝而社稷之者也。

吾人之奖励宗教，为下流社会言之，此由其性质及位置上有不得不如是者。何则？国家固不能令人人受高等之教育，即令能之，其如国民之智力不尽

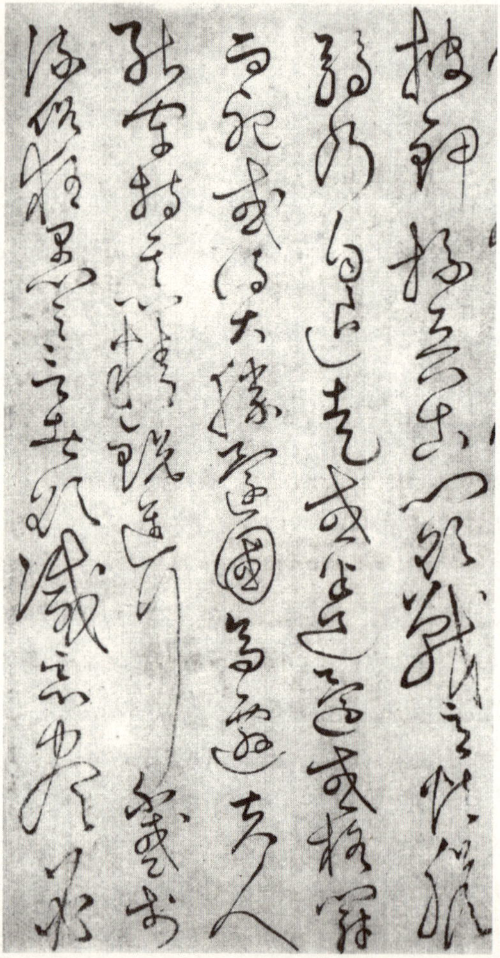

[唐] 怀素
四十二章经（局部）

适何？若夫上流社会，则其知识既广，其希望亦较多，故宗教之对彼，其势力不能如对下流社会之大，而彼等之慰藉，不得不求诸美术。美术者，上流社会之宗教也。彼等苦痛之感无以异于下流社会，而空虚之感则又过之。此等感情上之疾病，固非干燥的科学与严肃的道德之所能疗也。感情上之疾病，非以感情治之不可。必使其闲暇之时心有所寄，而后能得以自遣。夫人之心力，不寄于此则寄于彼；不寄于高尚之嗜好，则卑劣之嗜好所不能免矣。而雕刻、绘画、音乐、文学等，彼等果有解之之能力，则所以慰藉彼者，世固无以过之。何则？吾人对宗教之兴味，存于未来，而对美术之兴味，存于现在。故宗教之慰藉，理想的，而美术之慰藉，现实的也。而美术之慰藉中，尤以文学为尤大。何则？雕刻、图画等，其物既不易得，而好之之误，则留意于物之弊固所不能免也。若文学者，则求之书籍而已无不足，其普遍便利，决非他美术所能及也。故此后中学校以上宜大用力于古典一科，虽美术上之天才不能由此养成之，然使有解文学之能力，爱文学之嗜好，则其所以慰空虚之苦痛而防卑劣之嗜好者，其益固已多矣。此言教育者所不可不大注意者也。

以上所述，不过就大略言之，非谓上流社会不能有宗教上之信仰，下等社会不许有美术之嗜好也。雅片之根本治疗法，不出于此二者，若不留意于此，而惟禁之之务，则虽以完全之警察、严酷之刑罚随其后，亦必归于无效，就令有效，不过横溢而为他嗜好而已耳。防民之口，甚于防川，况民之感情乎！今政府有禁雅片之议，而民间亦渐有自知戒绝者，特不就根本上下手，则恐如庸医之治标，终无勿药之一日。故略抒所见，为社会告焉。

（作于1906年，收入《静庵文集续编》）

人间嗜好之研究

活动之不能以须臾息者，其唯人心乎。夫人心本以活动为生活者也。心得其活动之地，则感一种之快乐，反是则感一种之苦痛。此种苦痛，非积极的苦痛，而消极的苦痛也。易言以明之，即空虚的苦痛也。空虚的苦痛，比积极的苦痛尤为人所难堪。何则？积极的苦痛，犹为心之活动之一种，故亦含快乐之原质，而空虚的苦痛，则并此原质而无之故也。人与其无生也，不如恶生；与其不活动也，不如恶活动。此生理学及心理学上之二大原理，不可诬也。人欲医此苦痛，于是用种种之方法，在西人名之曰“To kill time”，而在我中国，则名之曰“消遣”。其用语之确当，均无以易，一切嗜好由此起也。

然人心之活动亦伙矣。食色之欲，所以保存个人及其种姓之生活者，实存于人心之根柢，而时时要求其满足。然满足此欲，固非易易也，于是或劳心，或劳力，戚戚睊睊，以求其生活之道。如此者，吾人谓之曰“工作”。工作之为一种积极的苦痛，吾人之所经验也。且人固不能终日从事于工作，岁有闲月，月有闲日，日有闲时，殊如生活之道不苦者。其工作愈简，其闲暇愈多，此时虽乏积极的苦痛，然以空虚之消极的苦痛代之，故苟足以供其心之活动者，虽无益于生活之事业，亦骛而趋之。如此者，吾人谓之曰“嗜好”。虽嗜好之高尚卑劣万有不齐，然其所以慰空虚之苦痛而与人心以活动者，其揆一也。

嗜好之为物，本所以医空虚的苦痛者，故皆与生活无直接之关系，然若谓其与生活之欲无关系，则甚不然者也。人类之于生活，既竞争而得胜矣，于是此根本之欲复变而为势力之欲，而务使其物质上与精神上之生活超于他人之生活之上。此势力之欲，即谓之生活之欲之苗裔，无不可也。人之一生，唯由此二欲以策其知力及体力，而使之活动。其直接为生活故而活动时，谓之曰“工作”，或其势力有余，而唯为活动故而活动时，谓之曰“嗜好”。故嗜好之为物，虽非表直接之势力，亦必为势力之小影，或足以遂其势力之欲者，始足以动人心，而医其空虚的苦痛。不然，欲其嗜之也难矣。今吾人当进而研究种种之嗜好，且示其与生活及势力之欲之关系焉。

嗜好中之烟酒二者，其令人心休息之方面多，而活动之方面少。易言以明之，此二者之效，宁在医积极的苦痛，而不在医消极的苦痛。又此二者，于心理上之结果外，兼有生理上之结果，而吾人对此二者之经验亦甚少，故不具论。今先论博弈。夫人生者，竞争之生活也。苟吾人竞争之势力无所施于实际，或实际上既竞争而胜矣，则其剩余之势力仍不能不求发泄之地。博弈之事，正于抽象上表出竞争之世界，而使吾人于此满足其势力之欲者也。且博弈以但表普遍的抽象的竞争，而不表所竞争者之为某物。（故为金钱而赌博者不在此例）故吾人竞争之本能，遂于此以无嫌疑、无忌惮之态度发表之，于是得窥人类极端之利己主义。至实际之人生中，人类之竞争虽无异于博弈，然能如是之磊磊落落者鲜矣。且博与弈之性质，亦自有辨。此二者虽皆世界竞争之小影，而博又为运命之小影。人以执著于生活故，故其知力常明于无望之福，而暗于无望之祸。而于赌博之中，此无望之福时时有可能性，在以博之胜负，人力与运命二者决之，而弈之胜负，则全由人力决之故也。又但就人力言，则博者悟性上之竞争，而弈者理性上之竞争也。长于悟性者，其嗜博也甚于弈，长于理性者，其嗜弈也愈于博。嗜博者之性格，机警也，脆弱也，依赖也。嗜弈者之性格，谨慎也，坚忍也，独立也。譬之治生，前者如朱公居陶，居与时逐；后者如任氏之折节为俭，尽力田畜，亦致千金。人亦各随其性之所近，而欲于竞争之中，发见其势力之优胜之快乐耳。吾人对博弈之嗜好，殆非此无以解释之也。

若夫宫室、车马、衣服之嗜好，其适用之部分属于生活之欲，而其妆饰之部分则属于势力之欲。驰骋、田猎、跳舞之嗜好，亦此势力之欲之所发表也。常人之对书画、古物也亦然。彼之爱书籍，非必爱其所含之真理也；爱书画古玩，非必爱其形式之优美古雅也。以多相炫，以精相炫，以物之稀而难得也相炫。读书者亦然，以博相炫。一言以蔽之，炫其势力之胜于他人而已矣。常人对戏剧之嗜好，亦由势力之欲出。先以喜剧（即滑稽剧）言之。夫能笑人者，必其势力强于被笑者也，故笑者实吾人一种势力之发表。然人于实际之生活中，虽遇可笑之事然非其人为我所素狎者，或其位置远在吾人之下者，则不敢笑。

[元]倪云林　秋庭嘉树图

独于滑稽剧中，以其非事实故，不独使人能笑，而且使人敢笑，此即对喜剧之快乐之所存也。悲剧亦然。霍雷士日：“人生者，自观之者言之，则为一喜剧，自感之者言之，则又为一悲剧也。”自吾人思之，则人生之运命固无以异于悲剧，然人当演此悲剧时，亦俯首杜口，或故示整暇，汶汶而过耳。欲如悲剧中之主人公，且演且歌以诉其胸中之苦痛者，又谁听之，而谁怜之乎！夫悲剧中之人物之无势力之可言，固不待论。然敢鸣其苦痛者与不敢鸣其痛苦者之间，其势力之大小必有辨矣。夫人生中固无独语之事，而戏曲则以许独语故，故人生中久压抑之势力独于其中筐倾而箧倒之，故虽不解美术上之趣味者，亦于此中得一种势力之快乐。普通之人之对戏曲之嗜好，亦非此不足以解释之矣。

若夫最高尚之嗜好，如文学、美术，亦不外势力之欲之发表。希尔列尔既谓儿童之游戏存于用剩余之势力矣，文学美术亦不过成人之精神的游戏。故其渊源之存于剩余之势力，无可疑也。且吾人内界之思想感情，平时不能语诸人或不能以庄语表之者，于文学中以无人与我一定之关系故，故得倾倒而出之。易言以明之，吾人之势力所不能于实际表出者，得以游戏表出之是也。若夫真正之大诗人，则又以人类之感情为其一己之感情。彼其势力充实，不可以已，遂不以发表自己之感情为满足，更进而欲发表人类全体之感情。彼之著作，实为人类全体之喉舌，而读者于此得闻其悲欢啼笑之声，遂觉自己之势力亦为之发扬而不能自已。故自文学言之，创作与赏鉴之二方面亦皆以此势力之欲为之根柢也。文学既然，他美术何独不然？岂独美术而已，哲学与科学亦然。柏庚有言曰：“知识即势力也。”则一切知识之欲，虽谓之即势力之欲，亦无不可。彼等以其势力卓越于常人故，故不满足于现在之势力，而欲得永远之势力。虽其所用以得势力之手段不同，然其目的固无以异。夫然，始足以活动人心而医其空虚的苦痛。以人心之根柢实为一生活之欲，若势力之欲故苟不足以遂其生活或势力者，决不能使之活动。以是观之，则一切嗜好虽有高卑优劣之差，固无非势力之欲之所为也。

然余之为此论，固非使文学美术之价值下齐于博弈也。不过自心理学言之，则此数者之根柢皆存于势力之欲，而其作用皆在使人心活动，以疗其空虚之苦痛。以此所论者，乃事实之问题，而非价值之问题故也。若欲抑制卑劣之嗜好，不可不易之以高尚之嗜好，不然，则必有溃决之一日。此又从人心活动之原理出，有教育之责，及欲教育自己者，不可不知所注意焉。

（作于1907年，收入《静庵文集续编》）

第五编　抒怀

自序（一）

岁月不居，时节如流，犬马之齿，已过三十。志学以来，十有余年，体素羸弱，不能锐进于学。进无师友之助，退有生事之累，故十年所造，遂如今日而已。然此十年间进步之迹，有可言焉。夫怀旧之感，恒笃于暮年；进取之方，不容于反顾。余年甫壮，而学未成冀一篑以为山，行百里而未半。然举前十年之进步，以为后此十年二十年进步之券，非敢自喜，抑亦自策励之一道也。余家在海宁，故中人产也，一岁所入，略足以给衣食。家有书五六箧，除《十三经注疏》为儿时所不喜外，其余晚自塾归，每泛览焉。十六岁，见友人读《汉书》而悦之，乃以幼时所储蓄之岁朝钱万，购《前四史》于杭州，是为平生读书之始。时方治举子业，又以其间学骈文散文，用力不专，略能形似而已。未几而有甲午之役，始知世尚有所谓学者。家贫不能以资供游学，居恒怏怏，亦不能专力于是矣。二十二岁正月，始至上海，主时务报馆，任书记校雠之役。二月而上虞罗君振玉等私立之东文学社成，请于馆主汪君康年，日以午后三小时往学焉。汪君许之，然馆事颇剧，无自习之暇，故半年中之进步，不如同学诸子远甚。夏六月，又以病足归里，数月而愈。愈而复至沪，则时务报馆已闭，罗君乃使治社之庶务，而免其学资。是时社中教师为日本文学士藤田丰八、田冈佐代治二君。二君故治哲学，余一日见田冈君之文集中，有引汗德、叔本华之哲学者，心甚喜之。顾文字暌隔，自以为终身无读二氏之书之日矣。次年社中兼授数学、物理、化学、英文等，其时担任数学者，即藤田君。君以文学者而授数学，亦未尝不自笑也。顾君勤于教授，其时所用藤泽博士之算术代数两教科书，问题殆以万计，同学三四人者，无一问题不解，君亦无一不校阅也。又一年，而值庚子之变，学社解散。盖余之学于东文学社也，二年有半，而其学英文亦一年有半。时

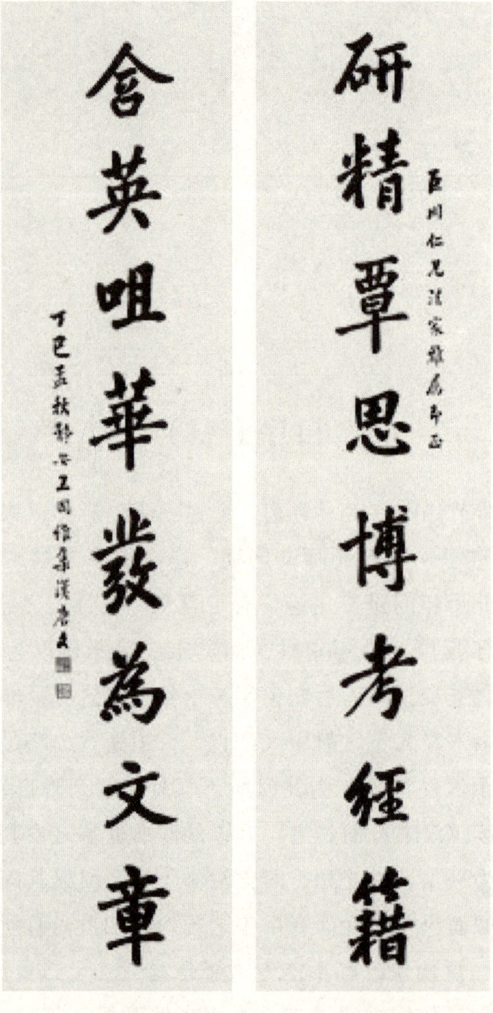

王国维书法对联

方毕第三读本，乃购第四第五读本，归里自习之。日尽一二课，必以能解为度，不解者且置之。而北乱稍定，罗君乃助以资，使游学于日本。亦从藤田君之劝，拟专修理学。故抵日本后，昼习英文，夜至物理学校习数学。留东京四五月而病作，遂以是夏归国。自是以后，遂为独学之时代矣。体素羸弱，性复忧郁，人生之问题，日往复于吾前。自是始决从事于哲学，而此时为余读书之指导者，亦即藤田君也。次岁春，始读翻尔彭之《社会学》，及文之《名学》、海甫定《心理学》之半。而所购哲学之书亦至，于是暂辍心理学而读巴尔善之《哲学概论》，文特尔彭之《哲学史》，当时之读此等书，固与前日之读英文读本之道无异。幸而已得读日文，则与日文之此类书参照而观之，遂得通其大略。既卒《哲学概论》、《哲学史》，次年始读汗德之《纯理批评》。至《先天分析论》几全不可解，更辍不读，而读叔本华之《意志及表象之世界》一书。叔氏之书，思精而笔锐。是岁前后读二过，次及于其《充足理由之原则论》、《自然中之意志论》，及其文集等。尤以其《意志及表象之世界》中《汗德哲学之批评》一篇，为通汗德哲学关键。至二十九岁，更返而读汗德之书，则非复前日之窒碍矣。嗣是于汗德之《纯理批评》外，兼及其伦理学及美学。至今年从事第四次之研究，则窒碍更少，而觉其窒碍之处大抵其说之不可持处而已。此则当日志学之初所不及料，而在今日亦得以自慰藉者也。此外如洛克休蒙之书，亦时涉猎及之。近数年来为学之大略如此。顾此五六年间，亦非能终日治学问，其为生活故而治他人之事，日少则二三时，多或三四时，其所用以读书者，日多不逾四时，少不过二时。过此以往则精神涣散，非与朋友谈论，则涉猎杂书。唯此二三时间之读书，则非有大故，不稍间断而已。夫以余境之贫薄，而体之孱弱也，又每日为学时间之寡也，持之以恒，尚能小有所就，况财力精力之倍于余者，循序而进，其所造岂有量哉！故书十年间之进步，非徒以为责他日进步之券，亦将以励今之人使不自馁也。若夫余之哲学上及文学上之撰述，其见识文采亦诚有过人者，此则汪氏中所谓“斯有天致，非由人力，虽情苻曩哲，未足多矜”者，固不暇为世告焉。

（作于1907年，收入《静庵文集续编》）

自序（二）

前篇既述数年间为学之事，兹复就为学之结果述之：余疲于哲学有日矣。哲学上之说，大都可爱者不可信，可信者不可爱。余知真理，而余又爱其谬误。伟大之形而上学，高严之伦理学，与纯粹之美学，此吾人所酷嗜也。然求其可信者，则宁在知识论上之实证论，伦理学上之快乐论，与美学上之经验论。知其可信而不能爱，觉其可爱而不能信，此近二三年中最大之烦闷，而近日之嗜好所以渐由哲学而移于文学，而欲于其中求直接之慰藉者也。要之，余之性质，欲为哲学家则感情苦多，而知力苦寡；欲为诗人，则又苦感情寡而理性多。诗歌乎？哲学乎？他日以何者终吾身，所不敢知，抑在二者之间乎？

今日之哲学界，自赫尔德曼以后，未有敢立一家系统者也。居今日而欲自立一新系统，自创一新哲学，非愚则狂也。近二十年之哲学家，如德之芬德，英之斯宾塞尔，但搜集科学之结果，或古人之说而综合之、修正之耳。此皆第二流之作者，又皆所谓可信而不可爱者也。此外所谓哲学家，则实哲学史家耳。以余之力，加之以学问，以研究哲学史，或可操成功之券。然为哲学家，则不能；为哲学史，则又不喜，此亦疲于哲学之一原因也。

近年嗜好之移于文学，亦有由焉，则填词之成功是也。余之于词，虽所作尚不及百阕，然自南宋以后，除一二人外，尚未有能及余者，则平日之所自信也。虽比之五代、北宋之大词人，余愧有所不如，然此等词人，亦未始无不及余之处。因词之成功，而有志于戏曲，此亦近日之奢愿也。然词之于戏曲，一抒情，一叙事，其性质既异，其难易又殊。又何敢因前者之成功，而遽冀后者乎？但余所以有志于戏曲者，又自有故。吾中国文学之最不振者，莫戏曲若。元之杂剧，明之传奇，存于今日者，尚以百数。其中之文字，虽有佳者，然其理想及结构，虽欲不谓至幼稚、至拙劣，不可得也。国朝之作者，虽略有进步，然比诸西洋之名剧，相去尚不能以道里计。此余所以自忘其不敏，而独有志乎是也。然目与手不相谋，志与力不相副，此又后人之通病。故他日能为之与否，所不敢知，至为之而能成功与否，则愈不敢知矣。

虽然，以余今日研究之日浅，而修养之力乏，而遽绝望于哲学及文学，毋乃太早计乎！苟积毕生之力，安知于哲学上不有所得，而于文学上不终有成功之一日乎？即今一无成功，而得于局促之生活中，以思索玩赏为消遣之法，以自逭于声色货利之域，其益固已多矣。诗云：“且以喜乐，且以永日。”此吾辈才弱者之所有事也。若夫深湛之思，创造之力，苟一日集于余躬，则俟诸天之所为欤！俟诸天之所为欤！

（作于 1907 年，收入《静庵文集续编》）

汗德像赞

人之最灵，厥维天官；外以接物，内用反观。
小知闲闲，敝帚是享；群言淆乱，孰正其枉。
大疑潭潭，是粪是除；中道而反，丧其故居。
笃生哲人，凯尼之堡；息彼众喙，示我大道。
观外于空，观内于时；诸果粲然，厥因之随。
凡此数者，知物之式；存于能知，不存于物。
匪言之艰，证之维艰；云霾解驳，秋山巉巉。
赤日中天，烛彼穷阴；丹凤在霄，百鸟皆喑。
谷可如陵，山可为薮；万岁千秋，公名不朽。

光绪二十九年八月。

叔本华像赞

人知如轮，大道如轨。东海西海，此心此理。
在昔身毒，群圣所都。《吠陀》之教，施于佛屠。
亦越柏氏，雅典之哲。悼兹众愚，观影于穴。
汗德晚出，独辟扃涂。铸彼现象，出我洪炉。
觥觥先生，集其大成。载厚其址，以筑百城。
刻桷飞甍，俯视星斗。懦夫骇马，流汗却走。
天眼所观，万物一身。搜源去欲，倾海量仁。(但指其学说言)
嗟予冥行，百无一可。欲生之戚，公既诏我。
公虽云亡，公书则存。愿言千复，奉以终身。

题友人三十小像

一

劝君惜取镜中姿，三十光阴隙里驰。四海一身原偶寄，千金三致岂前期。
论才君自轻侪辈，学道余犹半黠痴。差喜平生同一癖，宵深爱诵剑南诗。

二

几看昆池累劫灰，俄惊沧海又楼台。早知世界由心造，无奈悲欢触绪来。
翁埠潮回千顷月，超山雪尽万株梅。卜邻莫忘他年约，同醉中山洒一杯。

咏史二十首

回首西陲势渺茫，东迁种族几星霜？何当踏破双芒屐，却向昆仑望故乡。
两条云岭摩天出，九曲黄河绕地回。自是当年游牧地，有人曾号伏羲来。
憯憯生存起竞争，流传神话使人惊。铜头铁额今安在？始信轩皇苦用兵。
澶漫江淮万里春，九黎未格又苗民。即今魋结穷山里，此是江南旧主人。
二帝精魂死不孤，嵇山陵庙似苍梧。耄年未罢征苗旅，神武如斯旷代无。
铜刀岁岁战东欧，石弩年年出挹娄。毕竟中原开化早，已闻镠铁贡梁州。
谁向钧天听乐过，秦中自古鬼神多。即今诅楚文犹在，才告巫咸又亚驼。
《春秋》谜语苦难诠，历史开山数腐迁。前后固应无此文，一书上下二千年。

汉作昆池始见煤，当年赀力信雄哉。于今莫笑胡僧妄，本是洪荒劫后灰。
挥戈大启汉山河，武帝雄才世讵多。轻骑今朝绝大漠，楼川明日下牂牁。
惠光东照日炎炎，河陇降王正款边。不是金人先入汉，永平谁证梦中缘？
西域纵横尽百城，张陈远略逊甘英。千秋壮观君知否？黑海东头望大秦。
三方并帝古未有，两贤相厄我所闻。何来洒落樽前语：天下英雄惟使君。
北临洛水拜陵园，奉表迁都大义存。纵使暮年终作贼，江东那更有桓温。
江南天子皆词客，河北诸王尽将才。乍歌乐府《兰陵曲》，又见湘东玉轴灰。
晋阳蜿蜿起飞龙，北面倾心事犬戎。亲出渭桥擒颉利，文皇端不愧英雄。
南海商船来大食，西京袄寺建波斯。远人尽有如归乐，知是唐家全盛时。
五国风光惨不支，崖山波浪浩无涯。当年国势凌迟甚，争怪诸贤唱攘夷。
黑水金山启伯图，长驱远蹠世间无。至今碧眼黄须客，犹自惊魂说拔都。
东海人奴盖世雄，卷舒八道势如风。碧蹄倘得擒渠反，大壑何由起蛰龙。

书古书中故纸

昨夜书中得故纸，今朝随意写新诗。长捐箧底终无恙，比入怀中便足奇。
黯淡谁能知汝恨，沾涂亦自笑余痴。书成付与炉中火，了却人间是与非。

［南宋］马远
寒江独钓图

端居

一

端居多暇日，自与尘世疏。处处得幽赏，时时读异书。
高吟惊户牖，清谈霏琼琚。有时作儿戏，距跃绕庭除。
角力不耻北，说隐自忘愚。虽惭云中鹤，终胜辕下驹。
如此复不乐，问君意何如？

二

阳春煦万物，嘉树自敷荣。枳棘茁其旁，既锄还复生。
我生三十载，役役苦不平。如何万物长，自作牺与牲。
安得吾丧我，表里洞澄莹。纤云归大壑，皓月行太清。
不然苍苍者，褫我聪与明。冥然逐嗜欲，如蛾赴寒檠。
何为方寸地，矛戟森纵横？闻道既未得，逐物又未能。
衮衮百年内，持此欲何成？

三

孟夏天气柔，草木日夕长。远山入吾庐，顾影自骀荡。
晴川带芳甸，十里平如掌。时与二三子，披草越林莽。
清旷淡人虑，幽蒨遗世网。归来倚小阁，坐待新月上。
渔火散微星，暮钟发疏响。高谈达夜分，往往入遐想。
咏此聊自娱，亦以示吾党。

游通州湖心亭

扁舟出西郭，言访湖中寺。野鸟困樊笼，奋然思展翅。
入门缘亭坳，尘劳始一憩。方愁亭午热，清风飒然至。
新荷三两翻，葭菼去无际。湖光槛底明，山色尊前坠。
人生苦局促，俯仰多悲悸。山川非吾故，纷然独相媚。
嗟尔不能言，安得同把臂。

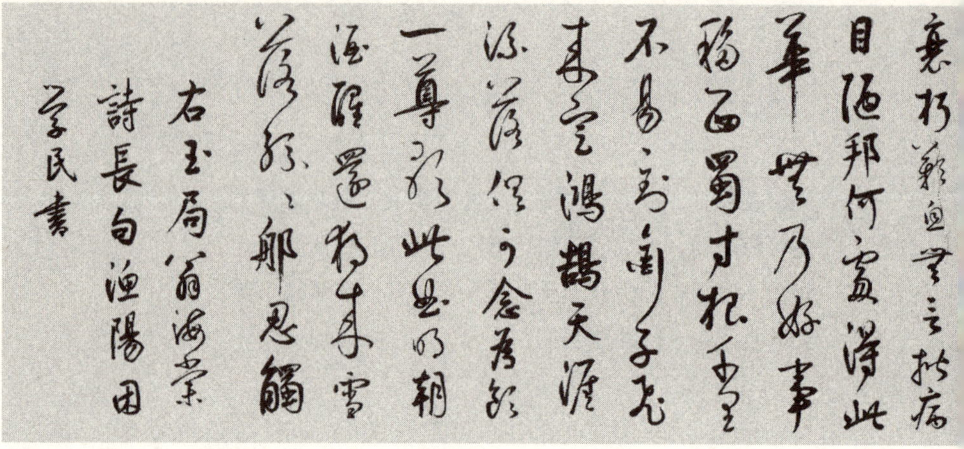

[元] 鲜于枢 书苏轼海棠诗卷

五月二十三夜出阊门驱车至觅渡桥

小斋竟日兀营营，忽试霜蹄四马轻。萤火时从风里堕，雉垣偏向电边明。

静中观我原无碍，忙里哦诗却易成。归路不妨冒雷雨，兹游快绝冠平生。

六月二十七日宿硖石

新秋一夜蚊如市，唤起劳人使自思。试问何乡堪著我？欲求大道况多歧。

人生过处惟存悔，知识增时只益疑。欲语此怀谁与共，鼾声四起斗离离。

拼飞

拼飞懒逐九秋雕，孤耿真成八月蜩。偶作山游难尽兴，独寻僧话亦无聊。

欢场只自增萧瑟，人海何由慰寂寥。不有言愁诗句在，闲愁那得暂时消。

来日二首

一

来日滔滔来，去日滔滔去。适然百年内，与此七尺遇。

尔从何处来？行将徂何处？扶服径幽谷，途远日又暮。

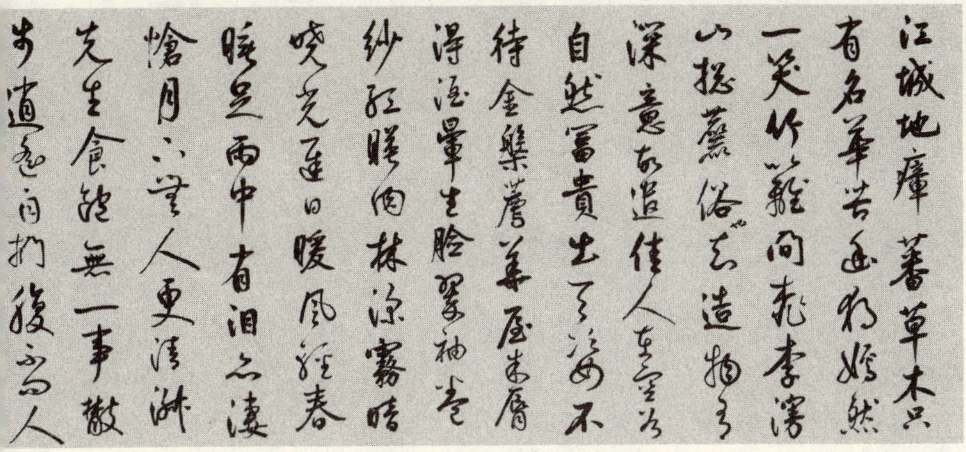

霅然一罅开，熹微知天曙。便欲从此逝，荆棘窘余步。
税驾知何所，漫漫就前路。常恐一掷中，失此黄金注。
我力既云痡，哲人倘见度。瞻望弗可及，求之缣与素。

二

宇宙何寥廓，吾知则有涯。面墙见人影，真面固难知。
箘簬半在水，本末互参池。持刀剡作矢，劲直固无亏。
耳目不足凭，何况胸所思。人生一大梦，未审觉何时。
相逢梦中人，谁为析余疑？吾侪皆肉眼，何用试金篦。

暮春

晨翻书帙鸟无哗，晚步郊原草正芽。院落春深新著燕，池塘雨过乱鸣蛙。
心闲差许观身世，病起初能玩物华。但使猖狂过百岁，不嫌孤负此生涯。

平生

平生苦忆挈卢敖，东过蓬莱浴海涛。何处云中闻犬吠，至今湖畔尚乌号。
人间地狱真无间，死后泥洹枉自豪。终古众生无度日，世尊只合老尘嚣。

点绛唇

厚地高天，侧身颇觉平生左。小斋如舸，自诩回旋可。

聊复浮生，得此须臾我。乾坤大，霜林独坐，红叶纷纷堕。

蝶恋花

满地霜华浓似雪，人语西风，瘦马嘶残月。一曲阳关浑未彻，车声渐共歌声咽。

换尽天涯芳草色，陌上深深，依旧年时辙。自是浮生无可说，人间第一耽离别。

如梦令

点滴空阶疏雨，迢递严城更鼓。睡浅梦初成，又被东风吹去。无据，无据，斜汉垂垂欲曙。

临江仙

过眼韶华何处也？萧萧又是秋声。极天衰草暮云平，斜阳漏处，一塔枕孤城。

独立荒寒谁语？蓦回头宫阙峥狞：红墙隔雾未分明，依依残照，独拥最高层。

浣溪沙

草偃云低渐合围，琱弓声急马如飞。笑呼从骑载禽归。

万事不如身手好，一生须惜少年时。那能白首下书帷！

采桑子

高城鼓动兰釭炧，睡也还醒，醉也还醒，忽听孤鸿三两声。

人生只似风前絮，欢也零星，悲也零星，都作连江点点萍。

鹧鸪天

列炬归来酒未醒，六街人静马蹄轻。月中薄雾漫漫白，桥外渔灯点点青。

从醉里，忆平生，可怜心事太峥嵘。更看此夜西楼梦，摘得星辰满袖行。

浣溪沙

月底栖鸦当叶看，推窗跕跕堕枝间。霜高风定独凭栏。

为制新词髭尽断，偶听悲剧泪无端。可怜衣带为谁宽？

满庭芳

水抱孤城，云开远戍，垂柳点点栖鸦。晚潮初落，残日漾平沙。白鸟悠悠自去，汀州外，无限蒹葭。西风起，飞花如雪，冉冉去斜帆。

天涯，还忆旧；香尘随马，明月窥车。渐秋风镜里，暗换年华。纵使长条无恙，重来处，攀折堪嗟。人何许？朱楼一角，寂寞倚残霞。

玉楼春

今年花事垂垂过，明岁花开应更辨！看花终古少年多，只恐少年非属我。

劝君莫厌金罍大，醉倒且拚花底卧。君看今日树头花，不是去年枝上朵。

浣溪沙

山寺微茫背夕曛，鸟飞不到半山昏。上方孤磬定行云。

试上高峰窥皓月，偶开天眼觑红尘。可怜身是眼中人。

青玉案

江南秋色垂垂暮，算幽事，浑无数。日日沧浪亭畔路。西风林下，夕阳水际，独自寻诗去。

可怜愁与闲俱赴，待把尘劳截愁住。灯影幢幢天欲曙。闲中心事，忙中情味，并入西楼雨。

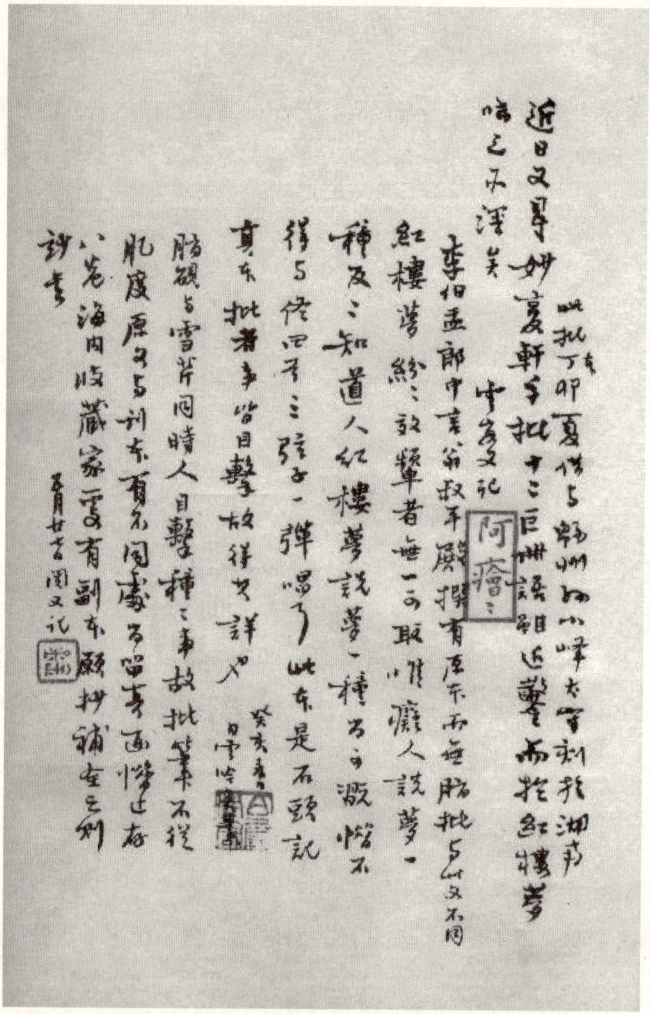

王国维手书

减字木兰花

皋兰被径，月底栏杆闲独凭。修竹娟娟，风里时闻响佩环。
蓦然深省，起踏中庭千个影。依旧人间，一梦钧天只惘然。

浣溪沙

舟逐清溪弯复弯，垂杨开处见青山。毵毵绿发覆烟鬟。
夹岸莺花迟日里，归船萧鼓夕阳间。一生难得是春闲。

蝶恋花

连岭去天知几尺？岭上秦关，关上元时阙。谁信京华尘里客，独来绝塞看明月。

如此高寒真欲绝，眼底千山，一半溶溶白。小立西风吹素帻，人间几度生华发？

鹧鸪天

楼外秋千索尚悬，霜高素月慢流天。倾残玉椀难成醉，滴尽铜壶不解眠。

人寂寂，夜厌厌，北窗情味似枯禅。不缘此夜金闺梦，那信人间尚少年！

点绛唇

波逐流云，棹歌袅袅凌波去，数声和橹，远入蒹葭浦。

落日中流，几点闲鸥鹭，低飞处，菰蒲无数，瑟瑟风前语。

蝶恋花

春到临春花正妩，迟日阑干，蜂蝶飞无数。谁遣一春抛却去？马蹄日日章台路。

几度寻春春不遇，不见春来，那识春归处？斜阳晚风杨柳渚，马头何处无飞絮。

少年游

垂杨门外，疏灯影里，上马帽檐斜。紫陌霜浓，青松月冷，炬火散林鸦。

酒醒起看西窗上，翠竹影交加。跌宕歌词，纵横书卷，不与遣年华。

浣溪沙

天末同云黯四垂，失行孤雁逆风飞。江湖寥落尔安归？

陌上金丸看落羽，闺中素手试调醯。今宵欢宴胜平时。

蝶恋花

昨夜梦中多少恨。细马香车，两两行相近。对面似怜人瘦损，众中不惜搴帷问。

陌上轻雷听隐辚。梦里难从，觉后那堪讯？蜡泪窗前堆一寸，人间只有相思分。

蝶恋花

百尺朱楼临大道。楼外轻雷，不间昏和晓。独倚阑干人窈窕，闲中数尽行人小。

一霎车尘生树杪。陌上楼头，都向尘中老。薄晚西风吹雨到，明朝又是伤流潦。

人月圆·梅

天公应自嫌寥落，随意著幽花。月中霜里，数枝临水，水底横斜。

萧然四顾，疏林远渚，寂寞天涯。一声鹤唳，殷勤唤起，大地清华。

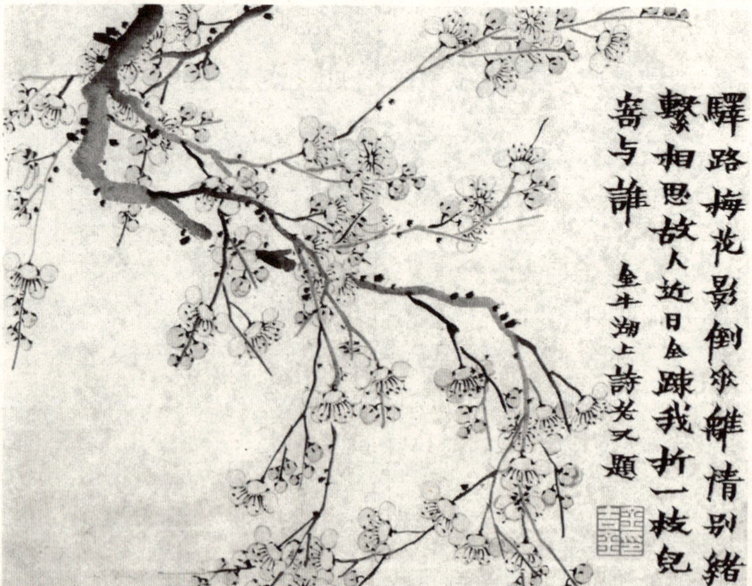

编者后记

王国维（1877—1927），字伯隅、静安，号观堂、永观，浙江海宁人。我国近现代成就卓著的学术巨子、国学大师。16岁中秀才，后屡应乡试不中绝意科举。1898年入东文学社，结识罗振玉，在其资助下赴日留学。因病归国后曾编杂志、任教师范学堂、任职清政府，治学勤勉，先攻哲学，渐移于文学。辛亥革命后以遗民身份避居日本五年，其间穷究于甲骨文、考古学。回国后多次谢绝北京大学邀任教授之聘，1922年方受聘为研究所国学门通讯导师。1925年任清华国学研究院导师，转治蒙元史和西北地理。1927年，北伐军即将进军华北，他留下那句著名的遗言“经此世变，义无再辱”之后，自沉于颐和园昆明湖。

王国维是研治旧学的集大成者，又是绍介新知的先行者，在他身上，旧与新奇妙而完美地融合，成就一代硕儒。他最早用西方哲学美学思想诠释中国古典，“第一人”的地位无可争议；同时也是中国“新史学的开山”，将历史学与考古学相结合。文学、史学、哲学、美学、古文字学、考古学乃至自然科学等方面的卓越成就令人难以置信地集于一身，几近于全才，这使他名列“清华四大导师”、“甲骨四堂”，享有极高的学术声誉。王国维一生勤于著述，著作等身，集为《海宁王静安先生遗书》104卷。在他身后，“留给我们的是他知识的产物，那好像一座崔嵬的楼阁，在几千年的旧学城垒上，灿然放出了一段异样的光辉”（郭沫若语）。讨论近现代中国学术史，无论如何都不可能绕开王国维。这本小书的编选，与其说是推介，不如说是致敬。

王国维身处清季末造，为文多用文言，幸而往往情辞并茂，读起来并无窒碍；他评屈原的话“感自己所感，言自己之言”某种意义上也是夫子自道，他的文字中可见鲜明的自家面目。他的存世文章，论学考据绵密精深，品文谈艺覃思妙悟，诗词创作亦别具手眼，埋首书斋却不忘关注人生、社会，显示出学者的博识深智和文人的细腻敏锐。考虑到丛书宗旨以及篇幅所限，编者兼顾学理和可读性，于相对较为艰深的史学、古文字学、考古学类论文置而不选，哲学类也只选了他对中西大哲的简论和评传。文学方面则荟集其代表作；艺术散论单置一编。另外，关注其“入世”（论教育、论社会等）的文章；对于他颇为自得的诗词创作，也给予了重要位置。全书由此分为五编：“品文”；“谈艺”；“思哲”；“论世”；“抒怀”。

作为开创者和奠基人，王国维为中国近现代美学提供了一系列理论基石，诸如早有详尽讨论的天才说、游戏说、苦痛说、古雅说、境界说等，可参看相关文章，此处不赘。诚然，他的哲学、美学思想深受康德、叔本华（特别是叔本华）的影响，甚至把康德、叔本华的一些结论作为自己讨论美学问题的出发点，但又绝非照搬，而是有自己的生发，并融合了中国古典美学的因子。比如：（1）他滤去了“天才”的神秘主义成分而将之人格化，除先天的禀赋外，也强调后天的修养和训练。《文学小言》中以屈子、渊明、子美、子瞻为例说明天才者或数十年、或数百年而出现，属于旷世而不一遇也，但又须“济之以学问，帅之以德性”，才能产生真正的“大文学”。这就把“天才”拉回了“人间”，使勤奋向学、磨砺品格而有所成就成为可能。（2）他承认文学为“游戏之事业也”，但强调必须摆脱现实的羁绊而去追寻自由自在的精神游戏活动，发挥主体的创造性和能动性，将主体的精神自由对象化于创作。（3）他由叔本华的悲剧、苦痛观念出发，认为人生的根本在“欲”，“欲与生活与苦痛，三者一而已矣”。这种人生观与中国传统精神是迥然不同的，他以之重新解释《红楼梦》，可以说找到了诠释文学乃至世界的新的中国方式；进而要求对生活的本质即苦痛进行观照和反思，实现深刻的自我升华与解脱，融入创作。（4）他提出“古雅”这一范畴，对西方艺术天才论和审美范畴论加以修正和补充。“可爱顽而不可利用者，一切美术之公性，优美与宏壮然，古雅亦然”，古雅由是与优美、宏壮并列。虽然优美、宏壮的欣赏和创造均属天才的专利，众庶无力问津，但他们可以通过人力的修养来欣赏和创造“古雅”的艺术作品，并在这一审美境界中获得人生苦痛的暂时解脱。（5）“境界说”是王国维美学、文论思想的核心和经典，《人间词话》明确提出“境非独指景物也，喜怒哀乐，亦人心中之一境界，故能写真景物真感情者，谓之有境界。否则谓之无境界”。他汲取了西方精神和古典传统，以“境界”为本，强调“真”和“自然”，分别“造境与写境”、“有我之境与无我之境”、“隔与不隔”，对繁义迭出的传统“意境”理论做了总结和发挥，画上了完美的句号。如此等等。

由上述不难看出王国维美学思想的两大源头：一是对西方哲学美学思想

透彻的把握，二是对中国古典文学精微的剖析。而这些，又都从根本上立足于人、人生，是对人生永恒意义和心灵慰藉之所的永恒探问，与他个人的生命体验攸切相关。王国维的一生，命运多舛，思想性格上一直处于一种矛盾的状态，治学方向的一变再变固然有志趣转移的因素，而动荡时世的影响、“欲为哲学家，则感情苦寡，而知力苦多；欲为诗人，则又苦感情寡而理性多”的内心纠结又何尝不是重要原因。他的美学不是纯粹理性的思辨（这可以从《人间词话》短札式的品评中、从《〈红楼梦〉评论》文学性的诠释中见出），不是为理论而理论，而是落实于人，更有“活泼泼的精神”在其中，可以说，他所讨论的是一种“生命”美学，他的理论始终在“人间”。相对于某某学说、某某论的抽绎和标举，这是编者更希望读者在这本小书中读到、感受到的。

读王国维的著作，某种程度上也是读王国维。抛开其思想属唯心主义还是唯物主义的争论，剥离其自沉是殉清还是殉文化的猜度，不妨将这位国学大师还原为一个平常人，面对剧烈变动的混乱时代，面对曲折的人生遭际，有着作为有志之士的学术追求、人格操守，也有着作为文弱书生的软弱和无奈，有修身之心，也有救世之愿，有希望，也有绝望……“萧然四顾，疏林远渚，寂寞天涯”，这是王国维的孤高和苍凉，然而，他唯美求真的文字，在蒙昧的世相中，恰如“一声鹤唳，殷勤唤起，大地清华”，直至今天仍给我们无限美的享受。

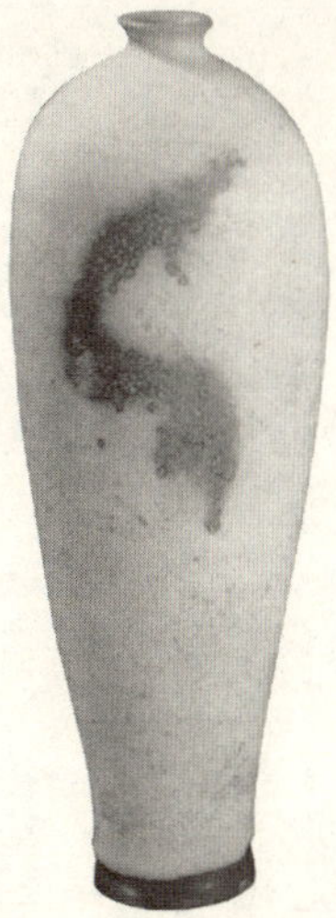